제럴드 코리의

상담사 자기성찰

Personal Reflections on Counseling

Gerald Corey 저 | 정여주 · 선혜연 · 신윤정 · 장한소리 공역

학지사

Personal Reflections on Counseling
by Gerald Corey

역자 서문

『제럴드 코리의 상담사 자기성찰(Personal Reflections on Counseling)』은 단순한 상담이론서가 아니다. 이 책은 한 사람의 상담사가 평생의 여정 속에서 마주한 고민과 배움, 그리고 깊은 성찰을 따뜻하고 진솔하게 풀어낸 기록이다. 저자는 수십 년간 상담 현장과 교육의 자리를 지켜 오며 얻은 통찰을, 복잡한 전문 용어가 아닌 살아 있는 이야기로 들려준다. 이제 막 상담사로서의 여정을 시작하는 이들에게 이 책은 좋은 길잡이가 되어 줄 것이다.

책의 첫 장에서는 상담사로서 자신의 진로를 어떻게 만들어 갈 것인지에 대해 이야기한다. 이어지는 장에서는 저자의 실제 커리어 경험을 비롯해, 멘토링, 대학원 생활, 상담 직업 자체에 대한 이해를 돕는 현실적인 조언들이 담겨 있다. 이는 상담사의 성장을 고민하는 많은 독자에게 실질적인 도움이 된다.

무엇보다 이 책은 상담사 '자신'에 대한 깊은 성찰을 유도한다. 상담사의 정체성과 자기이해, 개인치료의 유익, 자기관리와 웰빙의 중요성 등은 상담사가 자신의 내면을 정직하게 돌보며 살아가야 할 이유를 다시금 일깨워 준다. 글 곳곳에 담긴 저자의 경험과 고백은 독자에게 깊은 울림을 전한다.

이 책은 내게도 특별한 의미를 가진다. 나는 석사와 박사과정 시절 내내 제럴드 코리(Gerald Corey) 교수님의 저서를 교과서 삼아 상담심리를 공부했다. 코리 교수님의 책은 이론을 넘어 상담사의 삶을 어떻게 살아야 하는지를 일깨워 주는 소중한 스승이었다. 그런 저자의 개인적 고백이 담긴 이 책을 직접 번역하게 된 것은 감동이자 영광이었다.

특히 작년 미국에서 열린 ACA Annual Conference 현장에서 코리 교수님을 직접 만나 이 책의 한국어 번역에 대해 이야기 나누는 뜻깊은 시간을 가졌다. 그 자리에서 코리 교수님은 한국의 상담사들과 상담교육에 대해 깊은 애정과 관심을 표현하셨다. 한국의 상담전문가들이 이 책을 통해 용기와 위로, 방향성을 얻기를 진심으로 바란다는 따뜻한 말씀을 전해 주셨다. 그 말씀이 내 마음에 오래 남았고, 이 책의 번역 작업을 더 정성스럽게 이어 가야겠다는 다짐을 하게 되었다.

책의 중·후반부에서는 상담 실천에 관한 다양한 주제를 다룬다. 이론을 자기화하는 법, 집단상담의 실제, 윤리적 상담사의 길, 경계와 가치 문제, 문화적 민감성, 자기노출, 실수와 배움, 어려운 내담자와의 관계, 수퍼비전과 인턴십, 그리고 상담사로서 글을 쓴다는 것까지. 그 어떤 주제 하나도 단편적으로 다루지 않고, 진솔하고 현실적으로 접근한다. 각 장 말미에 제시된 '성찰을 위한 질문'은 독자로 하여금 스스로의 삶을 돌아보며 깊은 내면의 대화를 나누게 한다.

이 책은 단지 상담학을 전공한 이들만을 위한 책이 아니다. 인간의 마음을 돌보는 모든 조력전문가, 그리고 지금 이 길을 고민하고 있는 이들에게도 충분히 따뜻한 길잡이가 되어 줄 수 있다.

이 귀한 책을 우리말로 옮기는 작업은 결코 혼자의 힘으로 완성할 수 없었다. 서울대학교 교육학과 신윤정 교수님, 한국교원대학교 교육학과 선혜연 교수님, 한국외국어대학교 교육대학원 장한소리 교수님이 공동 번역자로 함께해 주셨다. 각자의 전문성과 애정을 바탕으로 꼼꼼하게 번역과 감수를 도와주신 세 분께 깊은 감사를 전한다. 이분들과 함께 작업할 수 있었던 것 또한 큰 기쁨이자 배움이었다.

이 책이 상담을 공부하는 대학원생과 초심 상담사들, 그리고 현장에서 이미 묵묵히 자리를 지켜 가는 모든 상담사에게 새로운 자극과 위로, 그리고 다시 시작할 용기를 전해 줄 수 있기를 진심으로 바란다.

2025년 5월

대표 역자 정여주

저자 서문

수년간 나는 미국상담학회 학술대회에서 대학원생과 초심 상담사들을 대상으로 '상담전문가 되기'라는 주제로 강연을 해 왔다. 많은 참가자들은 나에게 상담사로서의 진로개발과 더불어 어떻게 하면 개인의 삶과 상담사의 삶 사이에서 균형을 잡을 수 있는지를 물어본다. 그리고 학회에 직접 참석하지 못하지만 이와 같은 비슷한 고민을 하고 있을 사람들을 위해 책을 쓰기로 결심했다. 이 책을 쓰기 위해 나는 많은 동료와 학생에게 '무엇이 고민인지'를 물어보았고, 내가 스스로 나에게 하고 싶은 질문들도 추가하였다. 이 책에서 다룬 많은 주제가 완전히 새로운 개념들은 아니고 이전에 내가 집필했거나 공동 집필한 책에서 다루기도 했지만, 전체적 맥락은 분명 독특하고 이전보다 광범위한 문제들을 다루고 있다. 나는 이 책이 이제 막 전문적인 여정을 시작한 상담사들에게 영감을 줄 수 있기를 바란다.

이 책을 통해 내가 통찰한 것들과 60여 년간 상담을 통해 배운 교훈을 공유하고자 한다. 다양한 주제 안에서 나의 솔직한 개인적 이야기들이 많이 담겨 있는데 독자들 또한 이 책을 읽으면서 자기성찰을 하는 기회를 가지길 바란다. 나는 이 글을 쓰면서 나의 학생들과 대화하는 모습을 상상했고, 최대한 간결하고, 실용적이며, 솔직하게 접근하려고 노력했다. 그리고 이 책을 통해 여러분에게 제안,

추천, 조언을 제공하는 멘토의 역할을 하고자 한다.

이 책에서는 당신만의 전문적 길을 만드는 것, 멘토링, 대학원 그리고 그 후, 상담전문성, 개인상담, 자기돌봄과 웰니스, 윤리적인 상담사 되기, 상담 내 가치, 자기개방, 어려운 내담자 대하기, 수퍼비전과 인턴십, 글쓰기와 작가 되기 등의 주제들을 다루고 있다. 각 장의 마지막 부분에서 다루는 '성찰을 위한 질문'은 이러한 주제들에 대해 스스로 생각해 보는 기회를 가지고 적용해 볼 수 있다.

이 책은 상담 분야나 조력전문가들과 관련된 상담학, 상담사 교육학, 심리학, 휴먼서비스, 사회복지학 등 다양한 교육과정의 참고문헌으로 활용될 수 있다. 그리고 상담입문, 프랙티컴 혹은 인턴십 과목을 수강하는 학생들이 이 책을 읽는다면 나의 개인적인 이야기들이 더욱 즐겁게 들릴 것이다. 나는 이 책이 대학원생들(석사와 박사 모두)과 초심 상담전문가들에게 분명 도움이 되기를 기대한다.

감사의 글

원고를 읽고 나서 피드백을 준 나의 동료들과 졸업생들에게 깊은 감사를 표합니다. 나의 아내이자 동료인 메리앤 슈나이더 코리(Marianne Schneider Corey)는 내가 방황하지 않게 길잡이 역할을 해 주었고, 나의 개인적인 경험들을 적절하고 효과적으로 소개하는 방법을 제안해 주는 일들을 도맡아 주었습니다. 우리는 이 책을 쓰는 내내 아주 많은 토론을 했고, 메리앤의 깊은 통찰력은 이 책에서 다루는 내용들의 깊이를 더해 주었습니다. 또한 원고를 검토하고, 새로운 아이디어를 제안하는 등 귀중한 의견을 제공한 사람들은 다음과 같습니다.

- 주드 T. 오스틴 II(Jude T. Austin II, PhD, the University of Mary Hardin Baylor)
- 줄리어스 A. 오스틴(Julius A. Austin, PhD, Tulane University)
- 제이미 블러드워스(Jamie Bludworth, PhD, Arizona State University)
- 아만다 코넬(Amanda Connell, MS, California State University at Fullerton)
- 로버트 헤인즈(Robert Haynes, PhD, 임상심리학자이자 Atascadero State Hospital의 전 수련관리자)

- 바바라 헐리히(Barbara Herlihy, PhD, University of Texas at San Antonio)
- 다이앤 메이슨(Dianne Mason, 상담 전공 대학원생, California State University at Fullerton)
- 제레미 린털런(Jeremy Rintalan, 사회복지 전공 대학원생, California State University at Fullerton)

특히 감사를 표할 사람은 미국상담학회 부편집장 캐롤린 베이커(Carolyn Baker)입니다. 캐롤린은 원고 교정 작업을 하는 데 큰 도움을 주었고, 문체의 일관성을 가지는 데 필요한 코멘트들을 해 주었으며, 수정하는 작업 전반에 걸쳐 여러 지원을 제공하였습니다. 그 외에 편집하는 데 탁월한 재능을 뽐낸 원고 편집장 케이 미켈(Kay Mikel)에게도 감사를 표합니다. 집필하고 제작하는 과정은 어느 한 명이 아닌 관련된 사람들 모두가 팀으로서 노력하는 것이 필요합니다. 이 점에서 캐롤린과 케이, 모든 리뷰어가 이 팀에서 가장 중요한 사람들이고, 나는 그들 모두에게 깊은 감사를 드립니다.

차례

1장

당신만의 전문적 길을 만드는 것

Personal Reflections on Counseling

도입

상담이라는 영역에서의 진로 선택은 단순히 타인을 돕고 싶다고 결정하는 것보다 더 복잡하다. 대학원 입학면접을 보았을 때, 아마 많은 이가 이와 같은 질문을 받았을 것이다. "왜 상담사가 되고 싶은가?" 이 질문에 대답하기 위해 당신은 자신만의 동기부여와 상담전문가가 되고자 하는 필요성과 같은 것들이 어떤 영향을 미쳤는지를 드러냈을 것이다. 당신이 상담전문가가 되기 위한 전문적 경로를 만들기 시작할 때, 다음 질문에 대해 한번 생각해 보기를 권한다.

- 상담사가 되고자 하는 동기는 무엇인가?
- 상담을 통해 얻고자 하는 것들은 무엇인가?
- 어떠한 전문적 경로를 상상하고 있는가?

상담 전공을 선택한 동기를 이해하고 있다면, 당신은 전문가로서 스스로 설정한 목표를 달성할 수 있는 좋은 기회를 갖게 될 것이다.

교사가 되기로 결심했을 때, 내가 알고 있는 나의 동기는 타인을 돕는 것이었다. 처음에 나는 내가 타인들을 도와서 얻는 것이 무엇인지 알지 못했다. 나의 직업적 경력 후반에서야 상담심리학자와 상담교육가가 되는 것이 학생들의 삶에 변화를 줄 수 있어야 한다는 나의 바람을 충족시켰고, 이것이 오늘날 나에게 활력을 주는 기본적인 동기부여이다.

비록 당신이 상담전문가라는 직업을 선택하는 데 있어서 여러 이타적인 이유가 있을지라도, 타인을 도움으로써 내가 얻는 것이 무엇인지를 정확하게 인지하는 것은 매우 중요하다. 단순히 다른 사람들을 돕는 것으로부터 만족이나 행복감을 얻는다고 말하는 것보다 더 깊이 들어가야 한다. 예를 들어, 상담사가 되고자 하는 당신의 바람은 단순히 누군가를 돕는 것이 아니라 다른 사람들에게 영향을 주고, 당신이 받은 것을 사회에 환원하고, '내가 누구인지'를 더 이해할 수 있거나, 개인적으로 연관된 문제들을 해결하고, 당신과 관련된 것들에 감사함을 느끼며, 인간의 행동과 행동적 변화들을 이끄는 것을 연구하거나, 다른 사람들을 돕기 위하여 해결책을 찾기 위한 것들을 포함할 수도 있다. 상담전문가가 되고자 하는 노력은 스스로 만족스러워야 한다. 만약 자신이 추구하고자 하는 욕구들이 현재 하고 있는 일을 통해 충족되지 않는다면, 당신이 하고 있는 일에 흥미를 잃을 수도 있다. 여러 가지 요구와 동기가 동시에 작용될 수 있으며, 이러한 과정을 지속해야 하는 이유가 당신의 경력 전반에 걸쳐서 발전하고 나아질 수 있다.

만약 당신의 내담자가 원하는 것들을 만족시켜 주는 작업을 했다면, 당신의 직업에 더 보람을 느낄 가능성이 높다. 그러나 중요한 것은 당신의 일을 통해서 누구의 개인적 요구가 충족되고 있는지를 이해하는 것이다. 내담자의 요구(needs)를 희생하면서 상담사인 나 자신의 개인적 요구를 충족시키는 것은 비윤리적이다. 예를 들어, 내담자의 행동적 변화를 보고 싶은 상담사의 개인적 욕심 때문에 상담적 과제들을 내담자에게 밀어붙이는 식으로 접근한다면, 상담은 실패할 것이다. 만약 당신이 인정받고 싶고 칭찬받고 싶은 욕구가 강하다면, 내담자의 요구에 집중하는 대신 내담자로부터 긍정적인 피드백을 받도록 노력하는 것이 더 효과적이다. 당신의 직업적 경로는 경력 초반에 선택하는 것들을 바탕으로 세워질 것이다.

• • •

상담전문가를 꿈꾸는 학생들에게 당신은 무엇을 제안하고 싶은가?

당신의 커리어에서 당신이 가장 좋아하는 것이 무엇인지 생각해 본 다음, 당신의 관심사들이 무엇인지 생각해 보라. 만약 당신이 생각하는 가장 이상적인 직업을 상상해 본다면, 그 모습은 어떤 모습인가? 상상할 때 가장 중요한 것은, 다른 누군가가 나에게 기대하는 모습이 아닌 내가 가장 원하는 모습을 그려 보는 것이다. 진로를 찾는 과정은 일회성에 그치는 일련의 사건이 아니라 끊임없는 의사결정 과정이다. 만약 당신이 가장 원하는 모습의 커리어를 상상하고, 당신의 목표들을 성취하기 위해 노력한다면, 후에 나타날 결과물들은 당신이 상상했던 것을 넘어설지도 모른다. 멘토나 수퍼바이저들은 당신이 진로를 선택하는 데 필요한 자원을 제공할 수 있으며 당신이 고민하는 것들을 해결하는 데 필요한 방향성을 제시할 수 있다. 따라서 어떤 것이 당신에게 가장 적합한지를 결정할 때 이들의 의견들을 반영하는 것 또한 도움이 될 것이다. 마지막으로, 한평생 단 하나의 직업만을 선택해야 한다는 생각에서 벗어나 선택할 수 있는 범위를 보다 폭넓은 분야로 확대하여 열린 마음으로 행동을 취하는 것이 중요하다.

이제 막 상담의 길로 들어선 학생들에게 당신이 전해 주고 싶은 아이디어는 무엇인가?

나의 직업적 삶은 탄탄대로로 나아가기보단 여러 방황을 거쳐 우여곡절 끝에 지금의 모습을 만들 수 있었다. 처음에는 상담에 대해 전반적으로 배우는 것으로 시작을 했고, 그 후 나의 전문 영역을 키우는 데 초점을 맞췄다. 특히 내가 하는 일들 중에 수업, 글쓰기, 교육용 동영상을 제작하는 것 등의 일들을 좋아하였다. 가르치는 일은 항상 나의 주요 관심 분야였고, 이러한 관심은 궁극적으로 상담사 교육, 상담 장면에서 고려해야 할 윤리적인 문제, 상담 및 심리치료의 이론과 실제 그리고 집단상담에까지 이르게 되었다. 나의 관심사를 따르고 가장 의미 있다고 믿는 일을 하는 것이 나만의 전문적 과정을 보다 세밀하게 개념화되는 데 가장 좋은 방법인 것이다.

당신이 되고자 하는 전문가가 되는 것은 시간에 걸쳐 다양한 형태로 진화하고 변화하는 과정을 의미한다. 다음은 당신이 전문가가 되기 위한 과정에 있을 때 고려해야 할 몇 가지 아이디어이다.

- 내가 할 수 없는 것보다 할 수 있는 것에 집중하라.
- 내면의 목소리에 귀를 기울이고, 당신의 직관력을 의심하지

말라.

- 필요한 것이 있다면 도움을 청하는 일에 주저하지 말라. 당신 혼자서 모든 것을 해결할 수는 없다.
- 당신에게 지지를 보내 주는 친구, 동료, 가족 등과 의미 있는 관계를 형성하라.
- 전문가가 되고자 하는 당신에게 조언과 도움을 줄 수 있는 멘토를 찾으라.
- 당신이 몸담고 있는 영역에서 전문가로 평가받는 사람들과 대화를 하라. 그들은 무슨 일을 하고, 그들의 진로를 어떻게 결정했는지, 그들이 하는 일에 장단점은 무엇인지, 그리고 상담 전문가가 됨으로써 줄 수 있는 조언은 무엇인지 물어보라.
- 당신이 일하고 싶은 영역에서 인턴십 같은 경험을 통해 앞으로 당신이 어떤 일을 하게 될 것인지 예행연습을 하는 것 또한 도움이 될 것이다.
- 꼭 한 가지 영역만을 파고들기보단 다른 형태의 전문 영역 또한 탐색해 보라. 이전에는 알지 못했던 새로운 관심사를 발견할 수도 있을 것이다.
- 당신이 꿈꾸는 전문가가 되는 데 가장 중요한 요인은 당신 자신이라는 것을 잊지 말라.
- 마음, 몸, 정신을 가꾸는 데 투자를 해야 한다. 다른 사람들을 돌보는 능력은 당신 자신을 돌보는 것으로부터 키워진다는 것을 깨달아야 한다.
- 어느 수준에 있든 간에 늘 기꺼이 수퍼비전을 받으려고 해야 한다.
- 당신의 삶에서 중요한 사람들과 계속 연락을 주고받아야 한다.

- 당신이 속한 사회의 문화적 요소들이 당신을 형성하는 데 얼만큼 중요하게 작용했는지를 살펴보고, 당신과는 다른 문화에 속한 사람들을 공부하는 데 관심을 가져 보라.
- 진실한 사람이 되기 위해 최선을 다하고, 직업적 역할을 수행할 때에도 절대 자신을 잃지 말라.
- 최선을 다하고 자신에 대한 높은 기준을 세움과 동시에 자신에게 친절하면서 한계를 받아들이라.
- 절대로 실수하지 않으려고 하고 완벽함만을 추구하려는 태도를 피해야 한다. 불완전할 수 있는 용기를 가지고 당신의 실패는 또 다른 성장의 기회임을 잊지 말라.
- 유머 감각을 익히고 키우라. 당신 스스로에 대해 너무 심각하게 생각하지 말고, 오히려 당신의 약점을 웃으며 넘기라.
- 다른 사람들의 삶을 어떻게 의미 있게 변화시킬 수 있는지 늘 고민해야 한다.
- 적어도 한 곳의 학회 구성원으로 활동을 하고, 학회를 참석하고 발표를 해야 한다.
- 반성하는 태도를 유지하고, 개인적 일기를 쓰라.
- 당신이 남길 유산은 무엇이 될 것인지 상상해 보라.

앞에 적힌 아이디어들을 훑어보았을 때, 당신에게 가장 도움이 될 만한 내용들은 무엇인가? 어떤 아이디어가 현실로 옮기는 데 가장 어려울 것 같은가? 어떤 아이디어를 지금 당장 행동으로 옮기고 싶은가?

나의 이전 학생 중 한 명은 사회복지사가 되기를 준비하였는데, 최근에 나에게 보낸 이메일에서 그는 '위험을 감수해야 한다'는 나의 조언을 따르기로 결정한 것이 그가 전문가가 되어 가는 과정에 얼마나 중요하게 작용했는지 설명하였다. 다음은 그가 나와 함께 나눈 내용의 일부이다.

> 최근에 지역 학교들의 정신건강을 관리하는 부서의 국장 자리가 공고가 나서 지원을 하였고, 그 직책을 맡게 되었습니다. 제가 맡은 부서는 학교 기반의 정신건강 전문가들을 포함하여 대규모 인력으로 구성되어 있습니다. 제가 맡은 일들의 무게가 무거워 한밤중에 잠을 깨기도 합니다. 하지만 이 지역에 있는 모든 학생의 사회적 · 정서적 그리고 정신적 행복에 긍정적인 영향을 미칠 수 있는 영감을 찾고 추진력을 발휘할 수 있는 순간들이 더 많습니다.
>
> 최근 들어 교수님 생각을 많이 합니다. 교수님께서 잘 지내길 바라고요. 교수님께서 저에게 많은 어려운 과제를 안겨 주었는데, 그러한 과제들을 해결하는 경험을 통해 지금의 저를 만들 수 있었다는 것을 꼭 아셨으면 합니다. 감사합니다!

상담의 세계에 이제 막 발을 내딛는 과정에 있다면, 『상담대학원 과정에서 살아남고 성장하기(Surviving and Thriving in Your Counseling Program)』(Austin & Austin, 2000)을 읽기를 권한다.

어떻게 하면 다른 사람들에게 서비스를 제공하고 돌려주는 것이 나의 경력의 중요한 부분이 될 수 있을까?

다른 사람들에게 영감을 주는 것은 나의 경력 내내 강한 동기부여가 되었다. 나는 학생들을 격려하고, 필요한 지원을 해 주고, 그들이 열정을 찾을 수 있도록 이끄는 일들로부터 큰 만족감을 느낀다. 상담을 포함하여 다른 사람을 돕는 형태의 서비스를 제공하는 것은 순수하게 이타적인 마음에서 비롯되는 것이 아니다. 오히려 나는 학생들과 멘티들의 삶에 변화를 줄 수 있는 위치에 있다는 것에 대한 개인적인 만족감 또한 중요한 요인이라는 것을 인지하고 있다. 나는 학생들이 그들이 속한 지역사회를 포함하여 좀 더 나은 세상을 만들려고 노력하는 깊은 헌신에 고마움을 느낀다. 혹자에게는 상담을 통해 세상을 바꾼다는 것이 야심차고 비현실적으로 보일지라도, 나는 우리에게 주어진 것을 다른 사람들에게 돌려주고 싶은 우리의 강한 욕망을 통해 세상의 변화를 가져올 수 있다고 확신한다. 우리는 각자 독특한 재능을 가지고 있고, 이러한 재능을 실행에 옮기는 것은 자아실현을 위해 필수적인 노력인 것이다.

작은 잔물결들이 모여 당신의 영향력을 확장시킬 수 있다. 독자들 중 많은 이가 교사, 상담사 그리고 가족이 자신에게 끼친 깊은 영향 때문에 상담이라는 직업에 관심을 가지기 시작했을 수도 있다. 그리고 대학원에 다니면서 어려움을 겪는 사람들을 도와주는 경험을 통해 이미 상담사로서의 만족과 성취감을 얻은 이들도 많을 것이다. 타인을 배려하고 돌보는 것은 분명 가치 있는 일이다. 그리고 이러한 일을 지속적으로 하고 싶다면 자신을 돌보는 것부터 시작해야 한다.

경력 초기에 효과적인 치료사로서 발전하는 데 가장 방해 요소가 되는 것은 무엇인가?

경력 초반의 상담전문가들은 너무 열심히 노력하고 그들이 무엇을 하든지 완벽하기를 기대한다. 특히 대학원생들이 내담자를 볼 때, 그들은 '어떤 상담 기술을 사용할 것인지' '이 다음에는 무슨 말을 해야 하는지' 그리고 '내담자가 나를 어떻게 인식하기를 바라는지' 등에 너무 초점을 맞추는 경향이 있다. 당신의 마음이 이런 식으로 산만해진다면 내담자와 함께 있는 것은 더욱 어려워진다. 따라서 이러한 생각들을 접어 두고 당신의 앞에 있는 사람이 하는 말을 듣는 데 집중하도록 노력해야 한다. 우리의 임무는 내담자의 말을 주의 깊게 듣고 그들이 자신의 문제를 스스로 해결하도록 이끄는 것이다. 내담자의 세계에 최소한으로 개입할수록 훨씬 더 효과적인 치료적 개입을 할 수 있다는 것을 명심하라. 상담사가 치료의 결과에 대해 전적으로 책임이 있는 것은 아니다. 치료 작업에서 협력하는 파트너로 내담자를 참여시킴으로써, 우리는 현재 내담자들에게 일어나고 있는 일에 더 중점을 두고 이것을 상담 장면에서 중요한 지침으로 사용할 수 있다.

상담 혹은 상담사 교육 분야에서 경력을 쌓고자 하는 이들을 위해 어떤 조언을 하고 싶은가?

의심할 여지 없이, 나의 동료들 혹은 영향력 있는 교수들과 네트워크를 형성하기 위해 솔선수범하는 것이 나 자신의 경력을 확립

하는 데 중요한 요소였다. 나는 미국상담학회(American Counseling Association), 미국심리학회(American Psychological Association), 휴먼서비스학회(National Organization for Human Services), 상담사교육감독학회(Association for Counselor Education and Supervision), 그리고 여러 지역단체에서 오랫동안 활동해 왔다. 나는 이러한 학회들의 학술대회에 정기적으로 참석하고 동료들과 함께 여러 프로그램에 참여하기도 하고 또 발표함으로써 매우 즐거운 경험을 함과 동시에 이익을 얻는다. 심지어 내 경력의 후반부에 접어든 지금도 이런 학회에서 활동하는 데 전념하고 있으며, 당신도 본인의 관심 영역에 가장 부합하는 전문 조직에 적극적으로 참여하기를 권한다.

당신이 상담사 교육 분야에 관심이 있다면, 상담사교육감독학회에서 개최하는 학술대회에서의 발표 등의 다양한 방식으로 참여를 하고 이 학회에 연계된 여러 지역학회에도 적극적으로 임하기를 권한다. 미국상담학회의 회원이 되어 매년 개최되는 학술대회에 참석하는 것은 당신에게 의미 있는 경험이 될 것이다. 이 학술대회에 참석하는 것은 상담사 교육 및 감독에 대한 당신의 관심을 공유할 수 있는 사람들과 관계를 맺는 좋은 방법이다. 전문 조직에서 활동하면 채용 정보 등을 포함해서 해당 분야에서 발생하는 가장 최신의 정보를 얻을 수 있고, 동료 간의 네트워크 범위를 지금보다 확장할 수 있다. 당신이 속한 학과 교수님에게 학계에서 경력을 쌓을 수 있는 방법을 물어보길 권한다. 스스로 모든 것을 개척하려고 하지 말고 멘토로 삼을 수 있는 사람들에게 손을 뻗는 것도 중요한 기회에 대하여 배울 수 있는 하나의 방법이다.

정년을 준비하고 있는 상담 전공 교수들에게 어떠한 조언을 하고 싶은가?

나는 정년을 보장받는 것에 대해 지나치게 걱정해 본 적이 없다. 나의 마지막 직장인 풀러턴 소재 캘리포니아 주립대학교에 재직하면서, 정년 프로세스와 정교수로 승진하는 과정을 탐색하였다. 나는 교수로서 글을 쓰는 것과 가르치는 것에 관심을 두었다. 가르치는 것과 글을 쓰는 일은 서로 얽혀 있다. 나는 글을 쓰는 것이 가르치는 방법 중 하나라고 믿고 있고, 실제로 내가 맡은 수업에서 사용할 목적으로 책을 써 왔다. 교육자로서의 삶은 나의 글쓰기를 향상시켰고, 나의 글쓰기는 수업 준비를 위한 생산적인 자원이었다. 나는 가르치는 것을 매우 좋아했고, 이 분야에서 상당한 성공을 거두었다. 나는 내 학생들에 대한 높은 기준을 가지고 있었고, 비록 나의 수업이 다소 까다롭고 어려운 과제들이 많았지만, 수업 평가는 늘 긍정적이었다.

정년을 보장받기 위해서 충족시켜야 하는 많은 기준이 있다. 나의 경우에는 연구 및 학술 활동, 교수 평가, 학술지와 저서 출판, 지역과 학교를 위한 서비스, 전문적 활동 등이 이에 해당되었다. 오늘날 많은 대학은 학회지 출판을 중요시한다. 내가 정년 심사 과정에 있을 때에는 전공서적을 쓴 공로를 학술 활동의 일환으로 인정받았다. 물론 내가 속한 학과와 대학에서 연구 성과를 내주길 기대하는 것을 알지 못한 건 아니었지만, 나는 내가 사랑하고 나에게 의미 있는 일을 하는 데 더 큰 노력을 기울였다. 다행히도 이러한 나의 선택은 정년을 보장받는 데 일조하였고, 나는 몇몇 권위 있는 상을 받을 수 있었다.

당신이 이제 막 졸업을 해서 교수가 되고 싶다면, 지원하는 학교 프로그램의 미션과 목표가 무엇인지 알아보고 정년을 보장받기 위해서 무엇을 필수적으로 채워야 하는지를 알아볼 것을 추천한다. 또한 이미 정년을 보장받은 동료에게 어떻게 하면 이 과정을 성공적으로 임할 수 있는지 조언을 구하라. 당신만이 이 어려운 과정을 겪는 것은 아니며, 다른 사람에게 도움을 청하는 것이 당신의 목표를 달성하는 데 도움이 될 수 있다. 연구 중심 대학의 경우는 가르치는 것이나 저서를 쓰는 것보다 학술지에 논문 싣기를 더 강조하기도 한다. 이런 대학이 당신의 직업적 관심사와 맞지 않는다면, 설령 당신이 정년을 보장받는다고 하더라도 이러한 대학에서 일하는 것이 행복하지 않을 수도 있다.

성찰을 위한 질문

1. 상담사가 됨으로써 당신이 개인적으로 얻고자 하는 것은 무엇인가?
2. 상담사 혹은 상담사-교육자가 되려고 하는 주요 동기는 무엇인가? 상담을 통해 얻는 보상은 무엇인가?
3. 능력 있는 상담사가 되는 데 방해가 될 만한 한 가지를 고른다면 무엇인가? 그리고 어떤 방법으로 이 장애물을 해결할 것인가?
4. 어떠한 종류의 상담사 경력을 이뤄 내고 싶은가?
5. 전문 학회의 학술대회에 참석하고 적극적으로 참여하는 것에 얼마만큼 관심을 가지고 있는가? 이러한 전문 기관에 속함으로써 얻을 수 있는 개인적 이득은 무엇이라고 생각하는가?

2장

나의 지난 경력을 훑어보며

Personal Reflections on Counseling

도입

전문가로서 살았던 지난 60년 이상의 삶을 되돌아볼 때, 나에게는 분명 내 삶에 중요하게 영향을 끼친 전환점들이 있었다. 그리고 이러한 전환점들을 독자들에게 알려 줌으로써 그것이 독자들의 전문적인 여정에서 어느 정도 표지판 역할이 되어 주기를 바란다. 전환점에 해당되는 것들 중에는 커리어를 상상하던 시기에 내가 들었던 조언, 나의 출신, 일과 가정 사이의 균형감, 취업과 좌절, 아내와 함께 공동으로 작업하는 것, 성공에 대한 기대와 압박, 어느 정도의 명성, 은퇴계획, 후대에 전할 유산 등을 포함한다. 나의 이러한 개인적이고 전문적인 경험을 공유함으로써 독자들이 스스로 만들고 있는 직업적인 길에 대한 잠재적인 전환점을 인식하는 데 도움이 되기를 바란다.

• • •

경력 초기에 받은 가장 의미 있는 조언은 무엇인가?

나는 경력 초기에 이 조언을 받았고, 이것은 나의 긴 여정에서 중요한 토대로 작용하였다. 당신의 열정을 찾고, 당신의 직업적 혹은 전문적 정체성을 발전시키는 데 있어서 이러한 열정이 중요한 가이드 역할을 할 수 있도록 조치를 취하라. 나는 나의 직업적 길을 바꿀 수 있는 기회를 계속 열어 왔고, 내 진로의 변화가 포함된 불확실성을 기꺼이 감수하며 살아왔다. 실제로 선택의 결과를 알 수 없었던 상황에서도, 나는 안정적인 자리를 떠나 새로운 자리를 받아들인 것에 대해 후회한 적이 없다. 진로를 결정하는 고민을 할 때마다 나는 친구, 가족, 동료들에게 자문을 구하고 추천을 받는 것을 중요하게 여겼다. 하지만 궁극적인 결정은 결국 내가 하는 것임을 알게 되었다.

나는 내 경력의 모든 순간을 즐겼고 내가 하는 일들에 보람을 느꼈지만, 직업적으로 보람을 느낄 만하다고 생각되는 모든 것을 다 할 수 없다는 사실을 받아들이는 일은 쉽지 않았다. 언젠가 나는 너무 많은 프로젝트를 받아들이는 바람에 나의 시간과 에너지의 한계를 발견하였고, 나의 한계를 인식하는 것이 필요하다는 것을 배웠다. 그리고 새로운 일들을 시작하기 전에 내가 이미 했던 약속들을 되돌아보는 시간을 가져야 한다는 것을 배웠다. 물론 어떤 매력적인 초대를 거절하는 것은 어려운 일이었고, 요청을 받아들이지 않기로 결정했을 때 죄책감과 같은 감정을 갖지 않으려고 노력하였다. 내가 독자들에게 꼭 전하고 싶은 중요한 메시지는 어떤 전문적인 프로젝트를 실행하기 전에 그것이 현실적으로 수행 가능한지를 심사숙고해서 결정하라는 것이다. 너무 많은 프로젝트와 역할을 맡아서 약속들을 제대로 이행하지 못한다면 이와 관련된 모든 이에게 문제를 안겨 주는 것과 같다. 우리 중 많은 이는 죄책감 없이 거절하는 법을 배울 필요가 있다. 약속을 지키겠다고 약속하고 지키지 않는 것보다 자신의 한계를 깨닫는 것이 훨씬 나은 선택이다.

당신이 상담이라는 직업을 선택하는 데 있어서 중요하게 영향을 끼친 가정환경에는 어떤 것들이 있는가?

나는 이탈리아계 미국인 1세대이다. 부모님도 모두 이탈리아 출신이셨지만, 두 분 다 집에서 이탈리아어를 쓰시지 않았고, 내가 이탈리아어를 배우는 것이 중요하다고 생각하지도 않으셨다. 우리 가족의 성은 원래 '사자의 심장'이라는 뜻의 Cordileone였지만 아버지께선 당시 미국에서 이탈리아인으로 살면 대접받지 못한다고 생각하셔서 성을 Corey로 바꾸셨다. 내가 어렸을 때, 우리는 조부모님과 함께 주말마다 가족 모임 형태로 많은 시간을 보냈다. 나의 조부모님과 친척들은 영어가 서툴러서 주로 이탈리아어를 사용하였는데 그럴 때마다 나는 소외감을 느끼곤 했다. 나의 어린 시절 주요 테마는 '원가족으로부터 무시당하는 기분'이라고 할 수 있다. 형은 나보다 13살이 많았고, 또 다른 형이 있었는데 그 형은 내가 태어나기도 전인 6살 때 세상을 떠났다. 즉, 나는 외동아이로 자란 것이나 마찬가지였다. 비록 나와 형은 같은 부모님 밑에서 자랐지만, 우리 둘은 다른 점이 정말 많아서 아마 대부분의 사람들은 우리가 형제라는 것을 예측하지 못할 것이다. 내가 어렸을 때 형은 파일럿으로 제2차 세계대전에 참전하였고, 종전 후에는 대학에 가서 경영학을 전공해서 사업가로서 훌륭한 커리어를 쌓았다. 형과 나는 가치관, 삶에 대한 견해, 종교적 신념, 정치적 견해 등 많은 부분에서 극과 극의 모습을 보였다. 이는 마치 같은 부모 아래 교육을 받았지만 전혀 다른 두 문화에서 자란 것과 같다. 이런 다른 점이 있음에도 불구하고, 83세의 나이로 형이 세상을 떠날 때까지 우리는 매우 끈끈한 우애를 유지하였다. 형은 내가 상담계에서 이뤄 낸 것들에 대해 매우 자랑스러워했고, 함께 골프 치는 친구들을 만나면 내 책에 대해 이야기하곤 했다. 그리고 동생을 자랑스러워했던 형의 모습을 상상하면 내 입가에도 미소가 흐른다. 물론 형은 종종 초등학교 시절 낙제했던 내 행적을 볼 때 결코 아무것도 될 수 없을 것 같은 애가 성공한 게 믿기지 않는다며 나를 놀리곤 했다.

나의 아버지 조지프(Joseph, Guiseppi)는 매우 총명한 사람이었지만 평생 불안과 우울증에 시달렸다. 나의 할아버지는 당신의 아들이 7살이 되었을 때 이탈리아에서 뉴욕에 위치한 고아원으로 보냈다. 모든 역경을 무릅쓰고, 아버지는 치대에 진학했고 치과의사가 되었는데, 이는 할아버지께서 아버지에게 교육과 경력을 쌓는 명목으로 1만 달러를 주었기 때문에 가능했다. 다시 말해, 아버지는 경제적으로, 그리고 정서적으로 매우 관대한 지원을 받은 셈이다. 그럼에도 불구하고 아버지의 우울한 상태는 유아 시절, 청소년 시절 그리고 젊은 성인 시절의 나에게 큰 영향을 끼쳤다. 부모님은 6살 된 아들을 백혈병으로 잃은 것도 모자라 대공황 때 모든 재산을 잃었다. 아들의 장례식이 있던 날, 집주인은 압류통지서를 들고 찾아왔다. 그 후에 아버지는 소위 말하는 '신경쇠약'으로 치과의사를 그만두셔야 했다. 그러고 나서 그는 가족을 부양하기 위해 일용직으로 일을 시작했다. 그리고 이러한 일련의 사건들로 인해 아버지는 매우 보수적인 사람이 되었고 어떤 위험도 감수하지 않으려고 하였다. 내가 교사가 되었을 때, 아버지는 나에게 늘 안전한 방향으로 선택을 해야만 하고 다른 직업보다 상대적으로 안전한 교직을 평생 직장으로 여겨야 한다고 강조하셨다.

어린 시절, 5학년 유급 판정 소식을 전했을 때 우리 부모님은 무척 실망하셨다. 유급 사실을 전하면서 나 또한 부모님을 실망시켰다는 생각에 무척 속상했고, 스스로에게도 매우 창피한 사건이었다. 그 후로 아버지는 내가 숙제하는 것을 도와주셨는데, 아주 쉬운 수준의 산수 문제조차 이해하지 못하는 것을 기다려 주지 않으셨다. 수학에 대한 두려움은 박사과정에도 이어졌는데, 나는 필수 통계 수업을 통과할 수 없다고 확신한 나머지 중간에 자퇴하는 것조차 고려했을 정도이다. 아버지는 내가 상담 박사학위를 취득한 것도, 상담학계에서 세운 여러 전문적인 업적도 보지 못한 채 70세에 돌아가셨다. 장례식장에서 나는 새로운 영역을 개척하는 것보다 늘 안전을 우선시했던 아버지의 길을 따르지 않겠다고 다짐했다. 그리고 그에게 그랬던 것처럼 우울증이 내 삶을 지배하게 하지 않겠다고 맹세했다. 내 인생의 대부분을 바쁘게 일하고 지속적으로 일을 만드는 것은 내가 우울로 가는 길목을 차단하고자 했던 하나의 전략과 같은 것이다. 대학원에 진학해서 공부를 하고 상담이라는 직업을 가지게 된 나의 동기 중 일부는 아버지가 우울증을 극복하는 데 어떠한 도움도 주지 못했던 잃어버린 기회를 가지기 위한 것일지도 모른다. 또 다른 동기는 아버지로부터 인정받고 싶고 자랑스러운 아들로 기억하게 하고자 함이다. 어머니에게 내가 세운 업적들에 대해 이야기할 때면, 어머니는 매우 기뻐하시면서 아버지도 분명 자랑스러워하셨을 거라고 말씀하셨다.

나의 어머니 조세핀(Josephine)은 94세까지 사셨고, 내 인생의 중요한 롤모델이자 선생님이었다. 어머니는 어린 시절부터 그녀의 아버지(나의 외조부)께서 운영하는 복숭아 과수원에서 일을 했다. 학교 다니는 것을 좋아하셨고 배움에 대한 열정이 있었지만 고등학교 이후에는 더 이상 교육받을 기회가 없었다고 한다. 늘 일손이 부족했던 나의 외조부는 과수원에서 일을 해야 할 어머니가 학교에 다니는 것을 무척 언짢아하셔서 학기가 시작할 때 몇 주 동안 학교에 다니지 못하게 하셨다고 한다. 그 당시 외조부는 매일 아침 말과 수레를 끌고 로스앤젤레스 시내에 가서 복숭아를 파셨는데 이를 위해선 모든 자녀의 도움이 필요했고, 그것은 학교에 가고 싶은 어머니의 바람을 뒤로 미뤄야 한다는 것을 의미했다. 결국 어머니는 학기 초반에 결석을 해야 했고, 이 기간 동안 배운 대수학 개념을 본인만 이해할 수 없어서 매우 슬프셨다고 한다.

고단한 삶의 연속이었지만 어머니는 일생 동안 재치와 유머 감각을 잃지 않으셨다. 그녀는 나에게 근면의 가치를 일깨워 주셨고, 아름답게 늙어 감과 동시에 나이가 들어도 끊임없이 변화할 수 있다는 것을 몸소 보여 주셨다. 어머니는 타인에 대한 호기심이 많고 주변에 일어난 최근의 일들에 대해 관심이 많으셨다. 아버지와는 달리, 어머니는 위험을 두려워하지 않으셨고, 아버지가 가족을 부양할 수 없었던 시기에는 스스로 문제를 해결할 수 있는 방법을 찾았고, 무엇보다 주위의 친구들과 맺는 관계를 즐기셨다. 특히 나의 아내 메리앤과 딸들과의 관계가 매우 좋았고 그들과 함께 시간을 보내시는 걸 무척 즐기셨다. 또한 내가 구구단을 배우는 동안 곁에서 인내심을 가지고 끈기 있게 가르쳐 주셨고 주말에는 할아버지의 복숭아 농장에서 수학을 가르쳐 주시고는 하였다.

나는 어머니와 아버지 모두에게 많은 사랑과 애정을 가지고 있다. 나는 아들로서 부모님을 보살피는 데 최선을 다했고, 대학원에서 학업적 목표를 이루기 위해 많은 노력을 했고, 끊임없이 부모님으로부터 인정과 칭찬을 받기를 원했다. 둘은 서로에게 좋은 배우자는 아니었고 그들 사이에서 일어난 불편한 감정과 갈등은 여러 면에서 내 모습에 흔적을 남겼다. 이러한 가정환경과 분위기는 상담사가 되려는 나의 열망에 강한 자극제 역할을 했는지도 모른다. 비록 내가 그들에게 어떤 도움이 되는 역할을 해내진 못했지만, 그들로부터 배운 교훈을 다른 이들에게는 도움이 되도록 활용할 수 있을 것 같다. 대학원에 다니고 또 상담사가 된 것도 초등학교 때 서툴었던 것에 대한 나의 열등감과 조기 실패를 만회하기 위한 노력 때문이었다. 내가 배운 교훈은 실패가 반드시 부정적인 결과를 초래하지는 않는다는 것과 오히려 후에 학업에서 성공함으로써 나의 부족함을 극복하는 원동력이 되었다는 것이다.

당신은 어떻게 일과 가족 사이에서 균형 잡힌 삶을 살 수 있었는가?

메리앤과 나는 결혼한 지 불과 몇 년이 지나지 않아 두 딸의 부모가 되었다. 그 당시 나는 아버지 역할을 제대로 할 준비가 되어 있지 않았다. 더 솔직히 표현하자면, 나는 그들의 어린 시절에 존재하지 않다시피 한 아버지였다. 나는 남편으로서 마땅히 짊어져야 할 의무임에도 불구하고 아버지가 되는 법을 배우는 과정이 고되게 느껴졌다. 나는 대부분의 시간을 나의 커리어를 쌓는 데 소비했고, 그 당시만 하더라도 성역할이 분명히 정해져 있던 시기였다. 나는 내 경력을 쌓는 것을 가장 중요한 역할로 삼았고, 아내 메리앤에게 아이들을 돌보게 하고 집안일을 맡겼다. 즉, 결혼 초기만 하더라도 나는 직장생활과 가정생활의 균형을 잘 맞추지 못했다.

비록 내가 가진 에너지의 대부분을 일에 소비하면서 아버지 역할을 제대로 수행하지 않았음에도 불구하고, 우리 가족은 원만한 관계를 유지하였다. 매년 여름이 되면 메리앤의 고향인 독일에 가서 몇 주 동안 가족 휴가를 보내기도 하고, 해변과 산에도 가고, 또 다른 가족들과 나들이를 가기도 했다. 또한 혼자만의 휴가를 보낼 수 있도록 하였는데, 이것은 메리앤과 나의 관계를 유지하는 데 매우 중요한 일이었다. 그리고 이 휴가를 통해 축적한 에너지는 좀 더 생산적인 일을 수행하는 데 중요한 역할을 하였다. 둘 중 한 명이 휴가를 떠나면 딸들은 할머니와 함께 시간을 보냈고, 손녀들과 할머니는 그 순간을 무척 즐겼다. 아이들이 중학교와 고등학교에 다니면서 나는 더욱 다정하고 섬세한 아버지가 되었다. 돌이켜 보면, 나는 가족의 책임을 더 많이 수행하지 못한 것과 일과 가족 사이에서 균형 잡인 삶을 살지 못한 것에 대한 약간의 후회가 있다.

당신의 경력에서 중요한 전환점들은 무엇이었나?

1960년대 초, 나의 첫 직업은 고등학교 영어 교사였다. 청년이 될 때까지 나는 나의 존재가 의미 있거나 중요하다고 여기지 않았다. 교사가 되는 것은 내 삶이 의미 있다는 것을 느끼게 하는 전환점이 되었다. 가르치는 것은 가장 보람 있는 노력이었다. 나는 학생들이 학습에 흥미를 느끼게 하기 위해 최선을 다했고, 단순히 지식 습득을 넘어서 배운 내용들을 그들의 삶에 적용할 수 있게끔 하였다. 설령 위험이 다소 따르더라도 나는 모든 수업에서 새로운 교수법들을 실험하였다.

고등학교 학생들을 4년 동안 가르친 다음 지역 전문대학에서 2년간 심리학을 가르쳤다. 주로 심리학 입문 과정들을 가르쳤는데, 나는 주로 학생들 스스로 자기탐구를 하거나 개인적 고민들을 나누도록 하였다. 또한 토론과 소규모 집단 활동을 강조했고, 그 때문에 집단상담에 대한 관심이 점점 더 커지고 있었다. 고등학교 교사이자 지역 전문대학 강사로 일하면서 알게 된 사실은, 나는 단순히 가르치는 것에 만족을 하는 것이 아니라 내가 가르치는 내용들을 학생들의 개인적 삶에 적용하는 것에 열정을 느낀다는 것이다. 나는 학생들이 토론과 경험적 활동을 할 수 있도록 하기 위해 많은 방법을 고안했다. 나의 교수 경험으로는 학생들이 단순히 강의를 듣고 필기를 하는 것만으로는 제대로 된 학습이 되지 않는다는 것을 알았다. 이보다 학생들은 수업 시간에 문제를 제기하고, 생각과 경험을 공유하고, 개인적으로 중요하다고 믿는 주제들에 관해 서로 교류하는 과정을 통해서 배우는 만족감을 가진다.

나는 안정적 직위를 보장받았던 지역 전문대학의 심리학 강사직을 그만두고 포모나시에 위치한 캘리포니아 주립 폴리텍 대학교의 상담센터에서 티칭과 상담을 병행하는 일을 시작하였다. 상담센터에서 대학생들과 함께 일을 시작했을 때, 나는 일의 만족감을 느끼기 어려웠다. 자신감은 점차 사라지기 시작했고, 내가 과연 다른 동료들처럼 숙련된 상담사가 될 수 있을지 확신하지 못했다. 그럼에도 불구하고 상담센터에서 일하면서 내가 얻은 교훈은 어떤 외적인 보상이 없는 상황에서도 끈기 있는 자세는 매우 가치 있다는 것이다. 또한 이 일을 하면서 내가 기대했던 모습을 처음부터 가질 수 없을 것이라고 스스로에게 위안을 주는 것도 어느 정도 도움이 되었다.

나는 다양한 심리학 과목을 가르쳤고, 초·중등 교사가 되기 위해 준비하는 학생들을 위한 교육심리학 수업들도 가르쳤다. 학생들을 가르치는 일이 즐거웠고 외적인 보상으로는 정년을 보장받았지만 이곳에서 나의 커리어를 마무리할 것이라고 생각하진 않았다.

때로는 위험을 감수하는 일들이 보람찬 결과로 나타나기도 한다. 1972년, 나는 풀러튼시에 위치한 캘리포니아 주립대학교에서 혁신 프로그램 개발 목적으로 새롭게 개설한 휴먼서비스(human service) 전공에서 강의를 시작했다. 이 전공의 일원이 된다는 것은 나의 안정적인 위치에서 새롭고 불확실한 세계로 발을 내딛는 것을 의미했다. 안전한 삶을 추구하라는 아버지의 충고를 무시하던 시절이었다. 그때 내가 다시 배운 교훈은 대부분의 전문적 변화에는 새롭고 흥미로운 기회가 있는 것뿐만 아니라 위험도 수반된다는 것이다. 대부분의 커리어에서 나는 익숙하고 안전한 길을 가기보다는 위험을 수반하고 알려지지 않은 길을 기꺼이 선택해 왔다.

휴먼서비스 전공은 정말 독특한 과정으로 이루어졌고 이 전공에 참여하는 대부분의 학생은 똑똑하고 성실했다. 이 전공은 인지 영역과 정서 영역을 통합했고, 휴먼서비스를 전공하는 학생들은 이 전공에서 가르치는 수업들이 학문적으로나 개인적으로나 매우 의미 있는 내용들로 채워져 있다는 것을 알게 되었다. 1972년 이래로 나는 이 프로그램에서 많은 경력을 쌓았고 단 한 번도 이 자리를 수락한 것을 후회하지 않았다.

당신의 지난 경력 동안 많은 연구와 글을 써 왔다. 과거로 돌아갈 수 있다면 어떤 영역을 연구하고 데이터를 수집할 것인가?

나와 동료들은 지난 몇 년간 많은 글쓰기 프로젝트를 해 왔지만,

상대적으로 연구와 관련해서는 적극적으로 참여하진 않았다. 만약 과거로 돌아갈 수 있다면, 나는 상담을 하고 가르치는 것에 모든 관심을 쏟는 대신 실무자와 연구자의 역할을 겸비하기 위해 더 많은 노력을 할 것이다. 매년 나와 동료들은 지속적인 교육 프로그램의 일환으로 2주 기간의 집단상담 프로그램을 진행했다. 각 집단은 4명의 촉진자와 16명의 집단원으로 구성되었고, 이 프로그램은 내가 속한 휴먼서비스 전공의 한 과목으로 인정되었다. 나와 동료들은 이 치료 집단들을 대상으로 연구할 수 있는 몇 가지 중요한 기회를 놓쳤다. 우리가 지난 25년 동안 참여했던 50개 이상의 집단 과정들과 치료 결과에 대한 연구를 수행했다면, 치료 개입의 효과성에 관하여 우리가 가지고 있는 단순한 주관적 믿음뿐만 아니라 보다 객관적인 데이터를 얻었을 것이다. 더욱이 이 프로그램은 대학교 과정의 이수학점이 포함되어 있기 때문에 집단원들(예: 휴먼서비스 전공 대학생)은 사전/사후 평가를 하는 것이 필수였고, 집단을 경험함으로써 자신의 삶이 어떻게 변화되었는지를 성찰하고 평가하는 것이 수반된 논문을 제출해야만 했다.

칼 로저스(Carl Rogers)는 개인 및 집단상담을 진행할 때 내담자의 변화 과정에 관한 연구의 중요성을 강조하였다. 만약 우리가 치료적 경험의 영향을 밝혀내기 원한다면, 로저스는 집단원들에게 그들의 주관적 관점을 공유하도록 요청해야 한다고 말했다. 우리가 진행했던 집단의 경우, 집단원들은 집단 과정 중에도, 그리고 집단이 끝난 후에도 치료적 경험이 그들의 삶에 어떤 영향을 미쳤는지를 보고했다. 안타깝게도 우리는 이런 소중한 자료들을 체계적으로 수집하지 않았다. 만약 우리가 이러한 주관적 보고들을 질적 연구의 목적으로 확보했다면 성격과 행동 변화를 초래하는 집단

과정의 특정 요소들에 대해 상당히 조명했을 것이라고 확신한다.

당신과 아내 메리앤이 함께 일하는 것은 당신의 개인적 삶과 직업적 삶 사이에서 어떻게 상호 보완적이 될 수 있었나?

메리앤과 나는 결혼한 지 55년이 되었고, 거의 50년 동안 팀으로서 함께 전문적인 활동을 해 왔다. 우리는 지난 25년 동안 매년 여름 평생교육과정으로 대학생들을 대상으로 한 집단상담을 진행했고, 학생들이 집단을 통해 그들의 삶이 어떻게 변화하는지를 바라보는 것은 매우 보람 있는 경험이었다. 또한 우리는 집단 안에서 집단원들이 그들 자신에게, 그리고 다른 집단원들에게 솔직하고 진실되게 임할 때 최고의 인간성이 이루어진다는 교훈을 다시금 배울 수 있었다. 나는 메리앤과 내가 집단치료사로서 서로를 보완해 주는 존재라고 믿는다. 우리는 집단원들의 의식 수준과 변화를 촉진하는 방법에 대하여 비슷한 철학을 가지고 있지만 각자 독특한 성격과 상담 스타일을 가지고 있다. 그럼에도 불구하고 우리가 함께 일하는 것이 가능한 이유는 메리앤과 나 모두 권력다툼이나 질투심을 가지지 않기 때문이다. 우리는 집단 안에서 보이는 우리의 모습이 평소의 우리 모습과 비슷하다는 말을 종종 하기도 한다.

우리는 지난 수년간 집단상담 전문가들을 위한 워크숍을 미국뿐만 아니라 여러 나라에서 진행해 왔다. 다른 나라에서 워크숍을 하면서 우리는 그들의 문화적 특성에 맞추어 우리의 상담철학을 접목시킬 수 있는 기회를 가질 수 있었다. 특히 메리앤은 나에게 문화와 다양성을 이해하는 방법에 대해 가르쳐 주었고, 집단상담에서 이러한 다문화적 이해를 실천으로 옮기는 방법 또한 알려 주는 다문화 멘토 역할을 해 주었다.

우리는 또한 여러 대학에서 상담 전공 학생들과 상담전문가들 앞에서 많은 발표와 상담 시연을 진행해 왔다. 이렇게 팀으로 발표를 하거나 시연을 하는 것은 참가자들 입장에서 볼 때 메리앤과 내가 어떻게 다른 상담 스타일을 가지고 있으면서 동시에 어떻게 상호 보완적인지를 관찰할 수 있다는 점에서 나 혼자 하는 것보다 훨씬 더 효과적이었다. 또한 보다 활기가 넘치고 훨씬 깊이 있는 발표를 할 수 있어서 나는 팀으로 작업하는 시간이 정말 즐겁다.

메리앤과 나는 여러 교육용 비디오를 공동으로 작업했고 내가 쓴 저서들 중 대부분을 메리앤과 함께 썼다. 나는 종종 '부부가 함께 책을 쓰는 것은 어떤가?'라는 질문을 받는다. 나는 팀으로서 함께 집단을 촉진하고, 트레이닝 워크숍을 이끌고, 전문적인 학술대회에서 발표를 함께 하는 등의 공동작업이 집단상담과 상담윤리에 대하여 보다 더 다양한 아이디어를 개발하고 다듬는 토대를 제공했다고 확신한다. 우리가 제작한 영상 중 〈행동윤리(Ethics in Action)〉는 다양한 역할극을 활용해서 현실에서 일어날 법한 윤리적 딜레마에 대해 많은 논의를 하는 내용을 담았고, 또 다른 영상 〈집단의 발달(Evolution of a Group)〉과 〈집단상담사가 직면하는 어려움(Challenges Facing Group Leaders)〉을 작업하면서는 우리의 공동 리더십 기술을 보여 줄 수 있는 기회를 가질 수 있었다.

책을 집필하는 과정에서 우리는 서로 아이디어를 교환하는데, 이것은 진정으로 창의력을 촉진하는 상호작용적인 과정이라고 볼 수 있다. 메리앤은 내가 혼자 쓴 책뿐만 아니라 공동 집필한 책에도 나에게 영감을 주었다. 글을 쓰는 데 있어서도 각자의 장점이 있는 데 메리앤의 경우 자신의 임상 경험을 바탕으로 실제 사례를 제공하면서 독자들에게 우리가 말하고자 하는 내용들을 보다 실용적이고 현실적으로 적용 가능하게끔 하는 재능이 있다. 메리앤은 특히 불필요한 내용들을 정리하고 핵심 내용만을 설명하는 데 능숙하다. 나의 장점은 아이디어를 구상하고 정리함으로써 자료를 통합하는 능력이다. 또한 학생들이 상담이론의 실제 적용에 대해 이해하기 위해선 어떤 도움을 줘야 하는지 잘 알고 있다.

비록 메리앤과 나는 많은 가치관을 공유하고 있지만, 때때로 우리는 어떤 특정한 주제의 중요성을 두고 의견을 달리 표현할 때가 있다. 이러한 경험을 통해 다른 관점을 존중하면서 토론하는 법을 터득했고, 이는 나의 수업, 집단 그리고 글을 쓰는 일에도 영향을 미쳤다. 메리앤과 나는 지금도 우리의 저서와 비디오를 사용하는 학생 혹은 전문가들로부터 피드백을 받고 이를 반영하고자 노력하고 있다. 나는 혼자 일하는 것보다 메리앤과 한 팀으로 활동하는 것이 가장 큰 시너지를 일으킨다는 것을 알고 있다. 그러나 아직도 우리 주변에는 성차별이 일어나고 있고 이는 상담 영역에서도 마찬가지이다. 예를 들어, 분명 메리앤과 내가 공동으로 쓴 책들인데 마치 내가 단독으로 쓴 것처럼 인정되고는 했다. 다른 전문 분야와 마찬가지로, 성(性)이 다른 상담전문가들이 함께 일을 할 때에 여성의 공헌을 소홀히 하는 일이 없도록 주의하는 것이 필요하다.

일과는 별도로 부부간의 관계를 잃지 않으면서 동시에 전문적인 일을 함께 하는 것은 쉽지 않을 수 있다. 따라서 우리는 함께 일하는 것이 어떤 식으로 개인적 관계를 증진시키거나 손상시키는지 지속적으로 감시하면서 우선순위를 재조정하기도 한다.

메리앤 슈나이더 코리와의 인터뷰

당신의 남편인 제리(Jerry)와 함께 일하는 것은 당신의 개인적 삶과 직업적 삶 사이에서 어떻게 상호 보완적이 될 수 있었나?

나는 1976년에 가족치료사 자격증을 취득하면서 개인, 부부 그리고 가족들을 대상으로 상담을 하기 시작했다. 상담사 이외의 다른 삶을 생각해 보지 않을 정도로 내가 하고 있는 일을 즐기고 있었다. 하지만 나는 제리의 설득력을 과소평가했다. 제리를 아는 사람이라면 누구든지 제리의 부탁을 거절하는 것이 얼마나 어려운지 알 것이다. 내가 그에게 처음으로 거절한 것은 그가 내게 청혼했을 때였다. 그 당시 나는 미국에 1년 반 동안 머무른 후 독일로 가려던 참이었다. 그러나 미국에서 영원히 살 생각이 없었던 나는 결국 미국으로 돌아갔고, 우리는 결혼해서 55년 동안 결혼생활을 해 왔다. 우리는 매우 다른 세계에서 자라 왔고, 이러한 차이는 팀으로서 함께하는 우리의 일에 영향을 끼쳤다고 생각한다. 우리는 많은 차이점을 받아들여야 했다. 나는 제2차 세계대전 중 히틀러(Hitler)의 통치하에 있던 시기에 독일의 어느 작은 마을에 있는 농장에서 자랐다. 이에 반해 제리는 캘리포니아 부촌인 베벌리 힐스에서 자란 이탈리아계 미국인이다. 우리 둘 사이에 가장 도전적인 장애물은 그가 가톨릭 신자이고 나는 개신교 신자라는 것이었다. 또한 나는 독일에서 살고 싶었고, 그는 미국에서 살기를 원했다. 우리는 결혼 전에 때때로 말다툼으로 번지는 많은 열띤 토론을 했다. 제리의 어머니는 종종 이렇게 말씀하셨다. "너희 둘이 함께 해낼 수 있는 것은 절대 없을 거야!" 그녀의 확신에 찬 예측과 우리 둘 간의 여러 차이점에도 불구하고, 우리는 여행을 계속한다.

제리가 자신의 집단상담에 나를 공동 촉진자로 초대했을 때, 나는 50년 이상 지속된 그와의 여행이 시작된다는 것을 깨닫지 못한 채 동의했다. 또한 나는 책을 쓸 생각이 없었는데 제리의 특출난 능력 중 하나인 설득력 때문에 오히려 글을 쓰는 프로젝트에 대한 무관심이 기대감으로 바뀌었다. 우리 둘 다 집단의 공동 촉진자로서 우리의 일에 열정적이었고, 우리는 집단에서 이루어지는 작업이 집단 참가자들의 삶에 미치는 영향을 함께 목격했다. 우리는 또한 1960년대와 1970년대에 집단상담이 무분별하게 남용되는 것을 목격했다. 집단상담을 하는 상담사들이 어떻게 하면 윤리적 딜레마들을 극복하거나 피할 수 있는지에 관해 우리는 끊임없이 토론했고, 이에 대한 결과로 1977년에 우리의 첫 저서인 집단상담 교과서를 쓸 수 있었다. 우리의 모든 책의 주제들은 우리의 관심과 경험에서 비롯되었고 우리의 가르침과 연습에 바탕을 두고 있었다. 우리가 쓰는 책들을 읽을 학생들을 생각하면서 글을 썼고 그들에게 깊은 영감을 심어 주길 원했다.

부부로서 서로 간의 차이점들은 우리가 함께 전문적으로 일하는데 진정한 자산이 되었다. 우리는 각자의 의견이 다를 수는 있어도 상담이라는 직업에 대한 기본 철학은 매우 일치한다는 것을 깨달았다. 그리고 각자의 차이점을 절대 무시하지 말고 오히려 그것들을 존중하면서 우리의 장점을 인식하는 것을 배웠다. 우리 둘 다 부부로서 개인적인 관계에 관심을 기울이고 그것이 팀으로서 우리의 전문적인 업무에 어떤 영향을 미칠 수 있는지 아는 것이 중요하다고 생각한다. 나는 우리가 그렇게 오랫동안 함께 일할 수 있었던 원동력은 우리가 동료가 아닌 부부로서의 삶을 위해 시간을 내기 때문이라고 확신한다. 우리는 서로에게 정직하며 우리의 일이 사생활에 방해가 된다고 판단되면 그에 따른 필요한 변화를 가지려고 함께 노력한다.

우리는 워크숍을 진행할 때에도 자주 농담을 하고 서로를 놀리기도 한다. 이러한 모습을 포함한 우리의 유머 감각을 참여자들은 즐기는 것 같다. 우리는 서로를 이기려고 하지 않는다. 그리고 개인적으로나 부부로서 우리가 어떻게 변화를 만들 수 있는지 알고 있다. 나는 강한 자의식을 길러 왔고, 그것은 우리가 평생 함께 일할 수 있게 해 주었다.

많은 집단 참가자가 우리의 모습을 보면서 우리를 '이상적인 부부'로 보기도 하는데, 우리 둘 다 그 부분을 인지함과 동시에 반드시 그렇게 보여야 한다거나 그들의 칭찬에 우쭐해질 필요가 없다는 것을 알고 있다. 그들의 기대대로 우리가 따라가려고 했다면 아마도 우리는 완벽하지 않은 모습들을 감추려 애썼을 것이고, 결국 함께 일하는 것을 그만뒀을지도 모른다.

무의식적으로 일어나는 외부의 성차별적 반응들이 나의 개인 및 직업생활에 부정적으로 영향을 미치지 않도록 하는 것은 나에게 가장 큰 도전이자 과제이다. 분명 나와 제리가 공동 집필한 책임에도 불구하고 사람들은 제럴드 코리의 책이라고 하는 경우가 너무 많다. 심지어 양성평등을 주장하는 여성 동료들 사이에서도 성 편견이 발생하는 것이 오늘날의 현실이다. 동료들 간에도 발생하는 성 편견은 조금씩 나아지고 있지만 변화의 속도는 무척 느리다. 그리고 나는 이러한 변화에 적극적으로 반응하고 있다.

우리는 여전히 미국상담학회, 상담사교육감독학회, 미국심리학회, 미국집단치료학회, 휴먼서비스학회 등과 같은 여러 학회에 참여하는 것을 즐긴다. 그곳에서 만나는 사람들이 그동안 우리의 일이 그들에게 끼친 영향을 언급할 때, 우리는 말로 표현 못할 보람감을 느낀다. 우리는 특히 학회에 참석하는 젊은 동료들이 보여 주는 상담직에 대한 열정, 헌신 그리고 사회정의의 헌신을 존경한다. 우리는 종종 우리 직업이 앞으로 잘 되어 가고 있다고 이야기한다.

• • •

당신의 경력을 돌이켜 보았을 때, 뭔가 다르게 했더라면 좋았을 것들이 있는가?

초심 상담사 시절, 나는 매우 유능하거나 창의적이라고 느끼지 않았다. 실제로 내가 초기에 만났던 내담자들은 나의 상담이 별로 도움이 되지 않았을 가능성이 높다. 그 당시 나는 나의 내담자들이 나를 어떻게 생각하는지에 너무 집착한 나머지 효과적인 전문상담사가 될 준비가 되어 있지 않았다. 만약 내가 과거로 돌아갈 수 있다면, 나는 좀 더 적극적으로 수퍼비전에 임하면서 나의 불안감, 내 자신에 대한 의심 그리고 내담자들로부터 긍정적인 피드백을 받아야 한다는 지나친 강박 등을 수퍼비전 시간에 나눌 것이다. 나는 수퍼바이저에게 나와 내담자의 관계에 대해서도 좀 더 솔직하게 이야기할 것이다. 특히 나의 접근(혹은 접근하지 않고 지나친 순간)이 상담에 어떤 영향을 미치는지에 대해 질문할 것이다.

내가 상담을 처음 시작했을 때, 나는 정직하게 자기성찰하는 시간을 가지는 것이 얼마나 중요한지 깨닫지 못했다. 나중에야 나는 나의 개인적인 문제들이 상담의 효과성을 어떻게 방해하는지 알게 되었다. 상담전문가로서 우리가 기억해야 할 것은 우리의 내담자, 수퍼바이저, 동료들의 조언에 대해 개방적인 태도를 가지면서 임상 경험을 쌓는다면 결국 우리가 하고 있는 이 일에 보다 더 많은 자신감을 가질 수 있다는 것이다.

당신이 성공을 거듭할수록 사람들이 당신에게 기대하는 것을 이루지 못할 수도 있다는 압박감을 느낀 적이 있었나?

나는 직업적 책무를 다해야 한다는 압박감, 이미 약속된 업무 일정을 수행해야 한다는 압박감 그리고 많은 요구 사항을 충족시켜야 한다는 압박감을 느낀다. 내가 경험한 대부분의 압박은 다른 사람에 의해서 생긴 것이 아니다. 그것은 내가 자초한 것이며 나의 자발적 요구에 의한 것이다. 성공을 경험했다고 해서 나의 수행 능력에 또 다른 부담이 생기는 것 같지는 않다. 왜냐하면 나는 내가 교수로서, 그리고 작가로서 나 스스로에게 무엇을 기대하는지 알고 있기 때문이다. 이렇듯 남들이 나에게 기대하는 대로 살려고 하기보다는 내 기대에 부응하기 위해 최선을 다했다. 나는 언제나 나에게 주어진 일들에 최선을 다하려고 노력하며 때로는 다른 이들의 도움을 받기도 한다. 나는 부담감이 반드시 나쁜 감정이라거나 어떤 대가를 치르더라도 피해야 할 것은 아니라는 것을 깨달았다. 중요한 것은 내가 이러한 부담감을 어떻게 해석하고, 그것이 나에게 어떤 영향을 미치고, 그것을 어떤 식으로 관리하는가이다.

당신의 명성 혹은 유명세는 상담 영역에서 함께 활동하는 동료들과의 관계에 어떤 영향을 미쳤는가?

솔직히 나는 스스로 유명한 사람이라고 생각하지도 않고 외부로부터의 명성을 얻기 위해서 일하지도 않는다. 그저 나의 진심을 따르려고 노력해 왔고 의미 있는 일을 하고자 하였다. 나의 진심은 후학들을 양성하는 것이었고, 나에게 가장 의미 있는 일은 내 재능을 가지고 상담 영역에 조금이라도 이바지하는 것이었다. 프로젝트를 진행할 때에도 나의 동료들과 학생들이 많은 부분에 참여할 수 있게 해 주었고, 나는 언제나 나에게 기쁨을 주었던 어떤 성공도 결코 나 혼자가 아닌 팀 전체의 노력의 결과라는 것을 기억하고자 한다. 나는 경쟁심에 끌려 다니지 않으며, 내가 얻은 어떤 명성도 나의 동료들과의 관계에 영향을 미치지 않는다.

나와 동료들이 발표하는 학술대회에서 정말 많은 사람이 참석하는 것을 보면 종종 가슴이 벅차기도 한다. 그리고 책 사인회를 열 때 수많은 학생이 사인을 받고, 사진을 찍고, 짧게 대화를 하기 위해 줄을 서 있는 것을 보면 놀랄 때가 있다. 때로는 나와 셀카를 찍기를 요청하는 학생들도 있는데, 나는 이러한 방식의 상호작용과 관심을 즐기는 것 같다. 학생들과 교수들이 나와 나의 동료들이 쓴 책들이 그들에게 얼마나 특별한지 말할 때 나는 그들의 인정에 감사하며, 그것은 내가 계속해서 이 분야에 기여하도록 동기를 부여한다.

스포트라이트를 받는 것은 한 가지 단점이 있다. 학회를 마치고 학회장을 나와 거리로 나가는 순간 아무도 나에게 사진을 찍어 달라고 하지 않는다! 매번 학회를 마칠 때마다 나라는 사람에 대한 관심이 사라지는 경험을 하는 것이다.

은퇴 계획은 무엇인가? 상담 영역에서 요즘 당신의 최대 관심사는 무엇인가?

나는 공식적으로 2000년 63세의 나이로 정교수로 대학에서 은퇴했다. 하지만 나는 매년 여러 과목을 가르치고 있다. 그리고 여전히 책을 쓰고, 교육용 영상을 만들고, 학술대회에 참석하고 발표한다. 2010년 72세 때 쓴 『나만의 전문적 삶의 경로 만들기(Creating My Professional Path)』의 내용 중에 나는 '여전히 내가 하고 있는 일들이 무척 즐겁고 미래를 그릴 때 은퇴하는 삶은 보이지 않는다'라고 기술하였다. 그 당시 여러 흥미로운 프로젝트를 동료들과 함께 진행하는 것은 나에게 무척 의미 있고 즐거움을 주는 것이었다. 또한 나는 열정이 가득한 학생들과 함께 공부를 하면서 스스로 젊어지는 느낌을 받기도 하였다. 오늘날 82세의 나이로, 나는 10년 전에 말했던 것과 다르지 않다. 나는 여전히 상담 영역에 많은 기여를 해야 한다고 믿고 있으며 특히 학생들과 경력 초반의 상담전문가들에게 의미 있는 역할을 할 수 있을 것이라고 믿는다. 나는 가르치는 것을 좋아하며 나의 학생들과 교류하는 것을 무척 즐긴다. 가르친다는 것은 나를 상담과 관련하여 매 순간 업데이트해서 최신 상태로 유지시켜 준다는 것을 의미한다. 그리고 책을 쓰고 교육용 영상을 만드는 것은 물리적 공간 안에서 가르치는 것을 넘어 더 많은 학생에게 다가갈 수 있게 해 준다. 또한 지금까지도 의미 있는 삶을 추구할 수 있게끔 허락한 나의 신체적 건강에도 감사한 마음을 가지고 있다. 지난 58년간 내가 이룬 대부분의 업적은 아내 메리앤과 많은 동료와의 협업으로 이루어 낸 결과물이다. 우리는 끊임없이 새로운 아이디어들에 관해 논의하고 좀 더 다양한 프로젝트를 수행하기 위해 노력한다. 나는 앞으로도 몇 년간 이들과 지속적으로 작업하고자 한다. 나는 아직도 은퇴 계획이 없지만 일하는 페이스를 나의 연령대에 맞추어 조금씩 낮추고 있다.

내가 은퇴하기를 꺼리는 것에 대해 책으로 쓰고 있을 때, 나는 한 학부생 제레미 린털런(Jeremy Rintalan)으로부터 메일을 받았다. 그 학생은 나의 집단상담 수업에 적극적으로 참여했고 졸업 후 사회복지 전공으로 대학원에 합격한 상태였다. 다음은 제레미가 나에게 보낸 메일의 일부 내용이다.

> 교수님, 최근에 대학원에 합격했음을 먼저 알려 드립니다. 저는 학위과정 기간 동안 장학금을 받는 조건으로 사회복지 전공을 공부할 예정입니다. 그리고 다가오는 학기부터 현장학습의 일환으로 아이들과 가족들을 대상으로 실습할 것 같고요. 때때로 저는 제 인생이 옳은 방향으로 가고 있다고 확신하지 못하는 경우가 있습니다. 그리고 제가 추구하고자 하는 학업적 · 전문적 그리고 개인적 삶을 살 수 있는 자격이 없다고 믿는 저의 비합리적 신념들을 극복하는 것은 쉽지 않았습니다. 그럼에도 불구하고 저는 제가 가진 것을 최대한 활용해서 최선의 결과를 만들려고 노력하고 이러한 과정에서 저를 지지해 준 저의 가족, 학교 그리고 그 외 제가 받은 모든 지원에 대해 매우 감사하게 생각합니다. 이 말씀을 드리면서, 교수님이 저에게 단순히 교수와 학생 간의 관계뿐만 아니라 제 삶에 많은 영향을 주신 것에 대해 깊은 감사를 드립니다. 교수님은 제 인생에 큰 영향을 끼치셨습니다. 교수님은

> 영감을 주는 리더이고, 인격적으로 훌륭하며, 제가 평생 동안 기억하고 가슴에 새겨 두고 싶은 분입니다. 마약 및 알코올 중독 상담사로 일하고 있는 지금도 수업 시간에 합리적 정서행동치료를 강의하시면서 '우리가 변화를 원한다면 우리 자신을 끝까지 밀어붙여야 한다'고 말했던 교수님의 목소리가 들립니다. 그리고 저 또한 저의 내담자들에게 이 말을 늘 하고요! 언젠가는 제가 교수님의 수업을 들을 수 있었던 행운을 갚을 기회를 갖기를 희망합니다.

제레미는 자신의 꿈을 뛰어넘어 유능한 사회복지사가 되는 데 전념하고 있다. 제레미와 같은 학생들을 보고 있으면 나는 계속 가르치고 싶은 동기가 생기고, 이는 은퇴하는 상상을 더욱 어렵게 만든다.

당신이 남기고 싶은 유산은 무엇인가?

2014년 3월, 나는 미국상담학회 학술대회에서 '살아 있는 레전드'를 수상하였고, 이는 진심으로 영광스러운 순간이었다. 그리고 '죽은 레전드'가 아닌 살아 있는 동안 이 상을 받은 것에 감사함을 느꼈다. 물론 상을 받는 것은 어느 정도 가치 있는 일이지만, 나에게는 단지 상징적일 뿐이다. 내가 남기고 싶은 유산은 나와 같은 길을 걷고자 하는 많은 학생이 나를 기억함과 동시에 그들이 가지고 있는 재능을 발휘하여 다른 이들의 삶에 변화를 주기 위해 동기부여되는 것이다. 나는 내가 가르쳤던 학생들과 전문가들이 그들의 목소리를 발견하고 사용하기를 바란다. 무엇보다 학생들이 자신의 열정과 삶의 사명을 확인하고 다른 사람들의 선함을 이끌어 내기 위한 행동을 끊임없이 하도록 도전하고 격려하는 것이 나에겐 가장 중요하다.

나의 동료이자 친구인 짐 비터(Jim Bitter)는 최근에 나의 새 책을 축하해 주는 이메일을 보냈다. 메일에 적힌 그의 생각들은 깊은 울림을 주었고 우리 각자가 만들 수 있는 미래의 유산에 대해 다시 한번 생각해 보는 기회를 가지게 해 주었다.

> 당신을 알게 되고, 당신과 친구가 되고, 당신에게 배우고, 개인적으로나 직업적으로 당신과 깊은 유대감을 느낄 수 있어서 매우 영광입니다. 내가 이 세상에서 살다가 낙담할 때, 나는 당신 또한 이 세상에 있고, 진정한, 그리고 중요한 변화를 만들고 있는 우리는 친구라는 것을 기억합니다. 진정으로 축복받은 기분입니다.

결론적으로, 내가 다른 사람들의 삶에서 만든 변화가 내가 이 세상에 더 이상 존재하지 않는 후에도 계속해서 변화하기를 바란다.

성찰을 위한 질문

1. 이 장을 읽으면서 가장 마음에 와 닿은 부분이 있다면 무엇인가? 내가 경험한 성찰들을 당신의 삶에 적용할 수 있는 방법은 무엇인가?
2. 당신의 가족 배경이 당신의 직업적 소망과 목표에 어떻게 영향을 주었는가? 당신은 당신의 어린 시절 경험이 상담직업으로의 선택에 영향을 미쳤다고 생각하는가?
3. 당신의 진로에 대한 결정을 하는 데 있어서 중요한 인물이 있다면 누구인가? 그 사람은 어떤 영감을 주는가?
4. 만약 당신이 멘토로부터 진로에 관한 조언을 구한다면 어떤 조언을 구하고 싶은가?
5. 만약 당신이 유산을 남긴다면 어떤 유산을 만들고 싶은가?

3장

멘토링

Personal Reflections on Counseling

도입

학생들은 종종 나에게 “멘토는 어디서 만날 수 있나요?”라고 물어본다. 우리 주위에서 만날 수 있는 멘토는 친구들, 동료들, 가족 구성원, 상담사, 교수, 수퍼바이저 중에서, 그리고 예상치 못한 곳에서 찾을 수 있다. 어떤 이는 뚜렷한 길을 안내하기도 하고, 다른 이는 당신이 학업적 그리고 직업적 진로를 탐색하는 과정에서 끊임없는 지지를 보내기도 한다. 당신의 개인적 · 직업적 여정 중에 당신이 생각하지 못한 길로 인도될 수 있으며, 그 여정에서 멘토는 매우 유용하고 도움이 될 수 있다. 분명히 해야 할 점은 멘토로부터 어떤 도움을 받고 싶은지가 명확해야 한다는 것이다. 만약 당신이 멘토로 삼고 싶은 사람에게 다가가는 것을 주저하고 있다면, 당신의 내면에 자리 잡은 두려움에 맞서고 본인에게 가장 도움이 될 수 있는 사람에게 용기 있게 다가가기를 권한다. 멘토링은 상호적인 관계이기 때문에 당신은 무엇을 줄 수 있는지, 그리고 이 관계로부터 무엇을 얻고자 하는지 생각해 봐야 한다. 아마도 멘토와 협력하고 함께 일하는 것이 당신과 멘토 모두에게 이득이 될 것이다. 멘토를 만나기 전에 스스로에게 물어보라. “멘토링 경험을 통해 내가 배우고 싶은 것은 무엇인가?”

• • •

멘토링을 의미 있게 경험하기 위해선 무엇이 필요한가?

멘토는 우리가 개인적 그리고 전문적인 목표를 달성하는 데 있어 큰 영향을 미칠 수 있다. 나의 경우, 대학원을 다닐 때와 직장생활 초기에 낙담할 때마다 나를 믿어 주는 사람들이 있다는 것을 아는 것이 나에게 큰 희망을 주었다. 특히 스스로에 대한 의심이 가득 차는 순간마다 나의 멘토들이 나를 믿고 있다는 것은 매우 가치 있는 것이었다.

멘토링 관계에서 나는 나의 멘티들에게 스스로 생각하고 스스로 말할 수 있도록 가르치려고 노력한다. 나는 그들에게 스스로 권한을 부여함으로써 그들이 머릿속으로 상상했던 (직업적) 꿈들을 실현시킬 수 있도록 안내한다. 멘토링의 효과를 극대화하기 위한 방법에 관하여 내가 멘티들과 공유하는 몇 가지 생각은 다음과 같다.

- 다른 이들이 알려 준 것보단 당신만의 열정과 꿈이 무엇인지 찾으라.
- 멘토는 당신의 열정이 무엇인지 찾는 데 도움을 줄 수 있지만, 그 열정을 갖기 위한 행동은 당신만이 할 수 있다.
- 멘토와 교수로부터 중요한 교훈을 배울 때 무작정 받아들이는 것보단 여과하여 당신만의 것으로 변화시키는 작업이 필요하다.
- 멘토를 지나치게 이상화하지 말라.
- 멘토의 스타일을 그대로 따라 하는 것을 자제하는 대신 자신에게 맞는, 그리고 자신만의 독특한 스타일을 실험하고 만들어 보라.

- 공감, 연민, 이해, 겸손, 진정성, 신뢰할 수 있는 관계를 만드는 능력 등 당신이 모델로 삼은 멘토의 대인관계 자질을 반영하라. 그리고 당신 스스로 이러한 자질을 습득하기 위해 노력하라.
- 자기 자신에 대한 의심이나 낙담을 경험할 때 용기를 줄 수 있는 지지적인 멘토를 찾되, 그 순간을 극복하기 위해선 끊임없이 도전해야 한다고 말해 주는 사람을 구하라.
- 멘토링은 멘티와 멘토 모두에게 이익을 줄 수 있는 일종의 사업과도 같은 것이다. 따라서 (멘티로서) 당신은 멘토에게 무엇을 줄 수 있는지 심사숙고하라.
- 멘토로부터 배운 것을 다른 이들에게 돌려줄 방법을 찾으라.
- 당신에게 맞는 멘토링은 어떤 모습인지, 그리고 다른 이들에겐 어떤 멘토가 되고 싶은지 생각해 보라.
- 멘토링은 경력, 개인생활 그리고 커리어를 시작하는 것과 같은 주요 삶의 전환들을 포괄하는 다면적인 관계이다. 삶이 전환되는 순간마다 당신의 발전을 지원할 멘토를 선택하라.
- 멘토로부터 배운 것을 바탕으로 자신뿐만 아니라 타인과 더 나은 관계를 발전시킬 수 있는 방법을 강구하라.

멘토링에 대해 더 많은 것을 배울 수 있는 매우 유익한 책 『멘토링의 요소(The Elements of Mentoring)』(John & Ridley, 2018)를 읽어보기를 추천한다.

어떤 선생님과 멘토가 당신에게 가장 영향을 주었나? 당신의 멘토로부터 받은 교훈은 무엇인가?

내 능력에 대해 의심하고 확신이 없을 때 내가 도전할 수 있는 태도를 심어 주고 격려해 주었던 선생님들이 가장 기억에 남는다. 내가 과연 박사과정을 무사히 마칠 수 있을지, 효과적인 상담사가 되기 위해 필요한 자질을 갖추고 있는지 의심했던 적이 있다. 그리고 몇몇 교수님의 멘토링은 내가 포기하지 않고 목표를 위해 끝까지 밀고 나갈 수 있는 용기를 주었다. 나의 박사과정 교과과정에는 통계수업을 이수하는 것이 필수였다. 수학 공포증을 가지고 있던 나는 통계학 수업을 듣는 것 자체가 공포였고, 박사과정을 그만두고 싶은 마음이 들 정도였다. 나의 지도교수님은 내가 인내하고 최선을 다해 노력한다면 결국 내 목표를 달성할 수 있을 것이라고 확신하였다. 두려움에 휩싸이는 것은 한순간이고 그 두려움은 모든 행동을 그만두게 만든다. 그러나 나의 지도교수님은 장애물이 두려움을 극복하기 위해 사용할 수 있는 디딤돌이라는 것을 가르쳐 주었다. 그리고 나는 주위에 신뢰할 만한 사람들에게 나의 경험을 공유함으로써 두려움이라는 감정을 통제할 수 있었다. 개인과외를 따로 받으면서 나는 통계 공부를 했고, B학점을 받으면서 수업을 통과할 수 있었다. 중요한 것은 이 경험을 통해 그 어떤 어려운 상황에서도 나의 몸을 던져 전념하는 것과 절대 포기하지 않으며 또한 필요할 때는 도움을 요청하는 것을 배웠다는 것이다.

나의 최고의 선생님들과 멘토들은 정보를 전달하는 것 이상을 했다. 그들은 내가 배우고 싶어 하는 열정이 있고 내가 배운 것들을 다른 이들에게 가르칠 수 있는 재능이 있다고 믿게끔 동기를 부여했다. 불빛이 보이지 않자 길을 찾게 도와줬으며 그들은 나 자신보다 나를 더 신뢰했고, 그것은 나에게 큰 영감을 주었다.

멘티로서 멘토와 함께한 경험이 당신의 학생들을 멘토링하는 데 있어서 어떤 영향을 미쳤는가?

학생들은 종종 자신의 신념을 말할 자신이 없거나, 다른 사람들이 자신의 목소리를 귀담아 듣지 않을 것이라고 믿는다. 이러한 학생들에게 나는 '이미 너의 생각을 명확하게 표현하고 설득력 있는 방법으로 제시할 줄 아는 사람이었던 것처럼 행동하라.'라고 권한다. 그리고 이러한 학생들이 두려움과 위험을 감수하고 행동으로 옮기는 모습을 바라보는 것은 나에게 보람 있는 일이다. 멘토링 관계에서 나는 멘티들을 그저 지지하는 것에 그치는 것을 원치 않는다. 나의 멘티들이 제자 그룹을 형성하여 나를 따르는 것보단 스스로 결정을 내릴 줄 알기를 원한다. 도전을 받아들이고 위험을 감수하고 열정을 추구하며 변화를 일으킬 수 있다고 믿고, 자신의 독특한 재능이 세상을 더 나은 곳으로 만들 수 있다는 것을 깨닫기를 바란다. 나는 내 학생들과 멘티들이 각각의 특출난 재능을 가지고 있으며, 본인이 가진 재능을 펼칠 의지가 있다면 개인, 집단 그리고 사회의 변화를 촉진할 수 있다고 확신한다.

최근에 나는 1990년대 초반에 나의 수업을 들었던 학생으로부터 다음과 같은 내용이 담긴 이메일을 받았다.

휴먼서비스 전공을 이수하던 시절에 저의 멘토가 되어 주셔서 감사

> 합니다. 교수님의 안내, 강의 그리고 친절함을 늘 기억하고 있었고 훗날 제가 인간적 그리고 직업적 성장을 하는 데 있어서 많은 도움이 되었습니다.

또 다른 학생은 나의 멘토링이 그녀에게 어떤 영감을 주었는지 알려 주었다.

> 교수님의 과목들을 수강할 기회를 놓치지 않은 것은 저에게 행운과도 같습니다. 교수님은 언제나 저에게 많은 영감을 주셨고 저의 한계를 넘어서게끔 지도해 주셨어요.

이 메시지들은 멘토링에 대한 나의 지난 노력이 정말 가치가 있었다는 것을 말해 주고 있는 것이고, 내가 학생들에게 멘토링을 계속 하도록 동기를 부여해 준다. 내가 그들의 개인적 · 직업적 성장에 도움이 되었다는 말을 듣는 것은 매우 보람찬 일이다. 나는 학생들에게 용기를 주고, 그들을 신뢰하고, 그들이 상담사의 길을 선택한 것에 대한 확신을 가져가는 과정에서 어떤 영감을 주는 이 작업들을 기쁘게 받아들이고 있다.

내가 가르치는 학부과정 과목 중 하나에서는 학생들이 집단상담을 실제로 경험함으로써 촉진자 및 참여자의 역할을 이해하고 상담에 관한 지식 및 기술을 습득한다. 이 수업을 가르칠 때는 대학원생들의 참여를 독려하는데, 이전 학기에는 상담사 자격증과 상담학 석사학위를 가진 대학원생이 코리더 역할을 수행했고 또 어떤 대학원생은 본인이 자원해서 학부생들에게 '대학원을 성공적으로 다니는 법'에 관한 내용으로 특강을 하고 싶다고 하기도 했다. 대학생들은 집단원으로서 수업에 참여하기도 하고 집단 내 소그룹을 만들어서 학생들을 감독하고 피드백을 제공하기도 한다. 이러한 과정에서 학생들은 그룹의 리더 역할을 배우게 되었고 그들은 이제 학부생들의 멘토 역할까지 할 수 있는 수준까지 성장하였다.

내 수업을 듣는 많은 학부생의 대부분은 상담이나 사회복지 전공으로 대학원 진학을 계획하고 있다. 그들 중 다수는 이민 1세대 학생들이다 보니 학문적으로나 개인적으로 많은 어려움을 가지고 있다. 그렇다 보니 학기 초반에는 자신의 능력에 대한 자신감이 부족한 모습을 보이기도 하지만 대부분은 여러 형태의 성취감을 경험하게 되고 자신들의 꿈을 이룰 수 있다고 믿게 된다.

나는 또한 대학원 과정에 지원할 준비를 하고 싶어 하는 학부생들을 수업 밖에서 만나기도 한다. 간접적인 멘토링 방법으로 나는 상담 및 사회복지 전공 교수들을 초빙하여 각자의 전공에 대해 소개하는 시간을 갖게 한다. 내 수업에서 함께 일하는 대학원생들도 소그룹을 진행할 때 대학원 프로그램에 대한 학부생들의 질문에 답할 수 있는 시간을 가진다. 이러한 과정은 상담이론을 배우고 집단상담과 관련된 기술을 습득하는 것을 넘어 학생들에게 진정한 멘토링 경험을 제공한다고 생각한다.

지난 나의 커리어를 살펴보면 나는 변화를 만들고자 하는 열망이 강했다. 나는 학생들의 개인적이고 직업적인 여정을 계획하는 데 멘토로서의 역할을 수행하는 것이 매우 가치 있는 일이라고 믿는다. 그리고 단순히 학문적 지식을 전달하는 것보다 나의 학생들이 도전을 멈추지 않고 꿈을 추구하도록 격려하는 것이 나에겐 더 중요한 역할이다. 나의 일은 나로 끝나지 않고, 학생들이 꿈꾸지 않았던 목표를 이루면서 계속될 것이다.

성찰을 위한 질문

1. 학생으로서 교육을 받는 동안 어떤 선생님과 멘토가 가장 큰 영향을 미쳤는가? 그들은 구체적으로 어떤 방법을 사용하였는가?
2. 당신이 생각하는 이상적인 멘토의 모습은 무엇인가?
3. 당신이 생각하는 이상적인 멘토링 관계는 어떤 모습인가?
4. 학업적 그리고 전문적인 경력을 탐색하는 과정에서 당신에게 멘토가 되어 달라고 부탁할 수 있는 사람은 누구인가?
5. 당신이 멘토에게 도움이 될 수 있는 방법은 무엇인가? 어떤 방식의 멘토링이 당신과 당신의 멘토 모두에게 유익할 수 있는가?

4장

대학원 그리고 그 후

Personal Reflections on Counseling

도입

대학원 기간 동안 학생들에게 다양한 개인적 · 학문적 요구가 이루어진다. 많은 대학원생이 그렇듯 당신은 스스로에게 '내가 과연 대학원에 다닐 만한 능력과 자질이 있을까?'에 대해 의심할 수 있고, 이런 의심은 대학원 졸업 후 경력 초기까지도 영향을 미칠 수 있다. 나의 경우, 경력 초기에는 상담사로서 전문적인 도움을 구하는 사람들에게 반드시 뭔가 가치 있는 것을 제공해야 한다는 강박에 시달렸다. 그리고 '내가 언젠가는 상담을 더 잘할 수 있을 것'이라고 믿기 시작하는 데는 좀 더 많은 시간이 필요했다. 당신의 내담자들의 삶에 변화를 주기 위해 무엇이 필요한지 궁금해하는 것은 당연하다. 하지만 이러한 궁금증은 당신이 내담자를 전문가의 눈으로 바라볼 수 있고 당신이 선택한 개입의 효과성에 확신을 가지는 수준까지 올라간 경우에 해당된다. 자신을 믿고 인내심을 가져야 한다. 또한 의심이라는 울타리 속에 당신을 가두어 멈추게 하지 말고 주위에서 주는 피드백을 열린 자세로 받아들여야 한다. 경험을 쌓을수록 개입의 적절성 및 효과성을 판단하기가 쉬워질 것이다. 이 장에서 다루는 내용들은 대학원생들과 그 이후의 과정에서 자주 제기되는 다양한 문제를 다루고 있다.

나는 휴먼서비스 전공의 학부생이다. 대학원을 가고 싶은데 사회복지 전공을 선택할지, 상담 전공을 선택할지 아직 잘 모르겠다. 전공 선택 결정에 도움이 되는 방법에는 어떤 것이 있는가?

대학원 과정을 고려하는 학생들은 사회복지 전공이나 상담 전공 중 어떤 프로그램에 지원해야 하는지 자주 묻는다. 이것은 지극히 개인적인 선택이고, 중요한 것은 당신의 관심사가 무엇이고 직업적 목표가 무엇인지를 고려하는 것이다. 지역사회와 협력하거나 보조금을 확보하거나 공공 정책에 영향을 미치는 데 관심이 있다면 사회복지 전공이 더 적절한 프로그램일 수 있다. 반면에 개인 및 집단상담을 제공하고, 커플 및 가족과 함께 일하고, 직접 임상 작업을 수행하는 데 관심이 있다면 상담 전공을 선택하는 것이 더 적절할 것이다. 나는 아직 결정하지 못한 학생들에게 원하는 대학 내의 상담학과와 사회복지학과를 모두 방문하여 이 대학원 과정에 대한 정보를 얻기를 권한다. 그리고 각 학위별로 졸업에 필요한 필수 과목에 대한 설명을 듣는 것이 전공을 선택하는 데 도움이 될 수 있다. 대학원은 당신의 경력뿐만 아니라 개인적 삶의 질까지 결정하는 중요한 관문이라고 볼 수 있다. 그러니 당신의 심장이 무엇을 원하는지 주의 깊게 살펴볼 필요가 있다.

프로그램의 커리큘럼, 인턴과정 그리고 졸업 후의 진로에 대해 자세히 알아보기 위해선 관심 있는 프로그램의 교수님과 따로 만나서 깊게 대화할 시간을 가지는 것이 도움이 된다. 그리고 현재 대학원 과정에 있는 대학원생들과도 만나서 학생의 관점으로 바라보는 전공은 어떠한지를 듣는 것도 중요하다. 왜냐하면 대학원생들은 프로그램에서의 경험을 공유하고, 당신의 질문에 답하고, 프로그램을 결정하는 데 유용한 팁을 제공할 수 있기 때문이다. 나는 학생들에게 어떤 결정도 최종적일 필요가 없다고 말한다. 다른 대학원 과정으로 옮기는 것은 현실적으로 어렵긴 하지만 해당 프로그램 내에서 관심 분야는 언제든지 바꿀 수 있다. 실제로 많은 학생은 이러한 과정을 거치는 것이 어떤 전공을 선택할지 결정하는 데 도움이 된다고 말했다.

상담을 전문적으로 공부하기를 원하는 학생이 대학원 과정을 시작하기 전에 알아야 할 것들이 있다면 무엇인가?

상담이라는 학문에 발을 내딛기 전에 학생들은 자신이 프로그램에서 무엇을 기대할지 충분히 알고 있어야 한다. 실제 상담을 진행할 때 상담사가 내담자에게 사전 정보를 전달하는 것이 필수적이듯이 대학원 상담 프로그램에 대한 정보를 미리 아는 것 또한 매우 중요하다. 전공 소개에 관한 내용은 명확해야 하며 어떻게 하면 프로그램을 성공적으로 마칠 수 있는지에 관한 정보들은 지원자가 쉽게 이해할 수 있어야 한다. 학생들은 오리엔테이션이나 교수님과의 인터뷰 중에 상담 프로그램을 통해 기대하고 있는 것이 무엇인지, 그리고 성공적으로 졸업을 하는 데 있어서 전공 차원에서 어떤 것들을 제공하는지 등 본인이 기대하는 것을 이해하는 데 도움이 되는 질문이 있으면 기꺼이 물어봐야 한다.

대학원에서 요구하는 공부의 수준이 매우 높다 보니 학생들은 대학원 생활이 그들의 사생활에 영향을 미쳤다는 이야기를 많이 한다. 몇몇은 사귀던 사람과의 관계가 흐트러지면서 결별을 하기도 한다. 당신 또한 대학원생이 되면 자신의 태도와 행동의 변화를 경험하게 될 것이다. 연인, 가족 혹은 친구들은 당신의 변화된 관점을 지지할 수도 있고 인정하지 않을 수 있다. 나의 제자 중 한 명은 학업을 통해 시야를 넓히는 것을 배우면서 생긴 가치관의 차이와 행동의 변화로 인해 어머니 및 동생과의 관계가 나빠졌다고 말했다.

대학원 상담 프로그램에 입문한 후 당신은 학문적으로 많은 것을 배울 수 있을 것이다. 당연히 상담 기술도 습득하게 될 것이다. 그리고 당신은 '나는 누구인지, 그리고 내가 되고자 하는 사람은 어떤 모습인지' 정직하게 바라볼 수 있을 것이다. 좋은 상담 프로그램은 상담 과정에 필요한 기본적인 지식과 상담 기술만을 훈련시키지 않는다. 효과적인 훈련 프로그램은 학생들이 자신에 대한 보다 완전한 이해뿐만 아니라 이론적인 지식을 얻고 상담 기술을 배울 수 있도록 고안되어 있다. 이러한 환경에서 학생들은 그들의 태도와 신념을 평가하고, 그들의 출신 및 가족과의 경험이 오늘날 그들에게 어떤 영향을 끼치고 있는지 깨닫고, 그들의 인생 경험과 개인적 강점을 쌓도록 격려하고, 그들의 자아와 타인에 대한 인식을 넓힐 기회를 가진다.

학생들은 지속적으로 자기성찰을 할 것으로 예상된다. 상담사로서의 성공을 결정짓는 데 있어 당신이 누구인지를 검토하는 것은 매우 중요할 것이고, 새로운 경험에 열린 자세로 임하는 것은 가장 중요한 태도이다. 대부분의 교육 프로그램에서 학생들은 적절한 자기개방을 하면서 다양한 개인 성장 활동 및 여러 형태의 경험적 학습에 참여할 것이다. 만약 당신이 동료들에게 당신을 알리는 것을 좋아하지 않는다면, 상담은 당신에게 맞는 프로그램이 아닐 수도 있다. 이 프로그램에 대한 독자들의 헌신적 태도는 전문상담사로서의 발전에 중요한 역할을 할 것이다.

대학원 과정 동안 어떻게 하면 개인적 그리고 직업적 성장을 이룰 수 있는가?

나는 학생들에게 각 과목의 내용들을 개인의 삶에 적용할 수 있는 방법을 찾도록 권유한다. 예를 들어, 상담이론 과목을 가르칠 때 학생들이 자신의 삶을 더 잘 이해하기 위해 각 이론의 핵심 개념을 어떻게 적용할 수 있는지 성찰해 보라고 한다. 아들러(Adler) 치료법을 공부할 때, 나는 학생들이 출신 가족에서의 경험이 현재의 삶에 어떤 영향을 계속 미치는지 생각해 보고, 성장하는 동안 부모님, 형제자매들과의 관계는 어떠했는지 성찰하는 시간을 가지도록 한다. 이들과의 관계들이 학생들의 생활 스타일에 어떤 영향을 주었을까? 나는 학생들이 이론적 내용을 숙지하기를 기대함과 동시에 그 내용이 그들의 사생활에 어떻게 적용될 수 있는지 아는 것 또한 강조한다.

나는 학생들에게 프로그램에서 배운 내용을 본인의 삶에 적용하는 것이 효과적인 상담 서비스를 제공하는 능력에 큰 영향을 미칠 것이라고 자주 말한다. 나는 최소한의 일에 만족하지 말고 프로그램의 모든 과정에서 적극적인 태도로 참여할 것을 요구한다. 또한 학생들이 서로에 대해 더 잘 알려고 노력하고 개인적 · 학문적 성장을 함께 도모하고 지지하는 분위기를 형성하기를 격려한다. 그리고 학생들이 솔선수범해서 수업 시간에 교수님과 적극적으로 대화할 것을 제안한다. 나의 수업을 듣는 학생들은 아마도 다른 지역의 학생들과 교수들을 만날 수 있는 전문적인 학술대회에 참석하라는 나의 제안을 듣는 것에 지쳤을 것이다. 하지만 많은 학생은 학술대회에서 만난 사람들과 꾸준히 연락하고 여러 형태로 교류하는 것이 그들에게 매우 유익했다고 말한다.

석사과정을 마친 다음, 박사학위를 취득하면 어떤 점이 좋은지 알고 싶다. 정서적 · 개인적 그리고 경제적 비용을 소비할 만큼 박사학위를 취득하는 것은 가치 있는 일인가?

나는 24살에 석사학위를 받고 교원 자격증을 받자마자 고등학교 교사 생활을 시작했다. 그리고 지리상 내가 가르친 곳에서 멀지 않은 서던캘리포니아 대학교의 상담자 교육 박사과정에 입학했다. 30살이 되었을 때 교육학 박사학위를 취득했고 박사과정 대부분의 기간을 즐겼다. 그리고 언젠가는 대학교에서 가르치고 싶다는 생각이 들어 상담학 박사과정을 밟았다. 나의 멘토 중 한 명이 박사과정에 참여하라고 격려해 주었고, 내가 이 결정을 내렸을 때 그에 대한 신뢰가 동기부여가 되었다. 1962년의 삶은 지금보다 훨씬 덜 복잡했고 대학원 공부를 하는 데 있어서도 경제적인 부담이 덜했다. 물론 그 당시에 학점당 27달러는 매우 큰 돈이라고 생각했던 기억이 난다! 박사학위를 취득한 것은 나에게 몇 가지 진로 선택지를 열어 주었다. 자격증을 소지한 심리학자가 되는 것, 전공서적을 쓰는 저자로서의 삶을 시작하는 것 그리고 대학에서 가르치는 것이 그것이다. 나는 박사학위를 따기 위해 들인 시간과 노력을 후회한 적이 없으며, 수년간 많은 학생이 박사과정 입학을 고려하도록 격려해 왔다.

나의 딸 신디(Cindy)가 상담 전공으로 2개의 석사과정을 마쳤을 때, 나는 신디에게 상담이나 심리학 박사과정을 밟기를 권했다. 하지만 신디는 학업에 대한 스트레스에서 벗어나 자신의 진로에 대해 진지하게 생각해 보고 싶어 했다. 멘토들의 지도와 격려로 나중에 임상심리학 박사과정에 들어가서 박사학위를 받고 졸업했고, 이후 공인 심리학자가 됐다. 만약 당신도 나의 딸 신디처럼 석사학위를 취득한 후 휴식이 필요한 상황이라면, 미래에 무엇을 원하는지 생각해 보는 시간을 가져 보길 권한다. 박사학위를 공부하는 것은 당신의 선택인가, 아니면 다른 누군가를 위해서 선택한 것인가? 박사학위를 취득하는 데는 보람과 자기만족감이 있지만 상당한 수준의 희생과 헌신, 용기를 필요로 하는 도전에 직면하게 될 것이다.

박사과정을 지원하기로 결정한 후에도 학생들은 여전히 궁금한 것들이 많다. 나에게 맞는 박사과정 프로그램을 찾으려면 무엇을 알아봐야 하나? 나의 관심사와 장기적인 진로를 고려할 때 가장 적합한 프로그램은 무엇인가? 프로그램에 대해 자세히 알아보려면 어떻게 해야 하나? 내가 선택한 진로에 성공하기 위해 박사학위를 취득하는 것이 필수인가?

나는 학생들에게 본인이 관심 있는 프로그램을 철저히 연구하라고 말하고, 그 길을 따라간 교수, 현직 학생, 상담사들과 대화를 나누라고 권한다. 또한 대학과 프로그램을 선택하는 것뿐만 아니라 본인이 졸업 후 어떤 일을 하고 싶은지에 따라서 학위 형태도 달라질 수 있다. 연구 활동이나 대학교육에 관심이 있다면 임상심리학 박사과정이나 상담심리학 박사과정이 적합할 것이다. 만약 당신이 현장에서 일하는 것이 주된 관심 영역이라면, PsyD(심리학박사) 학위를 취득하는 것을 권한다. 대학에서 상담 프로그램을 가르치는 데 주로 관심이 있다면 상담자 교육과정에서 제공하는 PhD(철학박사)나 EdD(교육학박사)가 고려 대상이 될 수 있다. 이 정보를 수집하기 위해 쏟은 노력은 여러분의 관심사에 가장 적합한 프로그램을 선택하는 데 큰 도움이 될 것이다. 확실히 박사학위는 석사학위로는 불가능할 다양한 직업 선택권을 넓혀 주지만, 이 결정을 내릴 때 비용과 혜택 모두를 신중하게 평가한다.

만약 당신이 박사 진학을 고민하고 있다면, 『상담대학원 과정에서 살아남고 성장하기(Surviving and Thriving in Your Counseling Program)』(Austin & Austin, 2020)의 한 챕터인 '박사학위 취득하기'에서 풍부한 정보를 포함한 실용적인 가이드를 얻을 수 있다.

상담사로서의 첫 회기를 앞두고 어떻게 불안감을 가라앉혔나?

그 어떤 직업이라도 첫날에 느끼는 걱정과 불안감은 아주 당연한 감정들이다. 우리 또한 대학원에서 배운 지식들을 실제 현장에서 직접 행동으로 옮기면서 약간의 불안감을 경험할 가능성이 있다는 사실을 받아들여야 한다. 아마도 당신은 다른 사람의 마음의 세계로 들어가는 데 있어서 나에게 필요한 것은 무엇인지 궁금할지도 모른다. 분명한 것은 경험을 쌓으면 쌓을수록 당신의 상담 기술에 대한 자신감은 높아질 것이라는 점이다.

내가 상담사로서 일을 시작한 초반에 많은 시간을 허비했던 기억이 난다. 내가 정확히 무슨 말을 해야 도움이 될지를 알 수가 없었고 내담자들도 나를 경험 적은 상담사로 바라보는 것 같은 느낌이 들었다. 즉, 상담사의 역할이 정확히 무엇인지 몰라서 불안했다. 그리고 이 불안감을 완전히 제거하는 것은 불가능했지만 극복하는 법을 배우기 시작했다. 나의 경험을 토대로 불안을 극복할 수 있는 방법을 공유하자면, 내담자를 만나기 전이나 상담 직후에 당신이 생각하고 느끼는 것을 일기장에 적는 것이다. 또한 당신의 불안에 대해 수퍼바이저와 동료들에게 이야기하는 것은 당신이 불안감을 조절할 수 있다는 것을 깨닫게 해 줄 수 있다. 상담을 시작하기 전, 불안감을 줄이기 위해 단 몇 분이라도 호흡이나 마음가짐 기술을 통해 당신에게 집중하는 시간을 보내라. 그리고 내담자에게 유용할 것으로 생각되는 기술을 꾸준히 연습해야 한다. 마지막으로, 당신이 다른 사람과 함께 있고 그 사람을 경청하고 깊이 이해하는 것을 상상함으로써 불안에서 벗어나도록 한다.

초보 상담사로서 내담자와 상담 중에 메모를 효과적으로 잘할 수 있는 방법은 무엇일까?

상담 회기 중에 메모하는 방법은 상담사마다 다르다. 일부는 회기 중에 몇 가지 중요한 단어를 기록하는 방식을 취한다. 나의 경우, 내담자와의 상담 중에 메모하는 것을 선호하지 않는다. 왜냐하면 상담 중에는 오로지 내담자에게 집중해야 하고, 내담자의 말과 느낌에 적극적으로 경청하는 자세를 취해야 하며, 공감을 표현하기 위해선 많은 주의가 필요하기 때문이다. 따라서 (가능하면) 매 회기를 마치면서 간단하게 사례 노트를 작성하는 것을 권한다. 물론 회기를 마친 후에 메모를 남기는 걸 선호하는 상담사도 있지만,

회기를 마칠 때까지 기다릴 만큼 기억력이 좋지 않다는 의견도 있다. 중요한 것은 상담사는 자신이 쓴 메모를 보관해야 하는 윤리적 의무가 있음을 내담자에게 분명하게 이야기하는 것인데, 이 의무는 사전동의 절차의 일부이기도 하다. 그리고 모든 내담자에게 메모를 남기고 사례 기록의 목적을 전달해야 할 의무가 있다.

메모 및 내담자 기록 보관의 법적 측면을 공부하고 싶다면『상담자와 법: 법률 및 윤리적 실천 가이드(The Counselor and the Law: A Guide to Legal and Ethical Practice)』(Wheeler & Bertman, 2019)를 추천한다.

가면 증후군에 시달리는 초보 상담사들에게 당신은 어떤 조언을 하고 싶은가?

대학원 학위를 취득하거나 상담전문 자격증을 취득한 후에도 당신들 중 일부는 스스로에게 이렇게 말할 수 있다. "사실 나는 나의 지도교수님이나 자격증을 부여한 기관의 의원들을 속였다. 물론 학위를 취득하기 위해 필요한 모든 자격 요건을 통과했지만서도 나는 내가 자격증 취득을 할 수 있었다는 사실에 종종 놀라기도 한다. 비록 다른 사람들은 나를 성공한 사람으로 바라보는 경향이 있지만, 때로는 나 스스로조차 내가 무엇을 하고 있는지 모르고 있으며 학위나 전문 자격증을 받을 자격이 없다는 생각이 들 때도 있다."

이러한 기본적인 부족함을 느끼는 생각들은 갑자기 제거되거나 완전히 사라지지 않을 것이다. 심지어 어느 정도 경력이 쌓인 후에도 나는 이따금씩 나의 부족한 실력이 발각되진 않을까 혹은 이런 나의 모습이 사기꾼은 아닌가 하고 두려워하고 염려했다. 많은 청중 앞에서 강연을 할 때, 나는 가끔 '내가 여기 있는 모두를 실망시키면 어쩌지? 어떤 이들은 내가 좋은 작가라고 말하기도 하지만, 상담 기술들을 시연하는 면에 있어선 아직은 부족하다고 말할 수 있어.'라고 생각하기도 한다.

누군가에게 발각되는 것에 대해 걱정했다면, 이제는 이러한 부정적 자기대화를 비판적으로 평가할 때이다. 당신이 전문적으로 일하고 있는 모든 것을 폄하하는 자기대화를 끊임없이 하고 있다는 것을 인지한다면, 인지행동 치료법을 적용하여 인지 재구조화를 이끌어 내야 한다. "내가 사기꾼이라는 증거가 어디 있지?"라고 자문해 보라. 우리를 움츠리게 만드는 부정적 신념에 굴복할 필요는 없다. 나는 학생들이나 내담자들에게 자신들을 따라다니는 '가면'을 무시한 채 마치 그들이 충분히 자신 있는 사람인 것처럼 행동할 것을 제안했다. 많은 연습을 통해 당신은 사기꾼처럼 느꼈던 감정들을 당신의 직업적 능력과 성취에서 비롯한 자부심으로 전환할 수 있다. 긍정적 자기대화는 당신의 사기꾼 그림자를 축소시킬 것이다.

가정을 꾸리는 것과 경력을 쌓는 것 사이의 균형을 잡으려고 노력하는 이제 막 커리어를 시작한 상담사나 대학원생들에게 당신은 어떤 조언을 하는가?

개인생활과 직업생활을 병행하려면 그 사이의 균형감을 유지하는 것이 중요하다. 현재 당신이 경력 초기의 상담사임과 동시에 이제 막 가정을 꾸리기 시작한 상태라면, 직업적인 포부와 더불어 개인으로서, 그리고 부부로서 원하는 것이 무엇인지에 대해 배우자와 많은 논의를 해야 한다. 만약 당신과 당신의 배우자 모두 일을 하고 있다면, 집안일 역할을 어떻게 분담할 것이며 서로의 커리어에 어떤 도움을 줄 수 있는지 이야기하길 바란다. 한 팀으로서 최대의 시너지 효과를 가지기 위해 협업한다면 가장 알맞은 모습의 균형감을 이룰 수 있을 것이다. 일과 삶의 균형을 위해 노력하는 것은 시간이 지남에 따라 변화하고 진화하는 일련의 과정이다. 나의 대학원생 중 한 명은 아버지로서의 역할과 학업을 수행하는 것 사이의 균형을 이루는 것이 그의 주요 과제였다. 대학에 있고, 직장을 유지하며, 여러 집안일을 처리해야 하는 의무들은 그가 꿈꿔 왔던 아버지가 되는 것을 불가능하게 만들었다. 아이들과 함께 있는 순간에도 그는 자신이 제출해야 할 과제들을 떠올리곤 했다. 자신이 평소에 상상했던 배려심 없고 무관심한 아버지의 모습을 보여 주는 것 같다는 생각에 그는 이러한 악순환을 끊겠다고 다짐했고 실제로 아이들과 함께 있을 시간을 따로 만들었다.

그렇다면 개인과 상담사로서의 삶을 균형 있게 살 수 있는 방법은 무엇인가?

이 질문에 답하기 위해선 우선 당신이 어떤 모습의, 그리고 어느 지점에서 균형 잡인 삶을 원하는지를 알아야 한다. 당신이 상담사로서의 직업적 커리어를 우선적으로 고려한다면, 소비하는 대부분의 시간은 일과 관련된 것일 것이다. 반대로 일에서 벗어나 개인적 삶을 가지고 싶다면, 일에서 벗어나 다양한 활동을 하거나 당신의 삶에 중요한 타인과의 관계에 더욱 집중할 것이다. 결국 당신이 원하는 균형 잡인 삶이 무엇인지 알고자 한다면, 다음의 질문에 답해야 한다. 나는 살기 위해 일하는가, 아니면 일하기 위해 사는가?

당신의 개인적 그리고 전문적 삶의 균형을 유지하는 건 쉬운 일이 아니다. 당신이 일에서 사용할 에너지와 집에 돌아가서 쓸 에너지를 구분해서 살 줄 안다면 가장 이상적일 것이다. 그러나 이러한 균형은 말 그대로 이상일 뿐이지 현실적으로 가능하지 않다. 나의 가족에게 예상치 못한 상황이 발생한다면 일에 소홀할 수 있는데 같은 시기에 해야 할 일들이 많아서 많은 에너지를 요구할 수 있다. 그리고 현재의 직업을 유지하거나 승진하려고 한다면 개인적 삶보다 직업적 삶에 훨씬 더 많은 시간을 보내야 할 것이다. 일과 삶 사이의 균형은 언제나 앞뒤로 흔들린다는 것을 깨닫고, 이 일시적인 불균형에 대처하기 위하여 어떤 의도적인 선택을 해야 함을 인지해야 한다.

나의 경우 시간을 어떻게 보낼지 결정할 때 늘 비용 대비 효과 비율을 고려하는 것이 유용하다고 생각했다. 분명 어떤 특정한 시기에는 직업적 삶에 집중함으로써 이득을 얻은 적도 있었다. 중요한 것은 확실한 비용은 나의 선택과 관련이 있다는 것이다. 나의 커리어 중 여러 단계를 거칠 때마다 나는 일과 삶의 균형이 고정된 실체라고 가정하기보다는 각 단계마다 이상적으로 보이는 균형은 어떤 모습인지를 재평가해 왔다. 40대 때는 직장생활과 개인생활 사이에서 건강한 균형을 이루는 데 상당한 어려움을 겪었다. 학기 중에는 풀타임으로 강의를 하고 전공 학과장으로 일을 했다. 계절학기와 방학 중에는 책을 쓰고, 여러 주에서 워크숍을 진행하고, 집단상담을 열어서 학생들과 상담사들을 훈련시켰다. 같은 기간에 여러 일을 처리하기 위해선 이들 간의 균형을 잡고, 장기적 그리고 단기적 목표를 세우고, 그리고 이 와중에 개인적 삶을 누릴 수 있는 시간을 만드는 법을 배워야만 했다. 그리고 일하는 것의 즐거움과 별개로 나에게 한계가 있다는 것과 내 사생활과 더 나은 균형을 찾아야 한다는 것을 받아들여야 했다. 나는 거절을 잘 못해서 너무 많은 일을 떠맡는 경우가 많다는 것을 알게 되었다. 그리고 여러 제안을 받을 때마다 스스로에게 "내가 이 제안을 받아들이면서 얻는 장단점이 무엇이지?"라고 물어보기 시작했다.

일과 사생활 사이의 건강한 균형을 고려할 때, 당신이 지금 수행하고 있는 많은 역할을 생각해 보라. 그리고 당신에게 가장 이상적인 모습의 일과 삶의 균형을 그려 보고 그 모습이 당신의 개인적 가치에 얼마나 부합되는지 생각해 보라. 지속적인 자기성찰을 하고 자신의 가치와 우선순위가 어느 정도 일치하는지 평가해 보는 것도 중요하다.

일과 삶의 균형에 대한 자세한 내용은 나의 또 다른 저서 『상담자 자기돌봄(Counselor Self-Care)』(Corey, Muratori, Austin, & Austin, 2018)을 참고하라.

아직 대학원에 재학 중이거나 이제 막 직업적으로 상담을 시작한 이들에게 은퇴에 대해 어떤 조언을 해 주겠는가?

이제 막 커리어를 시작하는데 은퇴를 생각하는 것은 시기상조일 수 있지만, 미래의 나의 모습을 그려 보는 것은 기분 좋은 상상이기도 하다. 은퇴할 나이가 오기 전에 꼭 이루고 싶은 것은 무엇인가? 목표를 설정할 때는 단기 목표와 장기 목표 둘 다 갖는 것이 좋다. 어떤 이들은 장기 목표의 중요성을 강조하는데, 목표들을 장기적인 것들로만 채우면 지금 내 앞에 나타난 기회들을 지나칠 수도 있다. 1961년 교단에 처음 섰을 때, 나는 내가 상담학 교수, 많은 전공서적의 저자, 국내외 워크숍 강연자가 되리라고는 상상도 못했다. 그리고 경력 초기에 상상했던 것들보다 훨씬 더 많은 목표를 세우기 시작했고 지금은 여러 기회가 생길 때마다 세웠던 목표들을 기꺼이 수정해 갈 수 있게 되었다.

정규직에서 은퇴한 많은 나의 동료는 파트타임으로 계속 일을 하고 있다. 지역 기관에서 일하다가 은퇴한 이들은 파트타임 형식으로 개인상담을 하고 있다. 또 어떤 이들은 봉사활동을 하거나 다른 형태로 자신의 재능을 나눔으로써 보람을 느끼고 있다. 물론 노후를 만끽하며 취미에 집중하고 가족이나 친구들과 시간을 보내면서 일에 대한 스트레스 없이 시간을 즐기는 사람들도 있다. 은퇴한 동료들에게 일이 그립지 않은지 물어보면 거의 대부분이 일 자체가 그립지는 않지만 함께 일하고 만났던 동료, 내담자 그리고 학생들이 그립다고 한다. 은퇴는 삶을 재설계하고, 사용하지 않았던 잠재력을 찾아내 활용하고, 새로운 커리어를 시작할 수 있는 기회이기도 하다. 결국 은퇴는 새로운 시작과 또 다른 삶의 의미의식을 뜻한다. 이 단계에서 당신의 과제는 당신이 만들고자 하는 새로운 시작이 과연 무엇인지를 발견하는 것이다.

성찰을 위한 질문

1. 대학원 과정에 입문하기 전에 전공과 관련된 과정에 대해 알고 싶었던 것은 무엇인가? 대학원에 지원할 때, 프로그램에 대한 정보는 충분히 얻었는가?
2. 대학원 프로그램을 통해 개인적으로나 학문적으로 최대의 혜택을 얻기 위해 당신은 무엇을 할 수 있는가?
3. 어떤 면에서 당신은 가면 증후군과 관련될 수 있는가?
4. 적절한 개인적 삶과 직업적 삶의 균형을 맞추는 데 있어서 고민하고 있는 것은 무엇인가?
5. 당신이 꿈꾸는 가장 이상적인 은퇴는 어떤 모습인가? 의미 있는 은퇴를 하기 위해 어떤 준비를 해야 하는가?

5장

상담전문성

Personal Reflections on Counseling

도입

전문가로서 일을 시작한 이래 상담전문성을 키우는 데 있어서 가장 큰 도전은 무엇이며, 최근 추세는 어떠하고, 상담전문가들의 미래에 어떤 변화가 있을 것으로 기대하는지에 대해 내 의견을 묻는 질문을 자주 받아 왔다. 이 장에서는 이러한 주제들을 다루고자 한다. 앞의 질문들에 대해 당신은 어떻게 생각하는지 먼저 떠올려 보기를 바란다.

• • •

이 일을 시작한 시기부터 지금까지 상담전문 영역에 있어서 어떤 변화들을 보았는가?

내가 처음 이 일을 시작하던 시기에는 문화적 다양성이 어떻게 상담 과정에 영향을 미치는지에 대해 상담 분야에서 중요하게 다루지 않았다. 당시에는 일정 범위의 내담자들에게 적용 가능한 상담 기술들을 배웠다. 오늘날에는 다문화 내담자에게 효과적인 상담을 제공하고 상담에 다문화적 관점을 통합하는 것을 매우 중요하게 다룬다. 다문화 상담은 배경에서 전경으로 올라왔다. 게다가 상담사는 사회정의 문제를 대변하는 데 주도적 역할을 하고 있다. 1960년대에는 사회정의 관점에서 상담에 대해 이야기하는 것을 거의 들은 기억이 없다.

또 초기에는 상담 영역에서 상대적으로 윤리적 문제에 주목을 덜 하는 경향이 있었다. 경계를 지키는 것에 대해 논의하지 않았고 경계를 지킬 필요가 없다고 보는 상담사들이 이를 많이 남용했다. 요즘은 비윤리적인 상담사들로부터 내담자가 심리적인 서비스를 받는 것을 보호하는 안전장치가 존재한다. 그러나 1960년대와 1970년대에만 해도 상담사가 성적으로 잘못된 행동을 하는 일은 생각보다 자주 일어났다. 몇몇 상담사는 이런 행동을 심각한 윤리적인 폭력으로 보지 않기도 했다. 당시 대부분의 윤리 규정에서 상담사와 내담자 사이의 성적인 행동을 비윤리적이라고 구체적으로 규정하고 있지 않았다. 어떤 윤리 규정도 명확하게 상담교육가와 학생 또는 수퍼바이저와 수퍼바이지 간의 성적 관계를 명확하게 금지하고 있지 않았다. 1980년대 초반에 들어오면서 상담전문성 영역에서 적절한 경계를 세우는 것이 근원적인 윤리적 문제와 연관되어 중요하게 여겨지기 시작했다. 정신건강 전문가들이 내담자와 성적인 관계로 들어가게 되었을 때 일어나는 해로운 결과들에 대해 기술한 서적들이 나오기 시작했다. 1980년대 동안 성적 부도덕은 전문성 분야에서 매우 큰 주의를 끌기 시작했고, 상담사와 내담자, 교수와 학생, 수퍼바이저와 수퍼바이지 사이의 성적인 관계의 위험성을 부각시키는 문서들이 나오기 시작했다.

오늘날에는 내담자, 학생, 수퍼바이지와의 성적인 관계가 비윤리적이며, 이를 금지하는 내용이 윤리 규정과 법에 기술되어야 한다는 것에 대해 명확하며 모든 사람이 만장일치로 동의한다. 성적으로 부도덕한 행동을 한 상담사들은 다양한 부정적 결과를 맞이하게 된다. 소송을 당하고, 중죄를 저지른 것으로 선고받으며, 해당 주의 자격증이 취소되거나 정지되고, 전문가 협회에서 추방되며, 보험 적용 권한을 잃게 되고, 직업을 잃게 된다. 전문가 협회에서 가장 최근에 개정한 윤리 규정에는 수퍼바이저와 수퍼바이지 그리고 교수와 학생 사이의 성적 행동을 금지하는 기준이 추가되었다.

오늘날 학생들은 윤리적 딜레마를 해결하기 위해 어떻게 생각하고 윤리적 의사결정을 해 나가야 할지에 대한 모델을 배운다. 1970년대 초반에 상담센터에서 학생들을 가르쳤을 때에는 전문가 윤리에 대한 필수 과정이 매우 적었다. 기껏해야 인턴십과 같은 과정에서 아주 간단하게 윤리적 문제를 다뤘다. 요즘은 대부분의 프로그램에서 상담의 윤리적 · 법적 · 전문적 문제에 대해 필수 과정으로 다룬다. 그리고 정신건강 전문가 자격증을 취득하거나 갱신하기 위한 조건으로 적어도 하루 종일 열리는 윤리와 법 관련 워크숍을 듣기를 요구한다. 1980년대 후반까지만 해도 출간된 윤리 관련 서적이나 학술지 논문이 거의 없었다. 오늘날에는 윤리적 훈련이나 기준에 대한 내용들이 매우 많다.

내가 석사과정을 다닐 당시에는 수퍼비전에 대한 수업이 없었으며 어떻게 수퍼비전을 제공해야 하는지에 대한 훈련이 없었다. 오늘날에는 수퍼비전 기준과 공식적 훈련을 포함하여 임상 수퍼비전의 질을 높이는 데 굉장히 많은 주의를 기울인다. 이제 박사과정 학생들은 수퍼비전 수업을 듣고 석사과정 학생들의 상담 사례를 수퍼비전한다.

상담 영역에서 일어난 또 다른 주요 변화라고 보는 것은 상담사가 위기 상황을 잘 다룰 수 있으며 트라우마 환경에 놓여 있는 내담자를 적절하게 상담할 수 있을 것이라는 기대이다. 트라우마나 심각한 위기를 겪는 내담자를 상담하는 것은 매우 필요한 일이고 위기상담에서 다양한 상황을 다루는 것은 중요한 부분이다. 정신건강 전문 영역에서 가장 떠오르는 영역 중 하나는 재난 상황 대응의 선두에 정신건강 상담을 두는 재난 정신건강 상담 영역이다. 초심 상담사들 대다수가 위기 사례를 다룰 때 압도되는 감정을 느낀다고 보고한다. 대학원 수업 과정에서 위기 상황이 내담자에게 어떤 영향을 미치며 위기 상황에 놓인 내담자들을 어떻게 상담할지를 학생들에게 가르친다.

원거리 상담, 온라인 강의, 기기를 활용한 수퍼비전 등 기술적인 혁명 또한 상담사들에게 일어났다. 상담 서비스는 이제 시골 지역이나 또는 어디에 있든지 내담자에게 제공될 수 있다. 그러나 나는 이러한 방법들에 계속 의존하는 것, 특히 대면 상담을 대체해서 이런 기술적 방법을 사용하는 것에 대해 우려를 하고 있다. 그러나 앞으로 이러한 기술이 전통적인 방식으로 제공되는 서비스를 대체할 수도 있다.

오늘날에는 상담사의 이론적 지향과 관계없이, 상담 관계의 질이 상담의 긍정적 효과를 이끌어 내는 데 가장 중요한 역할을 한다는 인식이 커졌다. 많은 상담전문가가 치유하고 변화를 이끌어 내는 데 아주 중요한 역할을 하는 것이 바로 인간관계라는 데 동의한다. 치료적 관계가 상담사가 사용하는 상담 기법이나 상담이론보다 더 중요하다는 것을 증명한 최근의 연구가 많이 있다. 상담사는 자신의 개인적 발달을 진지하게 고민해야 하고 상담 과정에서 관계 요인에 초점을 맞춰야 한다.

내가 요즘 바라보고 있는 또 다른 트렌드는 국가 수준, 주 단위 그리고 지역의 전문 학회에 참석하는 대학원생의 수가 늘어나고 있다는 것이다. 내 대학원 시절에는 교수가 학생들에게 전문 학회에 참석하기를 제안하지 않았고, 그런 학회에서 발표하기 위해 프로포절을 제출하는 경우도 드물었다. 요즘 많은 대학원생이 학회에 참여하고 교수와 함께하는 프로젝트에 참여하기도 하는 것이 좋아 보인다. 내가 학회에서 만나는 대학원생들과 초심 상담전문가들은 사회정의 문제에 특별한 관심을 가지고 이에 헌신하기도 한다. 나는 이러한 새로운 학자와 상담사 세대가 갖고 있는 생기, 창조성, 리더십에 감동받는다.

이 장에서 언급한 주제에 대해 더 읽고 싶다면 『ACA 윤리 기준 사례집(ACA Ethical Standards Casebook)』(Herlihy & Corey, 2015a)과 『상담에서의 경계의 문제: 다양한 역할과 책임(Boundary Issues in Counseling: Multiple Roles and Responsibilities)』(Herlihy & Corey, 2015b)을 보면 좋다. 상담 결과에 영향을 미치는 치료적 관계의 역할에 대해 더 구체적으로 살펴보고 싶다면 『도움이 되는 심리치료 관계: 증거기반 치료의 공헌(Psychotherapy Relationships That Work: Evidence-Based Therapist Contributions)』(Norcross & Lambert, 2019)과 『도움이 되는 심리치료 관계: 증거기반 반응들(Psychotherapy Relationships That Work: Evidence-Based Responsiveness)』(Norcross & Wampold, 2019)을 읽어 보기를 바란다.

오늘날 상담전문가들이 직면하는 가장 큰 도전은 무엇인가?

우리가 살아가는 세계는 복잡성이 증가하고 있으며 이 큰 세계에는 인간이 고통받는 많은 문제의 근원들이 있다. 아마도 오늘날 상담사들이 직면하는 가장 주요한 도전은 내담자가 때때로 부조리해 보이는 삶의 의미를 찾을 수 있도록 이끌어 주는 일일 것이다. 예전보다 훨씬 더 내담자가 어떻게 사랑하며 스스로를 수용하고 다른 사람들을 사랑하고 아끼는 데 적극적으로 도달할지를 알도록 도와줄 필요가 있다. 증오, 사회적 편향, 자신과 다른 사람들에 대한 부정적 성향과 폭력성, 다른 사람들에 대한 관심과 연민의 부족, 냉담한 태도와 행동이 최근 들어 늘어나고 있다. 다른 사람들을 향한 무관심과 더 나아가 증오를 가진 내담자들이 다른 사람들을 사랑하는 관심을 갖도록 돕는 일은 상담전문가들이 직면하는 가장 중요한 작업이다. 상담사들은 개인, 집단, 지역사회와 함께 이런 변화를 촉진시키기 위해 많은 노력을 기울일 수 있으며, 이런 작은 변화는 더 큰 변화로 퍼져 나갈 수 있다. 그러나 나는 내담자가 가져오는 문제에만 아주 좁게 초점을 맞추는 것보다 이런 관심이 상담의 영역을 훨씬 더 넓혀 줄 것이라고 믿는다. 대부분의 사람이 특정 문제를 더 잘 다루기 위해 상담을 찾아오지만, 이러한 문제는 대부분 살아갈 가치가 있는 삶을 만들어 내는 것과 같은 존재론적 관심과 연결된다.

상담전문 영역의 미래가 어떨 것이라고 예측하는가?

날씨 예보가 자주 부정확하지만, 상담전문성의 미래에 대한 내

예측은 아마도 어떤 날씨 예보보다 덜 정확할 것 같다. 상담사들이 특히 추세를 바라보며 이해하고 앞에 놓일 변화하는 시대를 준비할 수 있기를 바란다. 만약 내가 수정 구슬을 열심히 들여다보면서 미래를 예측하고 있다면, 상담사들이 점점 더 사람들과 지역사회가 새로운 많은 재난을 대처할 수 있는 창조적인 접근법을 찾아야 한다고 이야기할 것이다. 우리는 정말 이 스트레스 가득한 세상에서 자연 재해와 인간이 만들어 낸 재난으로 인해 점점 더 괴로워지고 있다. 수많은 사람이 이러한 위기 상황을 다루는 데 전문적 도움을 필요로 하게 될 것이다. 허리케인, 심각한 가뭄, 산불, 지진, 홍수와 같은 자연 재해는 이 사회에 충격을 주고 있다. 지구는 온난화와 해수면 상승으로 인해 해안가 도시들이 위협받는 전례 없는 위기에 직면하고 있다. 인간이 야기한 재난도 증가하고 있으며 수 세기 전에는 알 수 없을 정도의 불안과 스트레스를 일으키고 있다. 이러한 위기는 인간의 삶에 어마어마한 통행료를 부과하는 중이다. 이런 끔찍한 현실에 더해 우리나라에 존재하는 풀리지 않는 증오와 불화, 전쟁에 대한 현존하는 위협, 매일매일의 폭력과 공격 일화들이 존재한다. 전 세계적 재난 사건들이 우리의 삶에 매일 쏟아지고 있으며, 우리는 이러한 압도적이고 고통스러운 현실에서 스스로를 방어하기 위해 종종 귀를 닫아 버린다.

나는 재난 정신건강 상담이 가까운 미래에 더 확장될 것이라고 본다. 최전선에 나가 있는 사람들은 스스로를 잘 치료해서 더 자주 일어나는 재난에 대응해 나갈 수 있도록 할 필요가 있다. 많은 정신건강 전문가는 이러한 불운한 사건들에서 살아남은 사람들에게 평온과 치유를 제공하는 놀라운 사람들이다. 그리고 상담사가 그렇게 많은 영역에 미칠 긍정적인 영향에 대해 인식하는 것이 중요하다. 우리는 이러한 어마어마한 문제들을 해결해 나갈 방법을 발견하려는 희망을 포기해서는 안 된다.

우리 세계의 위기 상황과 연결된 트라우마를 다루는 상담전문성에 대해 더 공부하고 싶다면, 『재난 정신건강 상담: 준비와 대응 가이드라인(Disaster Mental Health Counseling: A Guide to Preparing and Responding)』(Webber & Mascari, 2018)을 읽어 보길 바란다. 『재난 정신건강 상담: 다문화적 맥락에서 트라우마를 다루기(Disaster Mental Health Counseling: Responding to Trauma in a Multicultural Context)』(Stebnicki, 2017)와 『스트레스 가득한 세상에 대처하는 기술: 상담사와 내담자를 위한 워크북(Coping Skills for a Stressful World: A Workbook for Counselors and Clients)』(Muratori & Haynes, 2020) 또한 읽어 보기를 추천한다.

성찰을 위한 질문

1. 상담에서 변화하는 미래에 대해 생각하면, 당신이 해야 할 일은 무엇인가?
2. 오늘날 상담전문 영역에서 맞이하는 가장 큰 도전은 무엇인가?
3. 상담 분야의 미래에 대한 어떤 예측이 현실로 이루어지는 것을 보고 싶은가?
4. 기술적인 혁명이 상담사로서 일하는 데 있어 당신에게 어떤 영향을 미칠 것이라고 기대하는가?
5. 대학원 과정의 상담 실습에서 윤리 영역은 점점 더 관심을 갖는 부분이다. 당신이 속한 장소에서 어떤 종류의 윤리적 문제를 경험하는가?

6장

한 사람으로서 존재하는 상담사

Personal Reflections on Counseling

도입

당신이 상담에 가져가는 삶의 경험, 태도, 돌봄은 효과적인 치료적 관계를 만드는 데 매우 중요한 요소들이다. 지식과 기법도 중요하기는 하나 내담자와 좋은 작업동맹을 맺는 것은 효과적인 상담사가 되는 데 있어서 훨씬 더 중요하다. 이 장에서는 한 사람으로서 존재하는 상담사라는 주제를 다루고자 한다. 전문가로서 적절하게 기능하는 능력을 개발하는 것에 초점을 두고 이야기를 해 나갈 것이다.

• • •

효과적인 상담사가 되기 위해서 어떤 성격 특징이 필요한가?

상담사의 성격 특징은 내담자와 작업동맹을 맺는 데 있어서 중요한 역할을 한다. 아주 이상적인 성격이란 없으며 매우 다양한 성격의 사람들이 유능한 상담사로 기능하고 있다. 다음에 제시한 태도들을 살펴보고 이러한 성격 특징들이 당신에게 얼마나 적용되는지 성찰해 보자. 상담사들이 자신의 개인적 삶과 전문적인 삶에서 모두 이러한 태도를 갖고 발전시켜 나가는 것이 중요하다.

- 자신의 강점과 약점을 인식한다.
- 진솔하고 진정성 있으며 일치성을 보여 준다.
- 내담자 앞에서 온전히 자신을 보여 주며 존재할 수 있다.
- 배움에 대해 호기심과 개방성을 가진다.
- 자신의 열정과 꿈을 추구하는 용기를 가진다.
- 타인의 복지와 타인을 돌보는 것에 대해 진심으로 관심을 가진다.
- 내담자와 작업동맹을 형성하기 위해 공감, 자기노출과 같은 대인관계 기법을 활용한다.
- 부정적인 자기평가를 이해, 수용, 격려로 바꿀 수 있다.
- 스스로에게 연민을 가지고 친절하게 대한다.
- 사회적 계급, 인종, 민족성, 종교, 성별, 능력, 성적 지향의 차이를 수용하고 환영한다.
- 주의를 기울이고 경청하는 기법을 발달시키고 개선한다.
- 적절하게 자기노출을 할 수 있다.
- 내담자의 신뢰를 얻을 수 있다.
- 모든 면에 있어서 스스로를 돌본다.
- 겸손하려 애쓰고 거만하지 않으려고 노력한다.
- 건강한 수준의 자기사랑과 자부심을 가진다.

이러한 성격 목록은 당신이 발달시켜 나가고 효과적인 상담사로서 필요한 부분을 발견해 나가는 데 있어서 도움이 된다. 스스로 더 온전한 상담사가 되기 위해 노력하는 것이 가장 중요한 부분이다. 자신의 개인적 성장을 위해 노력하면 할수록 점점 더 좋은 상담사가 될 것이다.

어떻게 하면 사람으로서 존재하고 전문성을 가진 상담사가 되는가? 이 방법들은 서로 어떻게 영향을 주고받는가?

한 사람으로서 존재하는 상담사가 된다는 것이 어떤 것인지에 대해 생각하기 전에, 전문가로서 상담사가 된다는 것이 무엇인지에 대해 한마디로 말하기는 어렵다. 한 사람으로서 존재하는 상담사가 어떤 사람인지, 그리고 전문가로서 기능하는 상담사가 어떤 사람인지를 생각하는 것은 서로 연결되어 있는 요소이고 분리될 수 없다. 그동안 나는 여러 경험을 통해 신념, 가치, 개인적 성격, 기능 수준, 세상에 존재하는 방식이 더 나아가 상담전문가로서 기능하는 수준에 영향을 미친다는 것을 확신하게 되었다. 당신이 한 사람으로서 어떻게 존재하는가와 내담자-상담사 관계의 질은 성공적인 상담으로 이끄는 가장 중요한 변인이다. 매 상담 회기에 영향을 미칠 한 사람으로서 존재하는 특징과 삶의 경험을 당신은 상담에 가져갈 것이다. 상담 훈련 과정에서 당신은 상담이론에 대한 지식, 학습 평가, 개입 기술에 대해 배웠고 다양한 수준의 개입 기술을 향상시켜 나갔다. 이러한 지식과 기술이 꼭 필요하기는 하나, 이것들만으로 효과적인 치료적 관계를 맺고 유지해 나가는 데 충분하지 않다. 만약 내담자에게서 변화가 일어나기를 기대한다면 당신 자신의 삶에서도 변화를 일으키는 것에 대해 개방적일 필요가 있다. 내담자에게 가르쳐 주고 더 나아가 긍정적 모델이 되어 주는 일을 당신의 삶 속으로 기꺼이 가져오려고 할 때 치료적으로 전문성을 가질 수 있다.

한 사람으로서 존재하는 상담사와 전문가로서 기능하는 상담사라는 주제에 대해 더 공부해 보고 싶다면, 『전문적인 길을 만들기:

내 경험을 통한 교훈(Creating Your Professional Path: Lessons From My Journey)』(Corey, 2010)과 『상담 및 심리치료 윤리(Issues and Ethics in the Helping Professions)』(Corey, Corey, & Corey, 2019)를 읽어 보길 바란다. 상담사라는 인간에 대해 더 구체적으로 생각해 보기를 원한다면, 『도움이 되는 심리치료 관계: 증거기반 치료의 공헌(Psychotherapy Relationships That Work: Evidence-Based Therapist Contributions)』(Norcross & Lambert, 2019)과 『도움이 되는 심리치료 관계: 증거기반 반응들(Psychotherapy Relationships That Work: Evidence-Based Responsiveness)』(Norcross & Wampold, 2019)을 읽어 보기를 바란다.

내담자의 전이와 나의 역전이 반응을 어떻게 하면 잘 인식하고 가장 잘 다룰 수 있는가?

전이는 내담자가 과거 또는 현재 중요한 관계로부터 갖게 된 느낌을 상담사에게 투사하는 것을 말한다. 전이를 통해 내담자는 현재 상담사와의 관계를 통해 과거 관계에서 생긴 미해결 과제를 이해하고 해결할 수 있다. 내담자는 중요한 타인에 대한 미해결 감정을 치료적 관계에 가지고 와서 당신에게 투사한다. 그로 인해 내담자는 상담사인 당신을 인식하고 당신에게 반응하는 방식을 왜곡한다. 이러한 전이 반응을 피하려고 노력하기보다는 당신과의 관계 안에서 나타나는 과거의 유사한 정서적 갈등을 내담자와 작업할 수 있는 기회로 여기고 환영하도록 하라. 이러한 과정을 통해 내담자의 초기 부정적인 경험의 영향을 줄여 줄 수 있다. 상담사는 내담자의 전이가 무엇을 의미하는지, 내담자가 과거 경험의 영향하에 당신을 어떻게 바라보고 있는지, 전이를 기술적으로, 그리고 치료적으로 어떻게 다룰지 이해할 필요가 있다.

내담자가 상담사에게 전이를 보일 때 이는 상담사 안에서 반응을 일으킬 수 있다. 상담사가 가진 역동이 연결되어 내담자에게 정서적 반응을 일으키거나 방어적으로 행동하거나 관계에서 온전히 존재할 수 없을 때 역전이가 일어난다. 만약 내담자를 만나면서 그에게 있는 문제를 인식한다면, 내담자의 문제적 행동을 없애려고 하기보다는 자신의 반응이 무엇이며 그의 행동이 자신 안에서 무엇을 불러일으키는지 성찰해 보라. 정서적으로 강렬한 관계는 자신의 풀리지 않은 갈등을 표면으로 끌어낼 수 있다. 자신의 개인적인 역동이 치료적 관계에 영향을 미치는 방식을 자각하는 것 자체는 굉장히 괴로운 일이다. 자신의 역전이 표식을 인식하는 것이 내담자와 작업하는 데 있어서 좋지 않은 영향을 미치지 않도록 막아주는 중요한 단계가 된다. 상담사가 자신에게 자극을 주는 촉발 요인을 깨달을 때, 자신의 역전이를 적절하게 관리할 수 있게 된다.

나는 역전이를 두려워해서 수퍼바이저에게 이러한 역전이에 대해 이야기하기를 꺼리는 학생들을 만나 왔다. 상담사는 자신의 모든 반응을 치료적으로 활용할 수 있기 때문에, 역전이가 반드시 문제가 되는 것만은 아니다. 상담사가 역전이를 효과적으로 사용하기 위해서는 역전이의 근원에 대해 자각해야만 한다. 역전이를 제대로 자각하고 이해하고 관리하며 조절하지 못할 때, 이는 문제가 될 수 있다. 역전이 반응은 상담사와 내담자 모두에게 가치 있는 정보를 제공해 줄 수 있다. 만약 상담사가 자기 자신, 내담자 그리고 둘 사이의 관계를 이해하기 위한 방식으로 자신의 느낌을 사용할 수 있다면, 이러한 느낌은 긍정적이고 치유적인 힘으로 작용할 수 있다. 내 경험상 역전이는 내담자가 삶에서 사람들에게 어떻게 영향을 미치는지에 대한 매우 귀중한 정보를 주는 방식이다. 치료적 요소는 역전이를 진솔하게 탐색할 때 발현될 수 있다. 역전이를 완전하게 제거할 수 있을 것이라는 생각은 비현실적이다. 그러나 내담자의 문제가 아니라 개인적인 역동을 스스로 이해하는 방식으로 역전이의 징후를 인식하는 방법을 배울 수 있다.

역전이에 대해서 더 공부하고 싶다면, 『심리치료사 되기(The Making of a Therapist)』(Cozolino, 2004)의 11장을 살펴보도록 하자.

회기 내에서 우는 것이 적절한 때는 언제인가?

이 질문에 대한 답은 회기 내에서 우는 사람이 내담자인지 혹은 상담사인지에 따라 달라진다. 내담자가 울 때 나는 일반적으로 그 눈물이 슬픔, 미해결 과제, 트라우마 사건에 대한 회상, 고통스러운 감정의 해방, 때로는 기쁨과 같은 어떤 정서의 촉발 요인이라고 생각한다. 내담자에게 정서적으로 활성화시키는 것이 무엇이든지 그것을 체험할 순간을 주는 것이 좋다. 내담자에게 충고하거나 내담자를 달래거나 더 편안한 주제로 관심을 돌리거나 울음을 멈추게 만드는 것은 상담사의 역할이 아니다. 내담자를 위해 그 자리에 있어 주고 할 수 있을 때 체험한 감정을 말로 표현하도록 지지해 주는 것이 상담사가 할 수 있는 치료적 작업이다. 내가 진행하는 치료적 집단에서 집단 구성원들은 과거의 고통스러운 경험을 회상하고 공유하면서 카타르시스를 경험하고는 했다. 이 집단 회기에서 우는 것은 문제가 되지 않는다. 집단원들은 이러한 억눌린 감정들을 분출해 낸 후에 마음이 더 가벼워지고 자유로워지는 것을 느꼈다고 이야기했다. 이러한 작업이 집단상담사로서 마음으로 함께 존재하고 효과적으로 기능하는 능력을 방해하는 것이 아니다.

만약 상담사가 회기 내에서 울고 있는 내담자를 보면서 정서적으로 영향을 받았다면, 내담자에게 정서적으로 영향을 받은 부분을 공유하도록 하는 것이 좋다. 내담자가 우는 것과 같은 방식으로 감정을 표현할 때 상담사가 강렬한 감정을 자주 경험한다면 수퍼비전을 받으며 그것을 다뤄 보는 것도 좋다. 내담자의 눈물은 상담사의 미해결 과제, 즉 역전이를 건드릴 수 있다. 수퍼바이저는 상담사가 자신 안에 있는 감정을 확인하고 이 감정이 내담자와 만나는데 있어서 상담사의 능력에 어떻게 영향을 미치는지 인식하도록 도와줄 수 있다. 개인적으로 상담을 받으면서 왜 내담자의 이야기 속에서 길을 잃게 되는지를 잘 탐색하게 될 것이다.

자신의 개인적 문제를 건드리는 내담자와 작업할 때, 상담사는 어떻게 정서를 조절하는 방법을 배울 수 있는가?

상담사로 일하면서, 단순히 내담자와 치료 작업을 하는 것이 아니라 자신의 역동에 대해 더 깊이 이해하게 되기도 한다. 내담자의 이야기에 주목하면서 더 깊은 인간에 대한 이해를 해 나가도록 돕는다. 이러한 현재의 관계 안에서 상담사가 어떤 존재가 될 수 있는지에 대해 주목해 보자. 내담자는 상담사 안에 있는 어떤 것을 건드릴 수 있고 상담사는 이러한 자신의 감정에 대해 놀랄 수 있다. 이러한 일이 일어날 때, 상담사 자신이 들은 내용에 대해 정서적으로 반응하고 있다는 것을 내담자가 알게 하라. 그러나 상담사 자신의 삶의 경험에 대한 세부적인 내용까지 알리지는 않는 것이 좋다.

만약 내담자가 트라우마 사건을 마주하면서 강렬한 슬픔을 표현한다면, 상담사가 꼭 똑같은 경험을 하지 않았을지라도 내담자의 감정이 상담사가 가진 슬픔을 자극하게 될 수 있다. 이런 상황이 반드시 역전이가 일어난 것을 의미하지는 않는다. 단순히 상담사가 내담자에게 영향을 받아서 그 사람에 대한 공감을 느끼는 것일 수 있다. 만약 당신이 내담자의 정서적 표현에 자주 자극을 받는다고 인식했다면, 스스로의 미해결 과제가 나타난 것일 수 있다. 이러한 정서적 반응을 잘 살펴보고 이를 조절할 수 있게 되는 방법을 배우는 데 있어서 개인적으로 상담을 받는 것이 매우 도움이 된다. 결국, 내담자가 울고 당신도 울고 있다면, 수퍼비전이나 상담에서 탐색해야 하는 역전이가 나타난 것으로 볼 수 있다.

내담자와 강렬한 정서적 경험을 하루 종일 한 다음 어떻게 이를 풀고 집으로 가져가지 않을 수 있는가?

초심 상담사들은 내담자와 분리해서 상담으로부터 받은 심리적 영향을 관리하는 것을 종종 어려워한다. 상담사가 트라우마 사건을 겪은 내담자와 작업하거나 매우 정서적인 내담자와 작업할 때 이런 일은 확실히 자주 일어난다. 우리는 내담자에게 공감하고 그들과 제대로 연결될 필요가 있다. 그러나 또한 회기 끝에 그들과 분리할 필요가 있다. 말하는 게 쉽지, 이렇게 행하기는 쉽지 않다. 내담자에 대해 생각을 하고 그들로부터 정서적으로 분리하려는 시도를 하는 것이 더 자연스럽다. 내담자들과 트라우마 사건에 대해 작업을 하는 일은 매우 중요한 부분이기 때문에, 내담자들은 정서적 고통을 표현하는 데 자유로워야 하고 그러한 감정을 회기 내에 표현해야 한다. 만약 상담사가 치료 과정으로 내담자의 고통 표현을 재구조화할 수 있다면 이 작업은 도움이 될 것이다.

당신이 초심 상담사라면 수퍼비전에서 내담자에 대해 이야기할 뿐만 아니라 내담자가 당신 자신에게 가져오는 반응에 대해서도 이야기할 수 있다. 어떤 경우에는 내담자에 대한 스트레스와 몰입이 역전이 반응 때문일 수도 있다. 당신이 내담자의 트라우마 사건 이야기에 너무 과하게 몰입한다면, 개인적으로 상담을 받으면서 내담자로부터 어떻게 분리할 수 있을지를 다루는 것이 좋다. 개인적으로 자신을 작업하는 것은 스스로를 내담자의 문제에 고착되지 않고 고통스러운 이야기로부터 분리할 수 있도록 돕는 데 매우 중요하다.

상담실 안에서 들은 고통스러운 이야기를 당신의 일상으로 가져가는 것을 막는 방법을 배우면서 스스로 침착하게 대하라. 상담과 분리된 또 다른 흥미를 가지는 것이 도움이 될 수 있고, 이러한 활기를 되찾을 수 있는 활동을 하면서 다른 사람과 함께 강렬한 하루를 보낸 뒤 긴장을 풀 수 있다. 요리를 즐길 수 있고, 이런 활동은 당신이 상담실 안 작업에서 떠나도록 해 줄 것이다. 일기를 쓰거나 소설을 읽고, 악기를 연주하고, 그림을 그리거나, 영화를 보는 것도 좋은 취미가 될 것이다. 스스로 즐겁게 할 수 있는 활동에 참여하라. 그러면 이러한 휴식 시간이 그럴 만한 가치가 있다는 점을 깨달을 것이다. 상담사가 집에 왔을 때 정서적인 경험과 걱정을 짐으로 가지고 있다면 내담자에게 치료적인 작업을 할 수 없게 된다. 만약 상담실에서의 작업에서 분리되는 데 어려움을 겪는다면 스스로를 너무 혹사시키지 말라. 당신은 상담의 예술에 대해 배워 가는 중이고 내담자의 문제에 고착된 이야기에서 벗어나는 것을 배울 시간을 가질 것이다. 만약 당신이 상담사로서의 삶과 멀리 떨어진 생활을 가지고 있고 공감 피로를 피하는 단계를 밟고 있다면 내담자들을 가장 잘 돌볼 수 있을 것이다.

내담자에 대한 당신의 걱정이 너무 위험하다고 보이는가? 너무 많이 돌보고자 하는 마음이 있는가?

우리는 내담자가 말할 필요가 있는 이야기를 듣기 위해, 그리고 우리의 관심을 표현하기 위해 자기 스스로를 내담자를 돌보도록 둘 수 있다. 그러나 또한 내담자들이 물리적으로 상담을 끝내고 나갔을 때 심리적으로도 떠나보낼 필요가 있다. 예를 들어, 우리가 내담자의 고통스러운 이야기를 너무 가까이서 확인한다면 치료적인 개입을 할 수 없을 것이다. 우리는 내담자의 세계에 들어가서 굉장히 치료적인 작업인 이해와 공감을 표현한다. 그러나 내담자의 세계와 우리의 세계에 대한 구분이 희미해지지 않도록 하는 것이 매우 중요하다. 내가 처음 상담을 시작했을 때 종종 그들에게 너무 전념하고 그들의 이야기에 빠져들고는 했다. 내담자가 상담실을 떠난 후에도 어떤 내담자로부터 벗어나는 것이 쉽지 않았다. 동료들에게 내가 너무 내담자를 걱정하고 있고 분리하는 데 어려움을 겪는다는 사실을 말함으로써 다른 관점을 얻을 수 있었다. 결국, 나는 회기가 끝나고 내 일상으로 돌아오는 데 어려움을 덜 겪게 되었다.

우리는 내담자의 고통을 살펴볼 필요가 있다. 그러나 내담자들이 하고 있는 것보다 더 많은 작업을 내가 한다면 그들에게 도움이 되지 않는 것이다. 우리 스스로를 일에서 벗어나도록 할 때, 내담자에게 도움이 될 수 있다. 우리의 일은 내담자에게 살아가기 원하는 방법을 결정하는 데 유용한 도구를 제공하는 것이다. 내담자가 중대한 삶의 결정을 할 능력을 가지고 있다고 믿을 필요가 있고, 내담자의 자율성을 격려해 나갈 수 있는 우리의 능력을 믿을 필요가 있다.

이 장에서 다룬 주제에 대해 관심이 있다면 『젊은 상담자에게 보내는 편지(Letters to a Young Therapist)』(Pipher, 2003), 『치료의 선물(The Gift of Therapy)』(Yalom, 2003), 『카우치에 누워(Lying on the Couch)』(Yalom, 1997)를 읽어 보도록 하자.

성찰을 위한 질문

1. 효과적인 상담사가 되기 위해 필요한 특징은 무엇인가?
2. 전문가로서 될 수 있는 자신의 모습과 한 개인으로서의 자신의 모습을 어떻게 바라보고 있는가?
3. 한 친구가 당신에게 심각한 문제에 대해 털어놓는다면, 당신은 보통 어떻게 반응하는가? 당신은 단순히 그 이야기를 듣고 지지적으로 반응하는가? 친구가 문제를 해결하도록 도우려고 노력하는가? 친구를 위해 문제를 해결하려고 하는가? 당신이 친구에게 반응한 방식이 당신이 내담자에게 어떻게 반응할지를 이해하는 데 단서가 될 수 있다.
4. 내담자가 당신에게 개인적으로 영향을 미치는 강렬한 감정은 어느 정도인가? 하루가 끝나고 심리적으로 일에서 분리되기 위해 당신이 할 수 있는 것에는 어떤 것이 있는가?
5. 역전이가 나타나는 부분을 잘 인식하고 있는가? 이것은 무엇인가? 이러한 역전이 반응을 어떻게 하면 가장 잘 다룰 수 있는가?

7장

개인상담

Personal Reflections on Counseling

도입

다른 사람을 효과적으로 상담하기 위해서 자신의 모든 문제에 자유로울 필요는 없다. 그러나 상담사라면 개인적인 이슈가 내담자와의 작업에 어떻게 영향을 미치는지에 대해 인식할 필요는 있다. 오래된 정서적 상처가 내담자와 상담을 진행하면서 올라올 수 있다. 만약 당신이 인턴십 기간 동안 개인적으로 상담을 받는다면 이러한 미해결 과제를 치료 회기에 가져가서 삶에서 경험하는 어려움에 대해 다루도록 하라. 개인상담을 받은 경험으로 인해 치료 과정에서 내담자가 보여 주는 용기에 감사한 마음이 생길 수 있다. 내담자로서 이를 경험하는 것보다 상담 과정에 대해 배울 더 좋은 방법은 없다. 많은 훈련 프로그램에서는 상담사가 스스로 상담을 받아보는 상담사 훈련을 요구한다. 당신은 치료적 경험에 참여하는 것이 가치 있다고 생각하는가? 만약 개인상담에서 내담자가 된다면 이러한 경험은 당신에게 어떠할 것이라고 생각하는가?

가족과 친구들로부터 지지를 받는 것에 더해 개인상담을 받아보는 것은 중요한가? 상담 전공 학생들에게 개인상담의 장점은 무엇인가?

가족이나 친한 친구들과 좋은 관계를 맺는 것은 매우 중요하다. 이들은 당신에게 힘을 주는 자원이 될 수 있고 전문적인 일의 요구에서 오는 스트레스에서 벗어나도록 도와준다. 만약 인턴십 훈련 프로그램 중에 있다면 내담자와 함께 작업하면서 상담사 자신이 그동안 표현해 보지 않은 미해결 감정들이 표면으로 떠오를 수 있다. 아주 어린 시절의 감정적 상처가 내담자와의 강도 높은 작업에서 떠오르더라도 놀랄 필요는 없다. 개인상담은 당신의 삶을 어느 정도 깊이 탐색할 수 있도록 해 주는 가치 있는 작업이 될 수 있다. 자신의 치료 회기에서 작업할 수 있도록 심리적인 문제를 상담에 가져갈 수 있다.

개인상담은 훈련생이나 전문가에게 모두 가치가 있다. 개인상담에 주기적으로 참여하면 자신의 일에서 유능감을 유지하도록 도와주는 자기돌봄을 할 수 있다. 개인상담을 통해서 전이 및 역전이 과정에 대한 자각을 높이고, 내담자에 대한 공감과 애정을 키우며, 내담자와 작업하며 나타나는 정서적 반응을 관리할 수 있도록 자기자각을 일으킬 수 있다. 게다가 자기성찰은 번아웃과 궁극적인 피해를 줄여 준다. 아마도 가장 중요한 점은 내담자가 되어 보는 경험이 스스로를 겸손하게 만들 것이란 점이다. 많은 학생이 상담을 받고 있고 자신의 과거가 현재 행동에 어떤 영향을 미치는지를 이해하는 데 가치가 있다고 말한다. 상담사들은 경력을 쌓아 나가면서 인생의 단계마다 상담을 통해 도움을 받을 수 있다.

내 개인적인 상담 경험에서 나는 개인적인 문제를 확인하고 역전이를 관리하는 방법을 배웠다. 나는 우울과 불안을 갖고 있는 아버지 밑에서 자랐는데, 이는 내가 아버지를 기쁘게 하고 웃게 만들기 위해 열심히 일하는 결과를 낳게 되었다. 아버지의 우울한 기분과 행동은 나를 무섭게 만들었고 지금까지 개인적으로나 전문적으로 중요한 영향을 미쳤다. 우울과 불안을 피하기 위해 나는 바쁜 스케줄을 유지했고 가만히 앉아서 하루를 돌아보는 시간을 거의 갖지 않았다. 어린 시절부터 우울을 밀어내는 방식이 내 인생 가운데 계속 작용했다. 대학상담센터에서 일하기 시작했을 때 나는 우울한 내담자에게 다른 상담사와 상담을 하도록 권했다. 개인상담에서 우울에 대한 개인적인 두려움을 다루는 게 꺼려지기 때문에 우울한 내담자를 상담하는 것이 나에게 어렵다는 점을 알게 되었다. 만약 이런 우울한 내담자의 세계에 내 자신을 들어가게 허락한다면 내가 우울에 의해 압도당할까 봐 두려웠다. 내 두려움에 대해 반응하는 방식을 알게 되면서 내담자를 내 인생에서 탐색하기 꺼리는 방향으로 데려갈 수 없다는 중요한 교훈을 깨달았다. 두려움과 역전이에 도전하지 않는다면, 나는 계속해서 불안을 일으키는 내담자가 탐색하기 원하는 주제를 피하게 될 것이라는 생각이 들었다. 개인상담은 역전이 이슈를 다루면서 많은 방식으로 나에게 도움이 되었다. 나는 앞으로 나아가기 위해 애쓰는 내담자를 더 잘 참아 왔다는 점을 알게 되었다. 의심할 여지없이 개인상담을 받은 경험은 내 자신을 수용하고 더 공감하게 만들어 주었으며 이러한 내 공감을 내담자에게 전달할 수 있도록 도와주었다.

개인적인 성장을 일으키는 대안적인 방법은 자신의 삶과 일의 의미에 대해 성찰하고, 읽고 일기를 쓰며, 동료 그룹에 참여하고, 인생에서 중요한 사람들의 피드백과 반응을 받아들이며, 명상과 같은 영적인 활동에 참여하고, 운동을 하며, 가족 및 친구와 시간을 보내는 것이다.

내담자가 되고 치료로부터 어떻게 많은 것을 얻는지에 대해서 더 살펴보고 싶다면 『상담자가 된다는 것(On Being a Therapist)』(Kottler, 2017)을 읽기 바라며, 치료사가 개인상담에 참여하는 이유에 대해 살펴보고 싶다면 『치료의 선물(The Gift of Therapy)』(Yalom, 2003)을 읽어 보기 바란다.

상담 교육과정에서 수련생들에게 상담을 받도록 요구해야 하는가?

나는 훈련 프로그램이 학생들에게 상담에 참여하도록 요구해야 하는지에 대해 확실한 주장을 가지고 있다고 인정한다. 만약 내가 훈련 프로그램 책임자라면 학생들에게 경험의 일부로 상담을 요구할 것이다. 책과 수업에서 배우는 것도 가치 있지만 치료적 경험은 체험적인 작업을 해 보면서 상담 과정에 대해 알고 배울 수 있도록 해 준다. 우리가 스스로 가 본 것 이상으로 내담자를 그들의 여행에서 더 멀리 데리고 갈 수는 없다는 가정하에 이러한 요구를 할 수 있다. 나는 이러한 교육과정에서 학생들에게 상담 서비스를 위해 수용할 만한 수준의 비용으로 상담을 제공해 줄 수 있는 지역사회의 상담사를 찾아 주는 등의 방식으로 상담을 받을 수 있도록 도와주어야 한다고 생각한다.

특히 수련생들이 자신에 대해 알아 가고 효과적으로 상담 기술을 사용하는 법을 탐색하기 위해 개인적 성장 집단이나 실험 집단에 참여하기를 권한다. 실험 집단에 참여한 학생들이 주요하게 얻을 수 있는 것은 미래의 상담사로서 기능하도록 하는 자신의 능력을 향상시키거나 막을 수 있는 자신의 성격에 대해 알아 갈 기회를 얻는다는 점이다. 집단상담은 과거의 미해결 과제를 다루는 데 있어서는 적절한 장소가 아니지만 집단은 자신의 상처나 잠재적인 역전이가 상담사로서 작업하는 데 어떻게 방해가 될 수 있는지를 감지하게 하는 데 도움을 줄 수 있다. 만약 훈련 과정의 일부로 실험 집단에 참여한다면 개인적인 변화를 위해, 그리고 효과적인 상담사가 되기 위한 능력을 키워 나가기 위해 이런 경험을 사용할 수 있다. 집단 구성원들은 당신을 진솔하게 바라보고 당신이 그들에게 다가가는 방법을 잘 이해하도록 도와줄 것이다.

상담에서 개인적인 작업이 언제 끝난다고 생각하는가?

상담 경험 초기에 내담자는 치료 과정을 이끌어 줄 명확하고 구체적인 목표를 세운다. 내담자와 상담사가 이러한 목표가 성취되었다고 동의하면, 내담자가 새로운 목표를 제시하지 않을 경우 치료적 여행은 끝이 난다. 내담자는 몇 달 또는 몇 년 후에 미래의 삶의 적응이나 성장에서의 도전을 다루기 위해 다시 상담에 올 수도 있다.

많은 상담사는 가장 주요한 기능이 내담자로 하여금 스스로 자신의 상담사가 되게 돕는 것이라고 믿는다. 내담자는 미래의 문제에 적용할 수 있는 기술을 배운다. 단기상담에서는 상담사가 적극적으로 초기 회기에 관여하고 내담자는 상담이 단기 과정이라는 것을 알게 된다. 상담사는 매 회기를 요약하고 평가하며 다음 회기까지 내담자가 해 올 숙제를 가져간다. 일반적으로 상담은 상담사와 내담자가 모두 종결할 때가 되었다고 동의할 때 종결된다. 그러나 내담자는 도움이 필요하다고 생각할 때 다시 상담에 올 수 있다.

다른 사람에게 전문적으로 상담을 하려면, 스스로 어느 정도 상담을 경험해야 하는가?

다른 사람을 상담하고 있을 때 나는 그들과 함께 내 개인적인 치료 작업을 하지는 않는다. 그러나 나는 개인상담에서 중요한 개인적 도움을 경험한다. 내담자들은 종종 우리에게 거울로 작용하며 다른 사람을 상담하는 것은 우리 자신의 현존하는 관심과 인생의 선택에 대해서 문을 열어 준다. 상담은 스스로 삶에 접촉하기를 허락하면서 내담자들과 내가 함께 변화시켜 나가는 협력적인 작업이다.

나는 내담자와 함께 여행을 하는 상담의 관계 중심적 접근에 근거한 생각들을 좋아한다. 깊은 자기탐색을 하는 내담자와 작업을 하면서 나는 불가피하게 죽음, 삶의 의미, 자유, 책임, 불안, 외로움과 같은 실존적 주제에 대해 함께 이야기하게 된다. 나는 내담자의 경험에 공명하고 진솔하게 삶을 직면하도록 애쓴다. 이러한 공명하는 수용력은 온전하게 함께하는 방식으로 치료적인 만남을 하도록 이끈다.

성찰을 위한 질문

1. 내담자가 되어 개인상담을 받아 본 경험이 있는가? 이 경험은 당신에게 어떠했는가? 개인상담을 받아 본 경험은 상담사가 되는 훈련에서 어떤 영향을 미쳤는가?
2. 당신이 개인상담을 받으려고 한다면, 상담사를 선택하는 데 있어서 어떤 면을 보는가?
3. 만약 참여하고 있는 과정에서 상담에 참여하기를 요구한다면, 당신은 어떻게 반응할 것인가?
4. 경력을 키워 나가는 과정에서 유능감을 유지하기 위한 자기돌봄 전략으로 주기적으로 개인상담에 참여하는 것에 대해서 어떻게 생각하는가? 상담에서 내담자가 되어 보는 것이 어떤 방식으로 당신을 더 좋은 상담사로 만들어 줄 수 있다고 생각하는가?
5. 교육과정의 한 부분으로 실험 집단 또는 과정 집단에 참여하는 것에 대해서 어떻게 생각하는가?

8장

자기돌봄과 웰니스

Personal Reflections on Counseling

도입

웰니스는 단순히 병에 안 걸리도록 하는 것 이상이며, 전체적인 인간의 다양한 차원에서 자기돌봄을 의식적으로 해 나갈 때 얻을 수 있다. 웰니스를 얻기 위해서는 꾸준한 노력이 필요하며, 이를 통해 평화와 생기가 생겨날 수 있다. 웰니스에 대한 전반적 접근에서 우리는 일하고 놀고 쉬고 먹고, 신체 건강을 유지하고, 나 자신과 다른 사람들과의 관계를 형성하며, 스스로의 가치와 믿음을 형성하고, 영적인 훈련을 하는 방법을 포함한 라이프스타일의 구체적인 부분들에 주의를 기울일 필요가 있다.

자기돌봄은 건강을 더 증진시키고 효과적인 상담사가 되기 위한 다양한 도전을 더 잘 다루도록 하는 행동들로 구성된다. 자기돌봄은 상담사에게 윤리적 측면에서도 꼭 필요하다. 자기돌봄은 번아웃, 공감피로, 상처, 효과적인 상담을 방해하는 다른 요소들로부터 벗어나도록 도와준다. 만약 당신이 대학원 과정이나 전문가 발달 초기에 자기돌봄 행동을 계획하고 유지하려 노력한다면 나이가 들어 가며 일에 압도당하지 않게 될 것이다. 자기돌봄을 하는 것은 스스로를 어떻게 만족시키고 인생의 다양한 면에서 가장 변화하길 원하는 면이 무엇인지를 성찰할 좋은 시간이 될 것이다.

대학원생이나 상담전문가에게 왜 자기돌봄은 윤리적 의무인가?

나는 학생과 전문가 모두에게 자기돌봄을 열심히 강조한다. 나는 모든 면에서 스스로를 위해 진지하게 자기돌봄을 하고 있다. 만약 내가 정기적으로 자기돌봄을 하는 연습을 하지 않았다면, 내 전문적 영역을 유지하는 데 필요한 힘을 가지지 못했을 것이다. 나는 매일 자연을 체험하고, 하이킹과 자전거 타기를 하고, 내 삶에 의미를 가져다줄 다양한 활동에 참여하는 것을 즐긴다. 이러한 자기돌봄 덕에 번아웃을 경험하지 않고 일에 매진해 올 수 있었다. 내 작업을 가득 채워 왔고 삶의 목적의 기초를 제공해 왔다. 가르치는 일과 책을 쓰는 일을 포함한 많은 영역에서 서비스하는 것을 포함하여 말이다.

자기돌봄에 대해 더 깊이 이해하려면『상담실에 그것을 두고 오기: 심리치료사 자기돌봄 가이드(Leaving It at the Office: A Guide to Psychotherapist Self-Care)』(Norcross & VandenBos, 2018)와『상담자 자기돌봄(Counselor Self-Care)』(Corey, Muratori, Austin, & Austin, 2018)을 읽어 보길 바란다.

시간이 없을 때는 자기돌봄을 어떻게 관리할 수 있나?

자기돌봄에 지속적으로 관심을 기울이면 번아웃을 예방하고 심리적 웰니스를 유지할 수 있다. 만약 자기돌봄을 무시한다면 내담자 앞에 현존하는 데 필요한 에너지를 잃어버릴 수 있다. 자기돌봄은 윤리적으로 반드시 필요한 작업이지만, 나는 자기돌봄이라는 것이 이미 바쁜 당신의 인생에 추가되는 또 하나의 짐이 되기를 바라지는 않는다. 자기돌봄을 위해 과도한 시간을 소비할 필요는 없으며 과도한 비용을 지출할 필요도 없다. 하루 동안 조용한 성찰의 시간을 10분 정도 갖거나 10분 정도 낮잠을 잘 수 있다. 스스로 즐길 수 있고 자신의 활력을 유지하는 데 도움이 될 수 있는 자기돌봄 활동을 찾도록 하라.

나는 학생들에게 현실적이고 본인에게 의미 있는 자기돌봄 목표를 설정하고 이러한 목표를 달성하는 데에 좀 더 침착해지라고 한다. 만약 당신이 대학원 과정뿐만 아니라 전문가로서의 초기 경력 기간 동안 성공하기를 바란다면, 모든 면에서 지금이 바로 자신을 잘 돌보기 시작할 적절한 시기이다. 내가 진행하는 윤리 수업에서 학생들은 자기돌봄이 윤리적 의무라는 점에 대해 개인적인 의미를 찾고 하루 동안의 모든 부분에서 변화를 일으킬 수 있는 방법에 대해 토론한다. 학생들은 자신의 계획을 실행하고 계속해서 해 나갈 수 있도록 하는 데 도움을 줄 수 있는 학교 동기들을 찾아갈 가치가 있다는 것을 알게 된다. 학생들은 무엇인가를 하지 않으며 사는 것보다는 무엇인가를 하고 있는 것에 더 자부심을 느낀다. 당신은 스스로에게 맞는 자기돌봄 연습을 찾아야만 한다.

번아웃이 되어 가고 있을 때 어떻게 이를 인식할 수 있을까?

번아웃은 강렬한 요구를 가진 사람들과 집중적으로 장기적인 관계를 맺어 나가는 지속적이고 반복적인 압박으로 인해 나오는 심리적 · 정서적 · 정신적 고갈 상태이다. 번아웃은 또한 무기력, 자신에 대한 부정적 시각, 힘든 일과 삶, 다른 사람들에 대한 부정적 태도와 연관된다. 번아웃은 천천히 시작되고 몇 단계를 거쳐 진행되며, 일반적으로 개인적 우울감, 의욕 상실, 고립감, 이인감, 생산성 저하로 이어진다.

상담사로서 경력을 시작할 때, 당신은 이상주의적 기대로 인해 동기가 넘칠 수 있다. 상담사가 되어 가는 과정에서 느끼는 피할 수 없는 좌절감과 스트레스를 받게 되면서, 일에서 오는 스트레스를 효과적으로 다루는 방법을 찾아낼 필요를 느끼게 된다. 번아웃으로 이끄는 요인에는 비현실적인 직업에서의 요구, 안 좋은 직업 환경, 통제력 부족, 지지 체계 부족, 불충분한 보상 등이 있다. 일을 그만두거나 직업을 바꿀 수 있는 게 아닌 경우도 있으며, 이때는 일에 다가가는 방식을 변화시킬 수도 있다. 태도 변화는 궁지에 몰린 번아웃에 큰 차이를 가져올 수 있다. 당신이 하고 있는 것에 대해 평가하는 시간을 갖고 에너지를 고갈시키는 활동에 작은 변화를 일으키는 데 마음을 열라. 이러한 작은 변화는 더 큰 변화를 만들어 낼 수 있다. 개인적 삶에 대한 목록을 만들고 변화시키기 원하는 영역을 찾아보라. 만약 충분히 흥미를 느끼고 있지 못하다면 이를 변화시키기 위해 무엇을 할 수 있을까? 만약 친구들, 가족 구성원과의 관계를 잃고 있다면 다시 그들과 연결되기 위해 무엇을 할 수 있는가? 상담사들은 자신도 도움을 필요로 한다는 점에 대해 유난히 인식하지 않으려 하고 다른 사람들에게 지지를 바란다고 표현하지 않는다. 번아웃은 종종 고립감과 연결되어 있으므로 이에 대한 처방은 피드백과 지지를 받기 위해 다가갈 수 있는 사람들과 연결되는 것이다. 이러한 사람들은 멘토, 선생님, 수퍼바이저, 친한 친구, 친척,

동료, 지지 그룹이 될 수 있다.

할 일을 계속해 나가면서 어떻게 번아웃을 피하는가?

나는 결코 번아웃 단계에 다다른 적이 없다고 솔직하게 말할 수 있다. 나는 내 전문적인 책임을 이행해 나가는 데 확실히 스트레스를 경험하고 때로는 이러한 스트레스가 두통과 피로와 같은 신체 증상으로 나타나기도 한다. 한 번에 너무 많은 일을 하려고 시도한다는 것을 깨달았을 때 나는 주의 깊게 새로 시작하는 일들의 장단점을 성찰하는 방식을 중요하게 해 나간다. 내 개인적 욕구의 대부분은 프로젝트를 하면서 충족되지만, 그 모든 일을 즐길지라도 내게 주어진 모든 일을 할 수는 없다는 점을 깨닫게 되었다. 나는 내 전문적인 삶뿐만 아니라 개인적인 삶에서 활력을 유지해 나가는 데 필요한 변화가 무엇인지를 결정하기 위해 개인적인 삶을 평가할 필요가 있다는 것도 알게 되었다. 이처럼 중요한 결정을 하는 방식으로 인해 나는 번아웃으로부터 비켜 갈 수 있었다.

진지하게 자기돌봄을 하는 것이 내가 번아웃을 피하고 스스로를 생기 있게 만드는 최고의 전략이다. 나는 예방이 치료보다 낫다고 확신한다. 몇 년간 나는 생산적인 일에 참여하는 데 있어서 명확한 목적, 동기, 자기훈련이 얼마나 중요한지 배웠다. 학생들을 멘토링하면서 스트레스를 관리하고 번아웃을 피하기 위해 우선순위를 잘 세우고 실용적인 전략을 익혀 나가도록 자주 이야기한다. 나는 학생들에게 자신의 전문적인 또는 학자로서의 삶이 내담자에게 미치는 영향뿐만 아니라 주변의 개인적인 관계에 미치는 영향이 어떠한지를 성찰해 보도록 격려하곤 한다.

번아웃을 피하기 위한 가장 좋은 방법은 무엇인가? 만약 번아웃 증상을 경험한다면 어떻게 해야 하는가?

자기돌봄은 정신건강 임상가들에게 지속적으로 필요한 최선의 방법이다. 만약 당신이 다양한 자기돌봄을 하고 있다면 전문적인 일에서 요구하는 것들을 성공적으로 채워 나갈 기회를 얻을 수 있을 것이다. 고갈되거나 스스로를 돌보고 지탱해 나갈 힘이 심각하게 필요하다는 경고 사인을 주의 깊게 살펴보는 것은 굉장히 중요한 일이다. 초기의 경고 사인에 주의를 기울이고 번아웃에서 벗어날 실용적인 방법들을 찾을 수 있다면, 일에서 생기는 문제들에 효과적으로 대응할 수 있을 것이다. 만약 자기 자신 이전에 다른 사람의 필요를 더 중요하게 여기는 패턴을 가지고 있다면 번아웃은 더 자주 일어날 수 있다. 모든 수준에 있어서 스스로를 적극적으로 돌봄으로써 번아웃에서 벗어날 수 있다. 자기돌봄과 웰니스를 증진시키기 위한 몇 가지 방법을 제안하자면 다음과 같다.

- 무엇을 하고 있고 그것이 스스로에게 어떻게 작용하고 있는지 살펴보라. "내가 하고 있는 일은 현실적인 수준인가? 만약 이 페이스로 계속 해 나간다면 결국 번아웃이 오지는 않을까?" 이러한 질문을 던지고 성찰해 보면서 변화시키기 원하는 구체적인 행동이 무엇인지 결정하라.
- 매일 당신이 즐거워하는 것을 할 시간을 아주 조금씩이라도

가지라.

- 단순히 당신이 할 수 있기 때문에 그 일이 당신이 해야 하는 일이라는 의미는 아니다.
- 당신이 얼마나 많이 제공해야 하는가와 관계없이 당신이 다른 사람들에게 줄 수 있는 것에는 한계가 있다는 사실을 인식하라. 자신의 한계를 알고 다른 사람들에게 이러한 한계를 알리라.
- 당신이 하고 있는 일이나 소속해 있는 교육과정 외의 곳에서 의미를 찾으라.
- 당신이 선택한 일에서 생길 수 있는 해로운 점을 고려하라. 다른 사람들이 일로 인한 스트레스를 어떻게 다루는지에 대해 일의 연장선상에서 함께 이야기하라. 만약 굉장히 스트레스를 받는 위치에 있다면 일과 연관된 스트레스로부터 자신을 교육하고 면역력을 키울 방법에 대해 생각해 보라. 예를 들어, 범죄자 상담센터, 트라우마 센터, 자살 서비스 기관, 가정폭력 치료센터, 성폭력 회복 프로그램, 마약 회복 프로그램, 심각한 정신장애 치료 프로그램, 외상후 스트레스 장애 프로그램 등에서 근무하고 있다면 전형적으로 굉장한 스트레스를 받을 수 있으며 번아웃과 손상을 경험할 수도 있다.
- 당신이 스트레스를 통제하고 있는지, 아니면 스트레스가 당신을 통제하고 있는지에 대한 사실을 수용하라. 자신의 몸, 정신, 영혼이 스트레스를 효과적으로 다루기 위해 필요한 것에 주의를 집중하라. 운동, 휴식, 중요한 사람들과 연락하기, 적절한 다이어트와 영양식, 취미 생활, 더 많은 삶의 의미를 깨닫게 해 주는 일을 하기, 마음챙김 훈련 등이 여기에 포함된다.

- 만약 변화할 힘이 없다는 무기력감에 사로잡혀 있다면 스트레스에 압도되기 쉽다. 대신에 당신이 변화할 힘을 갖게 해 주는 삶의 측면에 집중하라.
- 동료나 동기 학생들과 유대관계를 잘 맺는다면 개인적으로나 전문적으로 당신에게 좋은 자산이 될 것이다. 당신에게 용기를 줄 수 있는 지지 그룹을 만들기 위해 노력하라.
- 번아웃의 초기 사인을 인식하고 이러한 증상을 다룰 단계를 밟아 나가라. 번아웃이 더 심각해지고 나서 이를 다루는 것보다 이러한 상태로 가기 전에 예방하는 것에 에너지를 더 쓰도록 하라.

우리는 매일매일 삶을 더 고양시키거나 또는 삶을 더 황폐하게 하는 많은 결정을 한다. 매일 정확하게 자신을 살펴보라. 그러면 자기돌봄을 위한 구체적인 변화를 해 나갈 수 있을 것이다. 변화는 한 번에 모두 만들어지는 것이 아니다. 하루에 한 번 더 의도적으로 살기로 결정하라.

번아웃을 예방하기 위한 방법에 대해 더 살펴보고 싶다면, 『번아웃: 돌봄의 비용(Burnout: The Cost of Caring)』(Maslach, 2015)을 읽어 보도록 하자.

자기돌봄 실행 계획을 세워 나가는 것이 왜 중요한가?

만약 스스로를 돌보지 않는다면 내담자에게도 돌봄을 제공할 수 없다. 자기돌봄이 아주 이상적인 수준에 도달하지 않을지라도 이러한 목표를 향해 작업해 나가는 것은 긍정적인 결과를 가져올 수 있다. 우리 대부분은 자기돌봄 패턴의 어떤 부분을 변화시켜 나기기를 원하지만, 기본적인 변화를 일으키는 실행 계획을 세우기는 싫어한다. 좋은 의도만으로는 충분하지 않다. 내 삶의 다양한 영역에서 현실적인 계획을 세울 때 성공에 이르게 된다는 점을 발견해 왔다. 자기돌봄을 하려고 할 때 내가 세운 계획이 나를 계속해서 그 길에 이르게 한다는 것을 알고 있으며, 나는 정기적으로 내 계획대로 잘 진행되고 있는지를 평가한다.

더 만족스러운 삶을 살 수 있게 해 주는 구체적이고 현실적인 계획을 세우라. 수업에서 나는 자기돌봄의 중요성을 매우 강조한다. 학생들은 재발이 늘 일어나지만 재발이 자신의 계획을 실행해 나가는 것을 멈추지 않는다는 점을 안다. 학생들 대부분은 자신의 계획대로 잘 진행되지 않을 때에도 과도하게 자기비판적이 되지 않으려고 노력하며, 이런 부분이 좋아 보인다. 학생들은 기꺼이 재발을 수용하고 스스로를 용서하며 자신에게 친절한 것이 자기를 비판하는 것보다 낫다는 점을 깨닫는다. 자기돌봄 패턴을 실행하는 데 초점을 맞추면 대학원 과정에서 성공할 수 있을 뿐만 아니라 자신의 개인적 삶에서도 긍정적 변화를 일으킬 수 있다. 당신의 계획을 평가하고 필요하다면 그것을 수정해 나가라. 이렇게 만들어 가는 노력이 당신을 더 의미 있는 전문가로 성장시켜 줄 것이다.

현실적인 계획을 세우는 데 유용한 책은 『현실치료와 자기평가: 내담자 변화를 위한 열쇠(Reality Therapy and Self-Evaluation: The Key to Client Change)』(Wubbolding, 2017)이다.

시간을 관리하기 위한 팁에는 어떤 것이 있는가?

나는 종종 그 수많은 일을 어떻게 다 관리해 나갈 수 있는지에 대해 질문을 받는다. 자주 하는 대답은 내가 전문적인 노력을 기울이는 것을 매우 즐기며 일 가운데서 의미를 발견한다는 점이다. 스스로 시간을 사용하기로 선택한 길이 내가 가치를 두는 것이 무엇인지 살펴보는 좋은 지표라고 믿는다. 나는 시간이 내 인생에서 원하는 것을 하도록 할 수 있는 가장 가치 있는 원천이라고 생각한다. 잘 관리되고 현실적인 목표를 세우고 이러한 목표를 이루기 위해 단계를 밟아 나가는 일은 정말 중요하다. 우선순위를 세우는 일은 내가 갖고 있는 시간을 어떻게 소비해 나갈지 살펴보는 일만큼 매우 중요하다.

학생들은 학기 중에 많은 프로젝트를 동시에 해야 하는데 이를 효과적으로 계획하지 못해서 스트레스 수준이 매우 높아지는 경험을 한다고 자주 말한다. 대부분의 학생은 일을 하면서 동시에 가족으로서의 책임을 지며 이러한 다양한 역할의 균형을 맞추기 위해 고군분투한다. 나는 자신의 시간을 더 잘 사용하는 데 흥미를 가진 학생들에게 시작하기 위한 좋은 방법은 그들이 시간을 어떻게 쓰고 있는지 모니터링하는 것이라고 말한다. 이렇게 하면 자신의 학교, 직장, 개인적 삶에서 하는 다양한 역할에 어떻게 가장 잘 적응해 나갈 수 있을지에 대해 심사숙고한 선택을 해 나갈 수 있다. 시간을 계획하는 단 한 가지 좋은 방법은 없다. 스스로에게 맞는 시스템을 찾아 나가는 것이 중요하다.

시간 관리는 스트레스를 관리하고 자기 자신을 돌보는 좋은 전략이다. 그러나 시간 관리는 그 자체로 끝이 아니다. 만약 자신이 이러한 시간 관리 프로그램을 통제하는 게 아니라 시간 관리가 자신을 통제하기 시작한다면 다음의 질문들에 대해서 생각해 보라. 이는 우선순위를 재평가하고 다시 설정할 순간이라는 사인이다. 당신의 시간 관리 계획을 살펴볼 때 다음 질문들을 생각해 보라.

- 균형 잡힌 삶을 유지하도록 도울 수 있는 자기돌봄 프로그램을 만드는 데 관심이 있는가?
- 나는 스스로를 돌볼 시간을 마련해 두는가?
- 나는 명확하고 달성 가능한 목표를 세울 수 있는가? 주기적으로 목표를 재평가하고 있는가?
- 매일 내가 하기로 한 것을 대개 성취하고 있는가?
- 나는 일을 하면서 즐거움을 느끼고 있는가?
- 너무 짧은 시간 안에 너무 많은 것을 성취하기 위해서 달려가고 노력하고 있다고 자주 느끼는가?
- 새로운 프로젝트를 받아들이기 전에 이미 바쁜 스케줄 속에 더 많은 프로젝트나 일이 들어오는 게 얼마나 현실적인지 생각해 보는가? 죄책감을 느끼지 않고 다른 사람들의 요구를 거절할 수 있는가?
- 스스로 모든 것을 하는 대신에 다른 사람에게 도움을 구하고 일을 넘길 수 있는가?
- 내 중요한 관계를 돌보기 위해 시간을 들이고 있는가?
- 내가 무엇을 하고 있고 내 선택에 얼마나 만족하는지를 조용히 성찰할 시간을 들이고 있는가?
- 어제, 지난주, 지난달에 그랬던 것보다 오늘 다르게 내 시간을 보내길 원하는가?

우리가 경험하는 일상 스트레스의 많은 부분은 어떤 요구나 부탁을 거절하지 못하는 상황에서 일어난다. 만약 그 요청을 받아들였지만 그 일을 해낼 수 없다면 그 결과에 대해 스스로 실망감을 느낄 수 있다. 시간을 낭비하는 또 다른 이유는 미루기 행동이다. 즉각적으로 주의를 기울여야 하는 상황에서 미루게 되면 문제를 해결하기보다는 더 복잡하게 만들 수 있다. 결국 미루기 행동은 실망감, 실패감, 불안, 스트레스 상승으로 이어질 수 있다. 미루기 행동은 단순히 시간 관리 기술의 부족으로 인해 오는 결과가 아니다. 더 깊은 수준에서 미루기 행동은 실패에 대한 두려움, 어떤 경우에는 성공에 대한 두려움과 연관될 수 있다. 만약 당신이 미루고 있는 일이 당신에게 의미 있는 것이라면 스스로에게 물어보라. 당신은 결국 어떤 프로젝트가 시간 안에 할 수 없는 일인지 결정할 수 있을 것이다.

현실적으로 스케줄을 관리하지 못하게 되면 좌절감, 불안이 생겨나고, 일은 마무리되지 않는 상황에 오게 된다. 일간, 주간, 월간, 연간 플래너를 사용하거나 매일 할 일 목록을 적어 보면 효과적으로 스케줄을 관리하는 데 도움이 될 수 있다. 프로젝트와 관련된 스케줄을 다른 사람에게 이야기하려고 노력하면 시간 안에 그 부분들을 해내도록 동기화될 수 있다. 그 사람과 함께 스케줄을 체크하면서 어떤 문제가 생길 수 있는지 이야기해 볼 기회도 얻을 수 있다.

개인적으로 나는 출판사에 책을 제출할 마감일을 놓친 적이 결코 없다. 사실 나는 마감일 전에 보통 집필본을 제출한다. 우연히 그런 것이 아니라 주의 깊게 계획하고 시간 관리를 하는 방법에 의해 그렇게 할 수 있는 것이다. 나는 여전히 현실적으로 할 수 있는 것보다 하루에 더 많은 것을 하려고 애쓴다. 종종 하루 안에 할 일 목록에 12개나 적기도 하는데, 일반적으로 적은 것의 반 정도 체크할 수 있다면 운이 좋은 날이다. 계획에 없던 일들이 생겨서 내 하루 할 일 목록을 마치지 못하게 되기도 한다. 나는 여전히 나에게 오는 요구들을 평가하고, 만약 그러한 좋은 일들을 할 만한 시간과 에너지가 나에게 허락되지 않는다면 그러한 요구들을 거절하는 방법을 배워 나가는 중이다. 시간을 관리하는 완벽한 방법은 없다. 그리고 당신에게 더 적합한 최선의 방법을 발견할 필요가 있다.

회복탄력성은 무엇이며 나는 어떻게 더 탄력적이 될 수 있는가?

회복탄력성은 긍정적인 관점을 유지하면서 특별한 스트레스와 부정적인 사건으로부터 역경을 효과적으로 극복해 내는 개인의 능력이다. 탄력적인 사람은 다양한 위기와 트라우마 상황에서 적응적인 방법으로 행동할 수 있다. 위기나 재난을 경험해 온 사람들은 자신이 가지고 있다고 생각하지 못했던 내적인 힘과 자원을 종종 발견하곤 한다. 어떤 사람들은 재난 상황을 경험하면서 미래에 올 재난과 위기를 성공적으로 다룰 수 있는 통제력과 자신감을 얻기도 하면서 성장을 경험한다. 회복탄력성은 다음의 특징들을 포함하고 있다.

- 어려움, 역경, 트라우마 경험을 수용함
- 희망을 포기하지 않고 어려운 삶의 상황을 받아들임
- 스트레스가 있는 삶의 사건들에 성공적으로 대처함

- 지속적인 피해 없이 트라우마 사건들을 견뎌 냄

우리 대부분은 주요 위기를 겪으면서 평온함을 유지하고, 계획을 세우고 실행해 나가며, 희망을 유지해 나가고, 낙천적으로 바라보는 시각을 유지할 수 있길 희망한다. 어떤 사람들은 천성적으로 다른 사람들보다 더 탄력적인 것 같기도 하다. 그러나 회복탄력성은 학습되고 발달될 수 있는 것이다. 우리 모두는 더 탄력적인 사람이 되기 위해 새로운 기술을 연습하고 실행해 나갈 수 있다. 여기 더 탄력적인 사람이 될 수 있는 몇 가지 방법이 있다.

- 가족 구성원, 친구들과 단단한 관계를 발전시켜 나가라. 타인과의 관계와 사회적 지지는 회복탄력성을 높이고 유지해 나가는 데 매우 중요한 부분이다.
- 당신이 가지고 있는 강점과 자원을 성찰하는 시간을 갖고, 새로운 강점을 개발하는 방식으로 이를 활용하라.
- 삶의 문제들을 다룰 능력을 스스로 가지고 있다는 것을 믿으라.
- 위기를 겪을 때 사용할 수 있는 효과적인 자기돌봄 연습을 개발하라.
- 위기를 다루거나 극복하는 데 성공한 과거 경험을 돌아보고 미래의 위기 상황을 다루는 데 이러한 성공을 활용하라.
- 당신이 겪은 역경과 실수로부터 배우라.

만약 회복탄력성을 높이게 된다면 빈번하게 번아웃으로 이끄는 스트레스에 더 잘 대처할 수 있을 것이다. 인생의 모든 면에서 자기돌봄은 회복탄력성을 얻을 수 있는 가장 좋은 방법이다.

회복탄력성을 높이기 위해서 『회복탄력성으로 가는 길: 군인, 트라우마 희생자와 그 가족들을 위한 가이드(Roadmap to Resilience: A Guide for Military, Trauma Victims and Their Families)』(Meichenbaum, 2012)와 『스트레스 가득한 세상에 대처하는 기술: 상담사와 내담자를 위한 워크북(Coping Skills for a Stressful World: A Workbook for Counselors and Clients)』(Muratori & Haynes, 2020)을 읽어 보기를 강력히 추천한다.

자기연민은 다른 사람들을 돌보는 데 있어서 어떤 도움이 되는가?

자기연민은 자기 자신에게 비판단적이고 수용적이며 친절해지는 것이다. 내 인생의 어떤 시기에 나는 자기비판적이었고 달라지기를 원했다. 나는 내 삶의 방식에서 변화를 만들어 내지 못했고 오랜 시간이 지나서야 현재 존재하는 나를 수용하게 되었다. 자기연민의 기술을 배우는 것이 삶의 변화를 이끌어 내는 시작점이다. 만약 우리가 다른 사람에게 친절해지기를 바란다면 스스로에게 먼저 친절해져야 한다. 연민과 사랑은 우리를 변화시키고 고양시킨다. 우리가 스스로에게 연민을 가질 수 있다면, 중요한 타인과 내담자에 대한 연민도 늘어날 것이다. 자기연민을 배워 나갈 때 그 과정을 침착하게 해 나가라. 자기연민에 대해 더 공부하고 싶다면 『자기연민(Self-Compassion)』(Neff, 2011)과 『마음챙김 자기연민 워크북(The Mindful Self-Compassion Workbook)』(Neff & Germer, 2018)을 읽어 보기를 추천한다.

나의 신체적 · 정신적 건강을 향상시키기 위해 자연에서 어떻게 시간을 보낼 수 있는가?

매일 약간의 시간 동안 자연 속에 존재하는 것은 나를 기운 나게 해 주는 경험이다. 자연 속에서 시간을 보내는 것은 많은 장점이 있고, 많은 사람은 그것이 영양분을 얻는 원천이 된다고 말한다. 가장 오랜 기간 살았던 곳인 산 근처 지역에서 길을 따라 걸을 때 정신이 맑아지고 상쾌한 기분을 느낄 수 있었다. 나는 숲, 동물, 시냇물, 산, 파란 하늘, 바다를 보며 경험하는 기회를 가지는 것을 굉장히 즐거워한다. 책, 강의, 프로젝트에 대한 아이디어는 산행 길에서 얻은 것들이 많다. 경력 초기부터 쭉 야외로 나가는 것은 내 인생에 중요한 의미와 영감을 주는 근원이 되어 왔다.

만약 도시 지역에서 살고 있다면 스스로 자연을 경험하기는 더 어렵다. 도시화와 기술로 인해 만들어진 세계 속에서 살고 있다면, 당신은 피난처가 될 수 있는 작은 공간을 찾아볼 수도 있다. 매우 큰 도시 지역에서 열리는 전문적인 학회에 참석하게 되면, 나는 거의 항상 그 도시의 혼잡함과 북적거림에서 벗어날 수 있는 장소를 찾는다. 보통 도시의 소음으로부터 쉼을 얻을 수 있는 근처 공원을 찾아간다.

상담사들은 내담자들에게 자연과 연결되라고 제안하고 있다. 달라이 라마(Dalai Lama)는 적어도 하루에 30분 정도 자연에 거하면 웰니스와 행복을 향상시킬 수 있다고 하였다. 나도 당신에게 적어도 하루에 몇 분은 사무실에서 나가서 기분 전환을 할 것을 강력하게 권한다. 이러한 경험이 자신의 삶에서 만들어 내는 변화가 무엇인지 한번 보길 바란다.

여가를 통해서 어떻게 나 자신을 다시 창조할 수 있는가?

만약 당신이 일만큼의 다른 관심사가 없다면 일에 몰두하는 것을 통해 상담사로서 효율성을 보상받고자 할 것이다. 보상이 되는 일이라고 할지라도 에너지를 소비한다. 따라서 아주 잠깐이라도 일로부터 떨어져서 시간을 보내면 생산성을 더 끌어올릴 수 있을 것이다. 일 그 자체는 당신의 모든 욕구를 돌봐 주지 않을 것이다. 당신이 경험하게 될 수 있는 도전은 일, 가정, 여가 사이에서 균형을 찾는 것이다. 나에게도 일에 너무 몰두해서 일 이외에 관심사를 키워 나가지 않던 시기가 있었다. 나는 여가에 적절한 시간을 배분하지 않은 데 대한 값을 치렀고, 이러한 경험은 여가에 더 주의를 기울이도록 만들었다. 나는 성취 지향적이고 생산 지향적인 직업 가치관을 가지고 살기 때문에 때로는 현재 순간의 삶의 가치와 내 앞에 펼쳐진 것을 충분히 경험하지 못하기도 한다. 행동에 너무 많은 초점을 두고 있기에, 나는 계속해서 존재의 가치를 인식하려고 고군분투한다.

여가는 균형 있는 삶을 만드는 중요한 요소이다. 여가는 당신에게 에너지를 불어넣어 주고 새로운 관심사를 만들어 주는 행동과 연관된다. 당신은 여가를 위한 시간이 없다고 생각할지 모른다. 그러나 아주 작은 휴식 시간조차도 유용할 수 있다. 어떤 사람들은 방문하기 원하는 장소에 갈 수 있는 경제적 여유가 없다고 말하지만, 비용이 들지 않거나 수용할 수 있는 수준의 비용을 들여서 갈 수 있는 대안들이 있다. 배워 보고 싶은 취미, 가끔 참여해 보고 싶은 활동, 삶에 재미와 즐거움을 더 줄 수 있는 작은 방법들에 대해 생각해 보라. 아마도 일로부터 벗어나 휴식을 안겨 줄 뿐 아니라 다른 사람과의 관계를 향상시켜 줄 수 있는 다양한 활동을 찾아낼 수 있을 것이다. 여가를 위한 시간을 갖는 것은 스스로를 재창조하고 웰빙을 줄이는 답답한 일상생활로부터 당신을 자유롭게 해 주는 데 꼭 필요한 일이다. 만약 여가를 인생의 즐거운 부분으로 만든다면, 당신은 더 즐겁고 효과적인 상담사가 될 것이다.

학생들은 자신의 삶이 너무 바빠서 스케줄 안에 여가 시간을 만들 여유가 없다고 말한다. 시간을 빼서 즐거운 일을 할 때 죄책감을 느낀다고 말한 학생들도 있다. 나는 학생들에게 죄책감에 지배되지 말고 그에 도전하라고 이야기한다. 여가 시간을 즐길 만하고 삶의 활력을 유지하는 여가 활동을 해 나갈 만하다고 스스로에게 말하라.

여가 관련 주제에 대해 더 공부하고 싶다면 『내가 선택한 것을 결코 알지 못했다(I Never Knew I Had a Choice)』(Corey, Corey, & Muratori, 2018)를 읽어 보기 바란다.

개인적 삶과 상담 수련 과정 중 어떤 방법으로 매일의 기본적인 삶에 마음챙김 접근을 해 나갈 수 있는가?

목적이 있는 삶은 한 시점에 어떤 일을 하고 그 경험 가운데 스스로를 빠져들게 하는 것과 관련이 있다. 산만한 주변 요소들이 방해할 때 의도적인 연습을 통해 초점을 맞추고 주의를 집중해 나갈 수 있다. 마음챙김 훈련은 정신을 맑게 하고 신체를 고요하게 해 주어 비판단적인 방법으로 지금 여기에서 자각하는 데 초점을 맞출 수 있게 한다. 이 훈련에서 가장 중요한 부분은 호기심과 열정을 가지는 태도로 스스로 현재의 경험에 의도적인 초점을 맞추는 것이다. 이 훈련을 통해 과거에 빠져들거나 미래에 사로잡히는 것에서 벗어나 현재 존재하는 것에 주의를 기울일 수 있다. 마음챙김은 형식적인 훈련 기간에만 해당하는 것이 아니다. 그보다는 삶의 방식이 되는 게 더 맞다.

현재 순간에 사는 것은 상대적으로 성취하기 쉬워 보일 수도 있다. 그러나 이는 노력과 훈련을 통해서만 얻을 수 있다. 솔직히 나는 순간순간 나를 위해 펼쳐진 것들을 자각하는 데 어려움을 겪는다. 나는 정신이 여기저기에 있어서 내 바로 앞에 있는 것을 자주 놓친다. 내가 마음챙김 훈련을 하지 않았을 때 이런 결과는 종종 치르는 대가가 컸다. 몇 년 전에 나는 주차장에서 나오다가 차 옆을 긁었다. 긁힌 부분을 보면서 서두르게 되면 더 잃는 게 많다는 좋은 깨달음을 얻었다.

나는 너무 많은 일을 한 번에 서둘러서 하려고 하면서 다치기도 했다. 미국상담학회(ACA) 연차 학술대회에서 계획된 강연을 하러 가기 위해 서둘러서 에스컬레이터를 탔는데, 강의실보다 위층으로 향하는 에스컬레이터라는 것을 뒤늦게 깨달았다. 오프닝 강연에서 말할 내용에 대한 생각에 사로잡혀서 나는 성급하게 다시 돌아서 내려가는 에스컬레이터를 탔다. 이는 큰 실수로 이어졌다. 나는 크게 넘어졌는데, 왼팔을 뻗어 넘어지지 않게 막는 바람에 어깨와 팔 위쪽을 다치게 되었다. 나는 일어나서 강의실로 달려갔고 내가 방금 경험한 '어리석은 짓'에 대해 청중에게 말하면서 강연을 시작했다. 집에 돌아온 후 정형외과에 가니, 의사는 내 팔에 골절이 생겼고 동시에 어깨 탈골이 있다고 말했다. 의사는 이런 경우 90%의 사람들은 어깨의 회선건판이 찢어지는데 운 좋게도 내 어깨는 그렇지 않다고 말했다. 이처럼 정신없이 서두르는 성격으로 인해 나는 몸의 고통, 시간, 비용에 있어서 그 대가를 지불했다. 이는 어렵게 얻은 교훈이었고, 나에게 마음을 챙기면서 천천히, 현재의 순간에 초점을 맞추며 살아가라고 깨우쳐 준 일이었다.

매일의 삶에서 마음챙김을 하면 내담자를 상담하거나 다른 전문적인 일을 할 때 완전히 현재에 존재할 수 있게 된다. 마음챙김은 당신의 현재에 대한 수용력을 증가시켜 주며, 내담자와의 깊은 관계를 형성하고 유지해 나가도록 도와준다. 현재의 삶에서 당장의 이득을 바라보지 않는 것은 개인적으로나 전문적으로 우리가 우선적으로 노력할 만한 가치가 있다.

마음챙김에 대해 더 공부하고 싶다면, 『마음챙김의 치유적인 힘: 존재하는 새로운 방법(The Healing Power of Mindfulness: A New Way of Being)』(Kabat-Zinn, 2018)을 읽어 보기를 바란다.

생각하는 방식은 스트레스를 관리하는 능력에 어떻게 영향을 미치는가?

우리는 정말 스트레스로 가득 찬 세상에서 살아가고 있다. 살아가면서 겪는 스트레스를 통제하는 건설적인 방법을 배우고 이를 내담자도 해 보도록 할 수 있다. 핵심은 당신이 스트레스를 통제하거나 그렇지 않으면 스트레스가 당신을 통제한다는 것이다. 당신의 신체, 정신, 영혼이 스트레스를 줄이고 관리하기 위해 필요로 하는 것이 무엇인지에 주의를 기울이라. 운동, 좋은 영양, 적절한 휴식과 안식, 친구와 사랑하는 사람들과의 연결, 자기성찰을 할 수 있는 조용한 시간 등이 포함될 수 있다.

스트레스가 우리에게 영향을 미치는 방식은 현실을 인식하고 사건을 해석하는 방식과 많은 관련이 있다. 인지행동치료에서는 우리의 사고가 감정과 행동에 큰 영향을 미친다고 본다. 어떤 인지행동 전략은 우리의 자기파괴적 신념을 수정하도록 도와주기도 한다. 인지적 기법을 적용하면서 자신의 잘못된 사고를 변화시키려고 훈련하는 학생들은 자신의 신념을 비판적으로 평가하는 데 가치를 둔다. 그들은 부정적이고 비현실적인 신념을 효과적으로 수정할 때 자신의 삶을 더 통제하고 있다고 느낀다. 인지적 재구조화를 통해 우리는 비합리적 사고를 더 잘 인식하고 이러한 패턴을 변화시켜 나갈 수 있다. 변화시킬 수 있는 현실과 변화시킬 수 없는 현실 간의 차이에 대해서 알고 우리가 처한 상황을 해석하고 대응해 나갈 수 있다. 스트레스를 관리하는 한 가지 유용한 접근은 비합리적인 사고를 확인하고 비판적으로 분석하고 궁극적으로 변화시켜 나가는 것이다.

인지행동 기법을 배우면서 삶의 사건을 처리하는 방식으로 인해 내 스트레스의 일부가 생겨났다는 점을 알게 되었다. 청중을 보면서 그들이 못마땅하게 쳐다보고 있다고 생각할 수 있다. 만약 100명의 청중이 있다면 불가피하게 1~2명의 못마땅해하는 표정을 짓는 사람을 발견할 수 있고, 그러면 내 자신에게 "왜 그들은 내가 말하고 있는 내용을 좋아하지 않지? 더 중요하게는 왜 그들은 나를 좋아하지 않지?"라고 묻는다. 인지치료의 원칙은 모든 사람에게 인정을 받아야 한다는 나의 잘못된 기대를 비판적으로 바라볼 수 있게 해 주었고, 이러한 생각이 실망과 자기비난으로 이어질 수 있다는 것을 깨닫게 해 주었다. 나는 다른 사람들의 평가에 휘둘리지 않고 싶다. 그러나 학술대회 강연이나 수업에서 들리는 부정적 평가는 여전히 나를 아프게 하고 약간 스트레스를 준다. 나는 내 수행에 대한 비판의 영향을 인식하고 계속해서 부정적인 평가에 매달리지 않고 일을 해 나간다. 나는 자기패배적 생각을 수정하고 계속해서 자기대화를 해 나가는 방법을 훈련해 왔다.

만약 당신이 건강을 돌보지 않는다면 당신은 어디에서 살 것인가?

이것은 심각한 메시지이다. 나는 건강을 돌보는 시간을 굉장히 중요하게 여기고 매일 약간의 운동을 하려고 계획한다. 산책과 하이킹을 즐기지만 잠은 집에서 편안하게 자는 것을 너무 좋아해서 숲속에서 잘 수 없다. 그러나 몇 시간 동안 산길을 걷고 여행하는 것을 즐기며 자연 속에서 자전거를 타는 것을 좋아한다. 이러한 활동을 통해 신체 건강을 돌볼 수 있을 뿐 아니라 체형 또한 유지할 수 있다. 운동 프로그램은 어느 정도 내 몸무게를 관리하기 위한 것이기도 하다. 나는 55년 전에 입었던 결혼식 양복을 여전히 입을 수 있다. 만약 그 양복이 요즘 스타일에 맞다면 요즘도 그것을 입었을 것이다!

필라테스를 하기에 나는 너무 나이가 들어서 끙끙거리고 신음소리를 내거나 소리를 지르기는 하지만 필라테스 개인 수업과 그룹 수업에 참여한다. 필라테스는 신체적으로 최대한 노력을 하는 것이고 이러한 도전을 좋아한다고 말할 수는 없다. 그러나 그것이 내 전반적인 건강과 신체적인 균형에 매우 도움이 된다는 것은 명확하다. 신체적인 힘, 유연성, 신체 자각이 증가하면서 더 건강해진다고 느낀다. 내 자세에 대해 더 자각하게 되고 균형을 잃지 않게 해 준다. 이 수업에서 나 혼자만 남자이며 강사는 내가 계속 제대로 하지 못하면 나를 괴롭힌다. 필라테스 강사 중 한 명은 1980년대 초 내 상담이론 수업을 들었던 학생이고 그녀는 내 수업이 얼마나 요구하는 게 많았는지 이야기한다. 이제 역할이 뒤바뀌어서 그녀가 나를 얼마나 힘들게 하는지 내가 불평하면, 그녀는 "저는 교수님으로부터 내담자에게 어떻게 도전하는지를 배웠거든요!"라고 말한다. 2012년 크리스마스에 '2012년 조셉 필라테스 상'이라고 쓰여 있는 머그컵을 선물로 받았다. 나는 이 컵으로 음료를 마시고 이 상을 자랑스럽게 여긴다.

내 친구와 가족 몇몇은 내가 운동에 중독되었다고 말한다. 아마도 그것은 사실일 것이다. 그러나 나는 운동을 긍정적인 중독으로 본다. 몇 년간 나는 일주일에 약 18시간 동안 운동했다. 자기훈련이기는 했지만 지속적인 운동 프로그램에 헌신하는 노력은 매우 가치가 있었다. 많은 사람은 운동에 많은 시간을 쓰고 있지 않다고 생각한다. 정기적으로 운동을 하면서 스스로를 돌보는 일은 많은 시간을 소비하지 않는다. 따라서 스스로 즐거울 수 있고 일어나서 움직이게 할 만한 운동을 선택하라.

여행할 때에도 운동을 계속할 방법을 찾는다. 작년 아내와 나는 다뉴브강을 따라가는 크루즈 여행을 했다. 하루 동안 배는 정박하지 않았고, 나는 배 주위를 여러 번 걸었다. 아마도 어떤 사람들은 내가 원을 그리며 걷는 것을 보고 이상한 사람이라고 생각했을 것이다. 나중에는 한 노인이 의자에서 일어나 내 뒤를 따라 걷기 시작했고 잠시 후에 다른 사람도 함께 했다. 8명의 사람이 긴 줄을 이루어 오리 새끼들처럼 내 뒤를 따라 걷기 시작했고 이런 운동을 다들 즐기는 것처럼 보였다! 신체적 그리고 심리적인 건강을 만들어 나가기 위해 계획을 세우는 방법은 개인마다 다르다. 신체적인 균형을 유지하면서 활기가 생기고 편안해질 수 있으며 매일의 스트레스에 대처해 나갈 수 있게 된다.

식단과 영양은 신체적 건강과 정신적 건강을 지키는 데 얼마나 중요한 역할을 하는가?

매일의 식단은 우리가 다룰 수 있는 그 어떤 요인보다 장기적으로 건강에 영향을 미친다. 유전적인 제한 내에서 우리가 선택하는 음식은 건강에 많은 역할을 한다. 불규칙하고 일관되지 않은 식사 패턴은 많은 경우 영양학적 문제를 일으킨다. 나는 학생들이 식사를 할 시간이 없다고 이야기하는 것을 종종 듣는다. 적절한 식사와 영양을 챙기는 것이 즉각적으로 결과를 보여 주지는 않기 때문에 이를 지키는 게 어렵다. 현명하고 잘 먹는 방법을 배우는 것은 웰니스를 향한 긴 삶의 여정에서 중요한 단계이다. 건강하게 먹는 습관을 형성하게 되면, 내담자를 잘 돌보는 데 필요한 삶의 활력을 유지할 수 있다.

나는 정기적인 식사 시간을 건너뛰지 않는다. 규칙적이고 지속적인 식사 습관을 들이고 건강한 영양소를 갖추는 계획을 세우면서 매일매일의 삶에서의 요구를 충족시켜 나갈 에너지를 만들 수 있다. 스스로 무엇을 어느 정도 양으로 먹는지 모니터링하는 것도 좋다. 나는 매일 식습관을 적어 보면서 언제 무엇을 먹는지에 대해 자각하게 되었다.

스스로 실패하지 않고 성공하도록 계획을 세우고 심리적 · 신체적 웰빙으로 나아가는 길에 약간 못 미칠 때 스스로에게 친절해지라. 식사와 영양에 대해 건강한 선택을 해 나가기 위해서는 우리가 먹는 음식에 대해 구체적인 지식을 갖추는 것이 좋다. 우리는 모두 현명한 영양 소비자가 되어야 한다. 요즘은 식사와 영양에 대한 가능한 정보가 너무 많아서 압도된다고 느끼기 쉽다. 그러나 우리의 몸에 영양을 주는 방법을 선택하는 일은 중요하다. 식사와 영양에 대해서 여기서 새롭게 이야기할 것은 없다. 문제는 좋은 영양과 식사에 대해서 우리가 알고 있는 것을 실행으로 옮기고 삶을 향상시키는 결정을 내리는 것이다. 보나페티!

식사와 영양에 대해서 더 알고 싶다면 『배우고 적용하라: 건강한 영양과 더 나은 웰니스를 향한 의사의 여정(Lean and Fit: A Doctor's Journey to Healthy Nutrition and Greater Wellness)』(Scherger, 2019)을 읽어 보도록 하자.

성찰을 위한 질문

1. 당신은 자기돌봄이 윤리적인 의무이고 사치가 아니라는 데 동의하는가? 그 이유는 무엇인가?
2. 당신은 자신의 자기돌봄에 대해 만족하는가? 어떤 영역에서 변화하길 원하는가? 당신이 원하는 변화를 위해 열정을 쏟을 준비가 얼마나 되어 있는가?
3. 당신은 스스로 얼마나 탄력적으로 살아가는가? 더 탄력적이 되도록 하는 데 구체적으로 필요한 것은 무엇인가?
4. 자기돌봄 실행 계획을 세워 본다면 어떤 것들이 있겠는가?
5. 번아웃을 피하는 가장 좋은 방법은 무엇이라고 생각하는가? 삶 가운데서 번아웃을 피하기 위해 어떤 전략을 사용할 것인가?

9장

상담의 이론적 지향에 대한 설명

Personal Reflections on Counseling

도입

이론은 상담 과정에서 다양한 측면에 대해 감을 갖게 해 주는 일반적인 틀(프레임)이다. 상담사가 상담에서 무엇을 다루고 전달해야 하는지에 대한 방향감을 제공해 준다. 이러한 관점을 개발하기 위해서는 상당한 시간과 개인적 성찰 그리고 임상 경험에 대한 수퍼비전이 필요하다. 상담사의 이론은 내담자 특성, 상담 장면, 상담사가 제공하는 상담의 유형에 적절해야 한다. 특히 이론은 당신의 일부로 통합되어야 하며 당신의 독특성을 표현할 수 있다.

이 장에서는 수년간 내 자신의 이론적 지향을 어떻게 개발해 왔는지에 대해 설명하고자 한다. 특히 내가 도출해 낸 이론을 설명하고, 이론이 효과적인 상담 실제를 위해 왜 중요한지에 대해 이야기하고자 한다. 상담의 통합적 접근에 대한 내 소견도 공유하려고 하는데, 이것이 내담자 집단의 다양한 요구를 충족시키는 가장 적절한 방법이라고 믿기 때문이다.

• • •

상담의 기본으로서 어떻게 이론을 선택했는가?

1962년 상담 박사과정을 시작했을 때, 나는 '상담 과정'에 관한 두 과목을 수강했지만 상담이론에 대한 포괄적인 수업을 듣지 않았다. 우리는 단지 지시적 및 비지시적 접근, 2개의 주요 상담 접근에 대해서만 배웠다. 박사과정이 끝나고 나서, 나는 현대 이론들에 대해 더 배우기 위해 다양한 상담이론에 대한 책을 포괄적으로 읽어야만 했다. 나는 1973년 상담이론 수업을 가르치기 시작하면서 나의 이론적 지향을 확인하고 개발하는 큰 발걸음을 내딛었다. 학생들에게 다양한 이론을 가르치면서 각 이론적 모델들이 제시하는 독특한 것들에 대해 알 수 있었다.

실존주의 심리학과 심리치료에 대한 관심은 대학원 시절에 시작되었는데 내 이론의 기초가 되었다. 내가 처음 이 이론에 끌렸던 이유는 그것들이 선택, 자유, 책임감과 자기결정성을 강조하기 때문이었다. 청소년기와 초기 성인기에 나는 내가 삶의 주인일 수 있다는 사실을 믿지 못했다. 선택의 자유는 불안과 관련이 있는데, 이는 내가 피하고 싶은 것이었다. 내면을 바라보고 삶의 선택에 대한 책임을 수용하는 대신에 내가 어떻게 살아야 하는지를 말해 줄 외부 권위자를 찾으려 했다. 삶의 여정에서 나를 이해하는 데 있어 존재에 대한 주제가 얼마나 중요한 핵심인지 알게 되었다.

개인적으로나 직업적으로 내가 특히 가치를 두는 실존주의 개념은 다음과 같은 것을 포함한다.

- 삶에서 의미는 정적인 것이 아니며 우리는 지속적으로 우리 자신을 재창조해 나간다. 우리가 불안한 것은 나아갈 길을 선

택하는 자유가 있기 때문이므로 불안은 없애야 하는 것이 아니라 탐색해야 할 필요가 있는 것이다.

- 우리는 영원히 살 수는 없는 존재이다. 이러한 사실이 우리가 어떻게 살아야 할지에 대한 방법을 강구하도록 일깨워 준다. 죽음을 피할 수 없는 우리의 운명을 직면하면서 우리는 현재 이 순간을 소중히 여길 수 있다.
- 목표를 달성하기 위해 영원히 살 수 없다는 것을 알게 된다. 언젠가는 죽게 된다는 현실은 우리가 삶의 목적과 의미를 찾게 하는 촉매가 된다. 실존치료는 완성된 이론이라기보다는 심리치료 작업을 이해하고 바라보는 관점이다. 나는 우리가 우리 삶의 건축가라는 가정에서 작업한다. 만약 우리의 존재에 대한 현재의 설계가 맘에 들지 않으면 우리는 설계도를 개선하는 조치를 취할 수 있다. 상담은 상담사가 내담자의 삶의 변화 과정을 탐색할 수 있도록 촉진시키는 여정이다.

개인적으로 상담의 이론적 지향을 찾기 위해 어떻게 탐색했는가?

실존치료는 나의 통합적 상담 접근의 토대가 되었다. 그러나 실존적 접근에는 기법이 포함되어 있지 않다. 치료에서 중요한 요소는 사용된 기법이라기보다는 한 인간으로서 상담사가 만들어 낸 관계라고 믿는다. 내 주된 관심은 가능한 한 온전히 내담자와 함께 존재하면서 신뢰할 수 있는 관계를 형성하고, 안전한 분위기 속에서 내담자의 주관적 세계를 이해하는 데 있다. 만약 내담자가 진정한 연결됨을 이루고자 하는 나의 바람과 내가 함께 하고 있음을 느낄 수 있다면 함께 작업하는 데 굳건한 기초를 형성할 수 있게 된다. 상담사–내담자 관계의 질은 변화를 위한 맥락을 제공하고, 정서적 상처를 치유하기 때문에 매우 중요하다. 비록 내가 다양한 치료적 모델의 기법, 특히 인지행동치료(CBT)와 게슈탈트 치료의 기법들을 통합하여 사용하지만 이러한 개입들은 내담자의 주관적 세계에 대해 이해하려는 노력을 바탕으로 하여 이루어진다.

CBT에서 내가 특히 가치를 두는 부분은 회기 과정이 명확하다는 점이다. 내담자는 회기가 어떻게 진행될지 잘 알고 있고, 진행 방향에 대해 책임감을 갖고 적극적으로 참여한다. 교육적 모델에 기초를 두고, 상담사와 내담자 간의 치료적 동맹에 강조하는 이러한 CBT는 실존적 접근과 잘 맞는다. 인지행동 상담사들은 자기조력을 격려하고 처치 전략이 얼마나 효과가 있는지에 대해 내담자에게 지속적인 피드백을 받으면서 상담 회기 중 효과 검증에 대한 틀과 방향을 제공한다. 보통 상담사들은 문제의 특성 및 진행 과정, 인지치료의 과정, 사고가 정서와 행동에 어떻게 영향을 미치는지 등을 내담자에게 교육한다.

또한 나는 게슈탈트 치료에도 매력을 느끼는데 이는 실존적 전제에 기초를 두고 있다. 게슈탈트 방식은 삶에 대한 인간의 투쟁과 갈등을 야기한다. 게슈탈트 치료는 내담자의 말이 행동과 경험으로 나아갈 수 있도록 실험(experiment)을 활용하는 창의적 접근이다. CBT에서의 기법은 보통 어떤 행동을 일으키거나 정서를 이끌어 내거나 목표를 달성하기 위해 진행되는 데 반해, 실험은 내담자와 상담사 간의 상호작용에서 시작하여 현재 이 순간 발생한 일에서 나타난다. 예를 들어, 매우 조용히 말하는 내담자가 소리를 크게 내었을 때 어떤 경험을 하게 될지를 알기 위해 실험적으로 큰 소리를 내 보게 할 수 있다. 의사소통 시 질문을 너무 많이 하는 내담자에게 단도직입적으로 말하라고 요구할 수 있다. 개인적인 걱정을 계속해서 너무 자세히 말하는 내담자는 한 문장으로 핵심 메세지를 말해 보는 실험을 해 볼 수 있다. 이 모든 실험은 내담자에게 새로운 행동을 시도해 보고 익숙한 행동과 어떻게 차이가 있는지를 확인할 수 있도록 해 준다. 창의적인 실험을 상담에 자연스럽게 적극적으로 활용하면 경험을 통한 학습이 가능해진다.

경력이 쌓이면서 이론적 지향이 어떻게 발전해 나갔는가?

경력이 쌓이면서 나는 효과적인 상담에서 문화적 다양성의 역할을 알게 되었고 이를 계기로 나의 이론적 지향이 발전해 나갔다. 1960년대 초에는 다양성이나 문화적 관점에 대한 관심이 적었다. 해가 가면서 나는 모든 개입 방법이 다문화적이며, 상담 실제를 위한 이론적 관점에 있어 다양성과 유사성이 얼마나 복잡하게 영향을 미치는지를 이해하는 것이 중요하다는 것을 알게 되었다. 다문화 상담 영역의 개척자인 동료 상담사들과 대화하면서 지속적으로 공부한 결과, 내담자와 상담사가 치료적 관계에서 다양한 태도, 가치, 문화적으로 학습된 가정과 편견, 신념, 행동들을 갖고 함께한다는 것을 깨닫게 되었다. 윤리적이고 임상적인 관점에서 나는 상담이 내담자에게 얼마나 정확하고 적절하고 의미 있어야 하는지에 대해 글을 쓰기 시작했다. 우리는 스스로의 상담이론에 대해 재고하면서 모든 내담자에게 같은 방식으로 기법을 적용하기보다는 내담자의 독특한 욕구에 맞추어 기법을 수정할 필요가 있다.

나의 이러한 여정과 어떻게 나의 이론적 지향을 발전시켜 왔는지에 대해 좀 더 읽고 싶은 독자들은 『심리상담과 치료의 이론과 실제(Theory and Practice of Counseling and Psychotherapy)』(Corey, 2021)와 『통합적 상담의 기술(The Art of Integrative Counseling)』(Corey, 2019)을 참고하기 바란다. 삶의 의미와 이를 다양한 이론적 접근에 통합할 수 있는 방법이 궁금하다면 『삶의 의미를 찾아 주는 상담자(Meaning in Life: A Therapist's Guide)』(Hill, 2018)를 읽어 보기 바란다.

상담이론에 대한 생각에 큰 영향을 준 세 가지 이론은 무엇이며, 그 이론들은 상담 실제에 어떤 영향을 주었는가?

세 가지 핵심 이론으로 나를 설명하는 것은 쉽지 않다. 왜냐하면 나의 상담 작업에는 많은 이론이 영향을 주었기 때문이다. 그러나 내 생각에 영향을 준 세 사람을 뽑으라면 당연히 알프레트 아들러(Alfred Adler), 칼 로저스(Carl Rogers) 그리고 앨버트 엘리스(Albert Ellis)가 포함될 것이다. 이들 이론가의 공통점은 각자의 방식으로 모두 저항가라는 점이다. 그들은 현재 상황에 안주하지 않고, 어떻게 상담이 삶의 변화를 잘 이끌어 낼 수 있는지에 대해 용기 있게 자신의 의견을 제안했다. 나는 특정 이론의 추종자는 아니다. 대신에 다양한 이론들에서 공감이 되는 생각을 빌려 오곤 했다. 나는 창의적으로 나만의 길을 찾기 위해 최선을 다했고, 건설적인 변화를 일으킬 수 있는 방법을 적극적으로 찾고자 했던 다양한 이론가가 나의 롤모델이 되었다. 몇몇 상담이론 책의 장에서 여러 개척자들에 대해 저술한 적이 있지만 여기서는 그들 삶의 경험이 어떻게 상담이론과 실제에 대한 그들의 견해를 형성시켰는지에 대해서 초점을 두려고 한다. 또한 그들의 업적이 나의 이론적 관점에 어떤 영향을 주었는지와 상담 영역에서 그들의 주요 공헌점에 대해 이야기하고자 한다.

지그문트 프로이트(Sigmund Freud)와 동시대에 살았던 알프레트 아들러는 심리학에서 인본주의적 운동의 선두주자였다. 아들러의 초기 아동기는 행복하지 않았다. 그는 약점과 열등감을 극복하기 위한 투쟁을 경험했다. 그의 이론에서 주요 개념은 자신의 개인적인 문제를 다루려는 의지에서부터 형성된 것이다. 그는 자신의 삶을 운명에 맡기지 않고 스스로 만들어 간 인물이다. 아들러는 공부를 잘 못하는 학생이었으나 굳건한 의지로 결국 학교에서 우등생이 되었다. 그는 신경학과 정신의학으로 유명한 비엔나 대학교에서 의학을 공부하였고 아동기 불치병에 대해 깊은 관심을 가졌다.

아들러는 프로이트 정신분석이론의 한계점에 대해 도전할 수 있는 용기가 있었다. 100년 전 아들러가 살았던 시대를 고려해 볼 때 그의 선견지명은 정말 놀랍다. 아들러는 평범한 사람들에 대해서 큰 관심을 갖고 자녀 양육 방식, 학교 개혁, 갈등을 야기하는 편견에 대해 거침없이 이야기하였다. 그는 위기 아동, 여성의 권리, 성평등, 성인 교육, 지역공동체 정신건강, 가족상담 그리고 단기상담을 지지하였다. 아들러는 비엔나 공립학교에 32개 아동 지도 클리닉을 설립했고 교사, 사회복지사, 의사, 관련 전문가들을 훈련시켰다. 그는 많은 청중 앞에서 아동 및 부모와 함께 라이브 시연을 하면서 전문가 실습 교육 분야를 개척하였다. 아들러는 그의 이론에 대해 단순히 강의하거나 저술하는 것보다는 더 많은 것을 하려는 용기를 보여 주었다. 그는 라이브 시연을 통해 그의 이론을 실천하였다.

아들러는 대부분의 업무 시간을 빡빡한 스케줄 속에서 일했지만, 때때로 노래하고 음악을 즐기며 친구들과 함께 시간을 보내기도 했다. 아들러는 좀 더 느긋하게 지내라는 친구의 조언을 듣지 않았다. 그는 스코틀랜드 알베르딘에서 있을 강의를 앞두고 산책을 하다가 너무 젊은 나이에 운명을 달리했으나 상담 분야에서 큰 공헌을 한 인물로서 한 시대를 살다 갔다.

아들러의 삶에 대해 읽으면서 그가 직면했던 개인적 문제나 문제를 다룬 방식이 나와 유사하다는 것을 알게 되었다. 아들러처럼 나는 초기 아동기에 불행했고 외로웠다. 학교에서 성적이 좋지 않았고, 이미 언급했듯이 나는 5학년 때 유급하기도 하였다. 나는 열등감을 잘 알았고, 경력을 쌓기 시작하면서부터 아들러처럼 빡빡한 업무 스케줄을 경험하고 있다. 내 친구들은 종종 나에게 느긋하게 지내면서 장미꽃 향을 맡아 보라고 이야기한다! 인간으로서의 아들러와 그의 이론에 대한 나의 애정은 내가 상담사가 되어 가는 길이 그의 길과 유사하기 때문인 것 같다.

아들러의 많은 개념이 상담에 대한 나의 관점에 큰 영향을 주었다. 나의 통합적 상담이론에 포함된 아들러의 몇 가지 개념을 살펴보자. 나는 우리 자신의 현재 모습에 과거가 핵심적인 역할을 한다고 생각한다. 아들러는 과거 경험에서 배우는 것을 중요시했지만 그와 동시에 현재의 삶을 변화시킬 수 있다는 희망을 주었는데, 나는 이 생각을 좋아한다. 초기 기억에 대해 회상하는 것을 강조한 것도 매력적이라서 나는 종종 내담자나 집단원들과 작업할 때 초기

회상을 활용한다. 나의 집단상담 작업에는 아들러의 개념이 영향을 미쳤는데, 행동을 동기화시키는 사회적 힘을 강조하거나, 삶의 의미와 목적을 찾고, 열등감 극복 방법을 완전히 숙달할 수 있도록 하는 것이 포함된다. 부모 및 형제와 관계를 형성하는 행동 패턴과 지각된 열등감에 대한 반응으로서 삶의 고유한 스타일을 만들어 나간다는 생각은 매우 흥미로웠다.

인본주의 심리학의 발전에서 중요한 인물인 칼 로저스는 인간 중심 접근으로 알려진 이론을 창시했다. 내 생각에 그는 상담이론과 실제에서 대변혁을 일으킨 가장 중요한 인물이다. 변화하기 위해 충분히 자유로움을 느낄 수 있도록 해 주는 조건으로서, 판단 없이 경청하고 수용하는 것의 중요성을 강조했다. 로저스 이론의 중심 개념은 자율성의 가치와 관련 있는데, 이는 부모로부터 독립하기 위해 노력했던 그의 경험에서 나온 것으로 보인다. 어린 시절 목사가 되기 위해 신학대학에서 공부하던 중 로저스는 그의 삶과 이론에 영향을 미치는 중요한 결정을 하게 된다. 대학생으로 그는 더 이상 부모님의 종교적 사고방식을 따를 수 없다는 것을 깨달았고, 이를 통해 심리적 독립을 이룰 수 있었다. 그는 급진적인 기독교 근본주의와는 다른 자신의 견해와 자신만의 삶의 철학을 만들어 가고 있음에 대해 부모님께 용기를 내어 편지를 썼다. 그는 삶에 대한 태도에 의문을 제기하고 변화에 대한 진정한 개방성을 보여 주었으며, 개인적인 삶이나 직업적인 삶에서 잘 알려지지 않은 길을 걸어가는 용기를 보여 주었다. 아들러와 마찬가지로 나는 인간으로서, 그리고 전문가로서 로저스에게 끌렸는데, 내가 개인적 자율감을 성취하기 위해 노력했던 방식과 동일한 것을 그에게서 보았기 때문인 것 같다. 로저스처럼 나는 개인적·종교적 가치를 바꾸고 내가 받은 가르침에 대해 감히 반발하기도 하였다. 학생들에게 개인적 신념 체계와 가장 가깝고 삶의 경험에 일치하는 이론을 하나 선택하라고 했을 때 많은 학생이 자신의 삶에서 투쟁했던 것과 유사한 내용을 공유하는 이론가들에게 끌린다고 이야기하였다.

로저스는 강경한 입장을 취하는 데 두려움이 없었고, 전문가로서의 경력을 쌓으면서 현재 상태보다 더 나아지기 위해 노력하였다. 그는 '조용한 혁명가'라고 불렸는데, 나는 이러한 그의 성격 특성에 매우 감탄하였다. 그의 생에서 마지막 15년 동안 로저스는 정치가 및 지도자들 그리고 갈등을 겪고 있는 집단에게 인간 중심적 접근을 훈련시키면서 세계 평화에 기여하고자 했다. 그의 위대한 열정은 인종 간의 긴장 상태를 완화하고 세계평화를 이루기 위한 노력으로 나타났고, 이 때문에 그는 노벨 평화상 후보에 오르게 되었다.

인간 중심적 상담 접근은 공감, 무조건적 긍정적 존중, 치료사의 진정성을 핵심적인 치료적 조건으로 보았다. 이러한 치료적 요인에 대한 로저스의 견해는 나에게 큰 울림을 주었고 이러한 요인이 개인의 변화를 일으키는 데 충분하진 않지만 필요한 것이라고 나는 확신한다. 치료적 관계에 대해 로저스가 이룬 업적은 다른 무엇보다도 중요하다. 강의 시간에 나는 학생들에게 내담자와 함께 수립한 관계의 질이 변화의 가능성을 만든다고 이야기해 준다. 많은 연구에서 치료적 관계의 역할을 지지하고 있다. 강력한 작업동맹 혹은 치료적 관계는 모든 이론의 기초가 될 필요가 있다고 믿는다. 내담자를 치유하는 것은 우리가 의지하는 이론도, 우리가 활용하는 기법도 아니다. 관계가 치유하는 것이다. 나는 로저스가 공헌한 부분에 대해 감사드리면서 나의 통합적 상담이론에 이러한 것들을 포함시키고 있다.

CBT의 할아버지이자 합리적 정서행동치료(REBT)의 아버지로 잘 알려진 앨버트 엘리스는 진정한 개척자이다. 엘리스는 상담 현장에서 내담자와 작업하는 적극적이고 지시적인 방법을 개발했다. 전문가 학술대회에서 나는 어떤 상담이 더 좋은가에 대해 논쟁을 벌이던 앨버트 엘리스와 칼 로저스를 본 적이 있다. 엘리스는 내담자에게 무조건적 긍정적 존중을 하는 것이 중요하다는 로저스의 의견에 기꺼이 동의했다. 그러나 그는 다른 대부분의 로저스 입장에 대해서는 도전하였다. 엘리스는 로저스의 소극적이고 비지시적인 태도에 강력히 반대했고, 비합리적 사고를 변화시키기 위해서 내담자에게는 강력한 기법이 필요하다고 확신했다. 의심의 여지 없이, 엘리스는 비효과적인 상담 방법이라고 생각하는 모든 치료에 기꺼이 도전하는 저항가였다. 그에게서 나는 잘못된 신념을 확인하고, 비합리적인 신념을 적극적으로 논박하고, 건설적인 신념으로 대체하는 것의 중요성을 배웠다. 느끼고 행동하는 방식에 있어서 사고의 중요성을 깨닫는 것이 얼마나 중요한지를 알게 되었다. 엘리스의 상담 작업에서 나는 정서를 경험하고 표현하는 방식을 수정하기 위해 우리의 신념 체계를 탐색해야 한다는 것을 확신하게 되었다. 만약 특정 행동을 변화시키고 싶다면 그 행동에 연결된 우리의 사고방식을 평가하는 것이 유용하다. 엘리스는 내가 비효과적인 신념을 건설적인 사고로 대체할 수 있도록 내담자를 돕는 데 활용하는 많은 기법을 개발한 사람이다.

엘리스는 상담을 하고 REBT를 가르치는 일을 매우 즐겼는데 일생 동안 열정을 갖고 헌신적으로 임했다. 나는 상담에 대한 엘리스의 헌신에 감사하면서 내 삶의 작업에 지속적으로 몰입할 수 있었다. 엘리스는 어디를 여행하더라도 워크숍을 열었는데, 종종 "나는 워크숍을 열어 달라고 하지 않으면 타지마할이라 할지라도 가고 싶지 않다."라고 말했다.

평생 동안 엘리스는 신체적인 어려움을 겪었으나 93세의 나이로 운명을 달리할 때까지 적극적이고 매우 생산적인 삶을 살았다. 나는 엘리스가 가르쳐 준 많은 개념과 기법을 나의 통합적 상담 접근에 포함시키고 내 개인적인 삶에도 적용하였다. 나는 엘리스의 직면 기법이나 지시적인 방식을 똑같이 따라 하지는 않지만 내 상담 스타일에서 그의 아이디어를 실현할 수 있는 방법을 발견하였다.

어떤 상담이론이 자신에게 가장 적합한지 어떻게 알 수 있나?

당신이 수련 중인 상담사이든지 막 상담전문가가 되었든지 간에 다양한 이론이 제시하는 바에 익숙해지는 것이 좋다. 하나의 이론적 틀에만 국한되면 배제되는 부분이 있을 수 있기 때문에 다양한 내담자 집단의 독특한 요구를 창의적으로 다루기 위해 필요한 치료적 융통성을 갖기 어렵다. 비록 내담자와 특정 이론적 틀 안에서 작업하기로 결정했더라도 여전히 각 내담자의 요구에 당신의 이론과 기법을 맞출 필요가 있다. 당신은 자신의 이론적 관점을 각 내담자에게 여러 방식으로 맞추게 될 것이다. 각 내담자에게 맞는 새로운 상담을 창조하는 것이다.

이론적 접근에 상관없이 당신은 언제, 어떤 내담자에게 어떤 기법 및 절차와 개입 방법을 사용할지 결정해야 한다. 효과적인 상담을 위해서 기법과 절차는 내담자의 가치, 세계관, 삶의 경험 및 문화적 배경과 일치해야 한다. 경직된 방식으로 기법을 사용하지 말아야 한다. 상담 기법은 내담자에게 효과적으로 다가가기 위해 당신을 돕는 도구일 뿐이다. 기법을 내담자의 요구와 당신의 스타일에 맞춰 활용하고 상담을 하면서 그 기법이 효과적인지에 대해 내담자의 피드백을 받도록 하자.

모든 상담이론은 나름의 공헌과 한계점을 갖고 있다. 당신의 상담 실제에 가장 통합하고 싶은 개념과 기법이 무엇인지를 결정하기 위해 다양한 최신 이론을 공부하는 것이 유용하다. 모든 이론적 접근은 우리에게 가치 있는 어떤 것을 제공하기 때문에 학생들과 상담실무자들은 통합적 관점에 대해 열린 마음을 갖는 것이 좋다. 광범위한 내담자의 유형과 그들의 특정 문제들을 고려해 볼 때 어떤 단일 이론도 인간 행동의 복잡성을 충분히 설명할 수 있을 만큼 포괄적이지 않다. 이것이 바로 내가 학생들에게 한 이론에 너무 헌신하지 말라고 하는 이유이다. 오늘날 대부분의 상담사는 여러 이론을 통합하는 방식으로 공부하고 있다.

당신에게 인간적으로 어울리는 이론과 당신이 만나는 내담자나 작업하는 세팅을 고려해서 찾아가는 것이 현명하다. 나는 사고, 감정, 행동의 통합적 모델을 활용했는데 완벽한 치료적 접근은 인간의 모든 기능을 다룰 필요가 있다고 생각했기 때문이다. 나는 내담자가 무엇을 생각하고, 그들의 생각이 그들의 정서와 행동에 어떤 영향을 미치는지를 다루려고 했다. 내담자가 경험한 것에 주의를 기울이면 어떤 영역을 가장 핵심적으로 탐색해야 하는지 알게 된다. 이런 식의 통합은 다양한 이론의 체계와 기법에 대해 기초적인 지식을 갖추고 있을 때 가능하다.

상담에 대한 통합적 접근을 개발하기 위한 방법은 무엇인가?

통합적 접근에서는 개별 내담자의 요구에 맞춰 기법을 사용하고 관계 양식을 만들어 간다. 통합적 관점을 개발하기 위해서는 다양한 이론에서 좋은 개념들을 취하고, 이러한 이론이 어떤 방식으로든 통합될 수 있다는 생각을 갖고, 이들을 효과적으로 잘 활용할 수 있는 방법에 대한 당신의 가설을 검증해 볼 필요가 있다. 다양한 세팅에서 다양한 내담자 집단과 효과적으로 작업하기 위해서는 다양한 이론의 체계와 상담 기법에 대한 기초적인 지식이 필요하다.

만약 당신이 막 상담전문가가 되었다면 당신의 기본 신념에 가장 가까운 주요 이론을 선택하라고 제안하고 싶다. 그 이론을 가능한 한 깊이 공부하고 동시에 다른 이론도 살펴보는 열린 마음을 가지라. 주요 이론의 틀 안에서 작업하면서 당신 자신의 상담에 대한 관점을 구성하는 주요 기준점을 만들라. 다양한 내담자와 작업하면서 당신이 활용하는 주요 이론의 기법들을 융통성 있게 적용하라.

만약 당신이 현재 수련 중인 상담사라면 잘 정의된 통합적 이론 모델을 이미 갖추고 있다고 기대하기는 현실적으로 어렵다. 시간을 갖고 성찰하면서 당신은 일관된 개념적 틀을 개발하고, 공부한 다양한 상담 기법을 선택할 수 있게 된다. 당신 자신의 상담 접근을 개발하는 과정은 임상 경험, 독서, 성찰 그리고 동료들과 함께 일하면서 일생에 걸친 노력을 통해 이루어질 것이다. 통합적 입장에서 의도적으로 비판적인 사고를 하고 훈련하려고 노력해 보라. 상담사로서 경력을 쌓는 내내 수퍼비전을 받으라. 수퍼바이저 및 동료들과 당신이 하고 있는 것에 대해 이야기 나누라. 당신의 개입 방법에 대해 다른 전문가들과 이야기 나누고 대안이 될 수 있는 다른 접근에 대해 내담자와 함께 생각해 보라. 상담 실제에서 당신의 모델을 개발해 나가는 데 가장 유용한 청사진은 무엇이고 당신에게 가장 적합한 것이 무엇일까 계속에서 숙고해 보라.

통합적 접근은 당신이 실제 상담한 것에 대한 체계적인 논리에 기초한다. 아무 근거 없이 개념과 기법을 단순히 뽑아 선택하지 말라. 가장 좋은 방법은 다양한 접근의 고유한 장점을 창의적으로 합성하고, 당신 특유의 성격과 스타일에 적합한 개념과 기법을 역동적으로 통합하는 것이다.

나는 향후 통합적 상담 접근이 다양한 단일 이론을 통합하는 공통 기초가 될 것이라고 예상한다. 아직 하나의 보편적인 이론을 갖고 있지 않지만 다양한 이론적 접근에서 최상의 요소들을 조합하여 통합된 이론을 만들어 가는 노력을 계속해 나갈 것이다.

상담의 통합적 접근에 대한 더 읽을거리를 위해 『심리치료 통합 핸드북(Handbook of Psychotherapy Integration)』(Norcross & Goldfried, 2019)과 『통합적 상담의 기술(The Art of Integrative Counsling)』(Corey, 2019)을 추천한다.

성찰을 위한 질문

1. 당신의 상담에 대한 관점 및 가치와 가장 잘 어울리는 이론은 무엇인가?
2. 통합적 접근을 탐색하는 데 필요한 특정 이론을 발견하기 위해 도움이 되는 당신의 성격이나 개인적 자질은 무엇이 있는가? 이러한 자질들은 당신의 통합적 접근을 만들어 내는 데 어떻게 도움을 줄 수 있는가?
3. 상담 실제에 통합적으로 접근하는 것에 대해 어느 정도 마음이 끌리는가? 당신 자신만의 상담 접근을 어떻게 잘 개발할 수 있는가?
4. 당신이 활용하려는 개입 방법이 내담자에게 적합한지 어떻게 알 수 있는가? 개입 방법을 수정하기 위해 내담자의 피드백을 어떻게 활용할 수 있는가?
5. 만약 인턴십에 지원했을 때 당신의 상담이론에 대해 설명해 보라는 질문을 받으면 어떻게 답변할 것인가?

10장

집단상담의 실제

Personal Reflections on Counseling

도입

집단상담은 20여 년에 걸쳐 대중화되었다. 많은 상담사가 집단 작업이 효과적이라고 생각하고 몇몇 경우에서는 개인상담보다 더 효과적이라고 생각하게 되었다. 집단원은 단순히 통찰을 얻고 자기자각을 높이는 것뿐만 아니라 집단 내에서, 그리고 집단 밖의 일상적인 상호작용 속에서 새로운 기술을 연습할 수 있는 기회를 부여받는다. 집단원들은 자신과 유사한 상황에 처한 다른 사람들을 관찰하고 그들과 상호작용하면서 문제에 대처하는 방법을 배울 수 있다. 집단원들은 집단 리더뿐만 아니라 다른 집단원들의 피드백을 통해서도 얻을 수 있는 게 있다. 만약 집단원들의 나이, 흥미, 배경, 사회적 지위, 호소 문제 유형 등이 다양하다면 집단은 사회의 축소판이 될 수 있다. 대부분의 집단이 지니는 이러한 다양성은 참가자들이 다양한 사람의 눈을 통해 자신을 돌아볼 수 있게 한다.

지지적이고 안전한 집단의 분위기는 집단원들이 새로운 행동을 실험할 수 있도록 해 준다. 집단에서 새로운 행동을 연습하면서 집단원들은 강화를 받고 새롭게 통찰한 것을 일상생활에서 실행할 방법을 배운다. 집단 경험은 살아 있는 실험실로서 기능하게 된다. 즉, 집단원들이 자신을 있는 그대로 바라볼 수 있는 거울이 되기도 하고, 더 효과적으로 관계를 맺기 위한 새로운 기술을 배울 수 있는

곳이 되기도 한다. 집단은 연대감을 제공해 주면서 참여자들이 살고 있는 비인간적인 세계에 대한 해독제가 될 수도 있다.

이 장에서는 집단 작업에 대해 내가 가졌던 수많은 질문을 제시하고자 한다. 나는 집단상담의 이점에 대한 열렬한 믿음을 갖고 있고 개인적인 성장이나 전문가로서의 발전을 위해 상담을 공부하는 학생들에게 다양한 집단에 참여해 보도록 권하고 있다. 이러한 논의가 당신에게 집단상담의 이점에 대해 더 공부하고 싶도록 흥미를 끌 수 있기를 바란다.

• • •

집단에 참여하는 집단원들을 어떻게 잘 선별할 수 있는가?

내가 대학원을 다닐 때는 집단상담에 대한 교육과정이나 훈련이 거의 없었다. 박사과정과 초창기 상담사로 일할 때 나는 많은 다양한 워크숍과 집단에 참여하였다. 비록 집단마다 질적인 차이가 있었지만 집단원으로서 나는 무엇이 집단을 효과적으로 만드는지에 대한 중요한 교훈을 얻었다. 어떤 경우에는 집단상담사로서 하고 싶지 않은 것도 해야만 한다는 것을 배웠다.

내가 1960년대에 집단상담사로서 일을 시작했을 때에는 대부분의 집단을 운영하면서 집단원의 선별(screening), 선택(selection)이나 집단 경험에 대해 개인을 준비시키는 것에 대해 별로 관심을 두지 않았다. 나는 60년 동안 많은 치료적 집단을 조직하고 운영해 왔다. 그리고 집단원들이 집단 경험에 대해 적절히 준비할 수 있다면 집단에 보다 몰입하고 집단으로부터 최대한의 혜택을 얻을 수 있다는 것을 알게 되었다. 나는 내가 진행하는 어떤 집단에서건 집단원을 선별하고 선택하고 준비시키는 것에 대해 최선을 다하는 것이 매우 중요하다는 사실에 적극 동의한다. 나는 집단에 참여할 집단원들이 이 집단이 어떤 집단인지를 알고, 이 집단이 그들이 원하고 필요로 하는 것인지를 결정할 수 있기 바란다. 내가 진행하는 대부분의 집단은 집단상담과 다양한 종류의 치료적 집단인데, 집단에 참여하기를 원하는 모든 사람을 개별적으로 만나는 것이 중요하다. 이 만남을 통해 나는 특정 지원자를 포함시키는 것이 적절한지에 대한 감을 잡고, 그들에게 집단에 참여하기 원하는지를 결정할 수 있도록 해 준다. 이러한 면담에서는 상호 의견을 교환하면서 함께 결정한다. 나는 집단에 참여하려는 사람 역시 나를 면담하기를 원한다. 나는 그들에게 질문을 하도록 요청하고, 집단에 참여하는 것에 대해 충분히 잘 알고 선택할 수 있도록 정보를 제공한다.

집단 작업 시 사전동의를 어떻게 다룰 것인가?

1960년대와 1970년대에는 집단에 사전동의(informed consent)가 표준 관행이 아니었고 내가 참여한 대부분의 집단은 사전동의가 없었다. 또한 집단이나 리더로부터 무엇을 기대할 수 있는지에 대한 정보도 거의 없었다. 이 때문에 나는 집단을 운영하는 데 있어 참여자들이 절대 놀라지 않도록 사전동의에 대해 특별히 주의를 기울이게 되었다. 나는 사전동의의 과정을 참여자들이 개인적 목표를 달성하기 위한 책임감을 갖고 집단 경험을 어떻게 최대한 활용할 수 있는지를 가르치는 과정이라고 생각한다.

오늘날 집단 작업에서 사전동의는 윤리적으로, 법적으로 표준 관행으로 여겨진다. 잠재적인 집단 참여자들이 집단에 들어올지 말지를 결정하고, 그들이 학습을 극대화하기 위해 어떻게 집단에 참여해야 하는지를 알려 주기 위해 그들에게 집단에 대한 기본 정보가 제공되어야 한다. 이러한 정보에는 집단 리더의 자질, 사용하는 기술, 비밀보장의 특징과 한계, 집단에 참여하는 데 대한 이익과 위험이 포함된다. 동의 과정의 다양한 측면이 여러 집단 단계에서 다시 논의될 수 있다. 집단원이 적절한 정보를 제공받으면 그들은 리더와 협력적으로 작업하고 적극적으로 집단에 참여할 수 있는 좋은 기회를 얻게 된다.

집단에서 사전동의에 관한 심화된 논의가 『집단: 과정과 실제(Group: Process and Practice)』(Corey, Corey, & Corey, 2018)에 있으니 참고하기 바란다.

무엇이 당신을 집단 작업으로 이끌었는가? 왜 당신은 집단상담의 전문가가 되었는가?

내가 30, 40대였을 때 나는 밤새 진행되는 마라톤 집단, 매주 참여하는 전통적인 집단, 다양한 자기성장 워크숍과 (일주일에서 10일까지 다양한 기간의) 참만남 집단을 포함하여 다양한 집단에 많이 참여했다. 나는 몇 년간 많은 마라톤 집단에 참여했다. 이러한 집중적인 경험을 통해 나는 내 감정 상태와 인지를 통합할 수 있었다. 개인상담에서 나는 다양한 감정을 인식하고 표현하는 데 어려움을 겪었고 회기 중에 종종 나의 역동을 알아내기 위해 자신과 인지적 작업을 하곤 했다. 반면에 집단원으로서 나는 내 작업뿐만 아니라 집단의 다른 사람들과 상호작용을 통해 정서적으로 몰입하게 되었다. 나의 경우 집중 집단 경험이 개인치료보다 더 효과적이어서 다양한 치료적 집단에 참여하였다.

연대감을 발달시키고 강렬하게 경험할 수 있는, 지속적인 형식의 집단이 가치가 있다는 것을 알게 되었다. 또한 이러한 경험을 통해 대학원 과정에서의 부족한 부분을 채울 수 있었고, 집단원으로서, 그리고 촉진자로서 집단 과정 속에서 실제적인 내용을 배웠다. 또한 전문가로서의 나의 일에 적용할 수 있는 부가적인 혜택도 얻었는데, 특히 내가 상담사로서 일했던 대학 상담 센터에서 초기 시절 다양한 집단을 개발할 때 도움이 되었다. 집단원으로서의 나의 경험으로부터 나는 집단상담사로서 내가 하고 싶은 것과 하고 싶지 않은 것에 대해 중요한 교훈을 얻었다.

나는 집단이 많은 내담자에게 치료적 선택지가 될 수 있다고 생각한다. 집단은 자연스러운 실험의 장이 되고, 나 혼자만이 문제를 갖고 있는 것이 아니라는 연대감과 더 나은 삶을 창조하고 변화할 수 있다는 희망을 줄 수 있다. 여러 해 동안 집단을 기획하고 진행하면서 나는 집단이 매우 효과적이고, 새로운 학습을 위해 독특한 기회를 제공하며, 사람들이 창조적으로 더 나은 삶을 살아갈 수 있게 하는 힘을 가지고 있다는 것을 알게 되었다.

집단에서 코리더(co-leader)와 잘 협업하는 방법은 무엇일까?

코리더와 함께 하는 것은 집단 자체뿐만 아니라 코리더에게도 많은 장점이 있기 때문에 나는 코리더와 함께 하는 것을 좋아한다. 코리더를 선택하는 데, 그리고 집단을 시작하는 데는 팀으로서의 노력이 필요하다. 집단에서 무엇이 일어나는지 평가하고 추후 회기에 대한 잠정적인 계획을 세우기 위해 코리더와는 집단을 시작하기 전과 후에 만나야 한다. 이러한 만남은 집단과 집단에서 떠오른 주제를 잘 다룰 수 있는 방법에 대해 생각해 보는 시간이 된다는 점에서 중요하다.

코리더와 상호 존중하는 태도를 갖는 것이 중요하다. 비록 코리더가 같은 방식의 리더십을 갖고 있지 않더라도 집단이 집단원들에게 최대한 가치 있게 기능하도록 하는 방법에 대해서는 코리더와 유사한 철학을 공유하는 것이 중요하다. 회기를 함께 진행할 때 우리는 누가 회기를 시작하고 마무리할 것인지를 미리 결정하거나 순번을 정해 놓고 하지 않는다. 우리는 일이 생기면 자발적으로 자유롭게 개입하고, 일반적으로 집단 회기 중에 서로 상호작용한다.

만약 코리더들 간 갈등이 생기면 어떻게 다룰까?

코리더와 집단 진행에 대해 다른 의견을 가질 때가 종종 있다. 다양한 코리더와 수년간 작업하면서 나는 코리더들이 집단원들에게 건강한 갈등 해결의 유능한 모델이 될 수 있다는 것을 알았다. 방어적이지 않고, 기꺼이 도전하고 타인에게 도전받는 모델을 보는 것은 가치 있는 학습 경험이 될 수 있다. 집단원들이 코리더가 효과적인 방식으로 갈등에 대처하는 것을 보는 것은 치료적인 경험이 될 수 있다. 그러나 잘못 다루어지는 갈등 혹은 직면은 집단원에게 부당한 짐이 될 수 있고 집단 내 응집력에도 해를 끼치게 된다. 코리더는 문제를 개인적으로 다루는 것이 더 좋을지 혹은 집단원들과 함께 다루는 것이 더 좋을지 결정할 필요가 있다. 집단원들이 갈등을 목격한다면 집단에서 문제를 다루는 쪽으로 기울 것이고, 만약 갈등이 사적인 자리에서 해결되었다면 코리더는 어떻게 갈등이 해결되었는지 집단원들과 공유할 필요가 있다. 그렇게 하지 않으면 집단원들은 무슨 일이 벌어졌을까 궁금한 채로 남게 될 수 있다.

몇 년 전 나는 친밀한 관계에 있는 커플과 함께 주말 집단을 진행했다. 그들은 커플로서의 사생활 문제를 집단에 가지고 왔다. 그 커플이 지속된 갈등과 긴장을 해결하기 위해 시간과 에너지를 오랫동안 사용했기 때문에 집단원들은 집단에서 탐색하고자 하는 자신들의 관심사를 이야기할 시간이 줄어들었다. 서로 친밀한 관계를 맺고 있는 코리더들은 집단원들 간에 집단 상호작용을 촉진시켜야 하는 리더로서의 역할을 상기하고 그들 자신의 치료를 위해 집단을 이용해서는 안 된다는 것을 염두에 두어야 한다.

집단 초기에 촉진자로서 어떻게 신뢰를 쌓아 가는가?

당신이 어떤 사람인지와 다른 사람과 관계를 형성하는 능력은 집단에서 신뢰의 수준을 결정하는 주요 요인이 될 수 있다. 치료적 관계는 각 집단원의 욕구에 관심을 갖고, 존중하는 마음으로 그들에게 반응하고, 그들에게 관심을 보이며, 적절히 자기개방을 하고, 당신의 기대를 공개적으로 말하고, 집단원들의 두려움과 불안에 민감해지며, 집단원들에게 그들이 느끼고 생각하는 것을 공개적으로 말할 기회를 제공하면서 만들어진다.

나는 집단원이었을 때 내가 배웠던 많은 것을 집단 리더가 되었을 때 적용해 왔다. 집단에 대한 희망과 기대뿐만 아니라 두려움과 주저함에 대해 이야기하도록 하는 것은 도움이 된다. 집단 초기 단계에서 집단원들은 서로 알게 되고 집단이 어떻게 기능하는지 배우며, 집단 행동을 통제하는 규범을 학습하고, 집단에 대한 희망과 두려움을 탐색하며, 그들의 기대를 명료화하고 개인적 목표를 확인하며, 이 집단이 그들의 걱정을 공개할 수 있을 만큼 안전한 곳인지를 결정한다. 나는 첫 만남에서 신뢰와 안전함에 대한 문제를 직접적으로 언급한다. 참여자들에게 그들을 취약하게 만드는 것은 무엇인지와 그들이 위험을 감수하게 하는 것은 무엇인지에 대해 물어본다. 이것은 집단원들이 걱정을 진지하게 이야기할 수 있다는 것을 보여 주는 좋은 방법이다. 표현되지 않은 불안은 집단원들이 자신의 깊은 부분을 공유하는 데 걸림돌이 된다. 나는 집단원들에게 신뢰는 그냥 발생하는 것이 아니고 오히려 지금-여기 집단에서 경험하는 것에 대해 적극적으로 이야기 나눈 결과의 산물이라고 지속적으로 말해 준다.

때때로 집단원들은 가족을 사랑하는 것처럼 집단에서 받을 수 있는 신뢰 이상을 나에게 주려 한다. 나는 집단에서 안전한 환경을 만드는 데 기여하지만 집단원들이 집단에서 신뢰와 응집력을 만들기 위해 그들이 무엇을 했는지 알아채기를 바란다. 나는 그들이 치료적이고 지지적인 분위기를 형성하는 데 큰 공헌을 했다는 것을 알기 바란다. 그러면 그들은 집단에서 학습한 것을 통해 일상생활에서 더 긍정적인 관계를 만들 수 있는 좋은 기회를 얻을 수 있다.

어떤 문화적 요인들로 인해 집단원들이 머뭇거리게 되는가?

직접적인 의사소통 방식을 덜 중요하게 생각하는 문화에서 자란 몇몇 집단원은 직접적으로 말하는 데 어려움을 겪는다. 비록 내가 직접적으로 말하는 것을 높이 사더라도 바람직한 의사소통 방식에 대한 나의 견해를 집단원들에게 강요할 권리는 없다. 집단 리더로서 나는 집단원들의 문화적 규범과 가치를 해치지 않는 방식으로 그들이 집단에 참여할 수 있는 방법에 대해 말하도록 격려하면서 집단원들이 주저하는 것을 최소화할 수 있다. 집단원들의 문화적 맥락에 대해 더 잘 알수록 문화적 가치를 제대로 이해하고 존중하면서 그들이 개인적 문제를 다루도록 격려할 수 있다. 내 역할은 문화적 배경 때문에 집단원들이 초반에 자신을 드러내는 데 주저할 수 있음을 이해하면서 그들을 돕는 것이다.

내가 집단에서 활용하는 몇몇 기법은 집단원들이 자신의 감정을 표현하는 것을 돕기 위한 것이지만 특정 집단원들은 이것을 불쾌하게 느낄 수 있다. 몇몇 집단원은 공개적으로 감정을 표현하거나 가족 문제에 대해 자유롭게 이야기하는 데 시간이 더 필요할 수 있다. 그들은 감정을 드러내지 않고, 공개적으로 정서적 반응을 하는 것이 부적절하다고 배웠을 수 있다. 또 다른 집단원들은 집단에서 자기를 위한 시간을 요청하는 것에 대해 어려움을 경험하기도 한다. 왜냐하면 그들은 그렇게 하는 것이 이기적이고 세심하지 못하고 자기중심적이라고 배웠기 때문이다. 나는 이러한 집단원들에게 말하라고 하거나 자기공개를 시작하라고 하기보다는 다른 집단원이 말하는 것을 듣고 최소한 한 번 정도 반응을 해 보도록 권한다. 몇 가지 구조화된 방식을 알려 주면서 집단원들이 덜 위협적인 방식으로 스스로를 표현해 볼 수 있도록 격려한다. 몇몇 집단원을 침묵시키는 사회적 압력을 이해하는 것이 중요하다. 사회적 요인과 문화적 규범에 따라 집단원들이 자기개방을 하거나 집단에서 말을 꺼내는 것이 다를 수 있다. 모든 집단원이 그들만의 방식으로 적극적인 참여자가 될 때 집단 응집력은 높아질 수 있다.

집단원들에게 다문화적 문제를 교육해야 한다고 생각해 본 적이 있는가? 만약 그렇다면 어떻게 접근했는가?

나는 운 좋게도 몇몇 나라에서 다양한 문화적 집단과 워크숍을 열 수 있는 기회가 있었다. 다양한 문화권의 사람들과 상호작용하면서 나는 열린 생각과 마음으로 작업하면서 그들에게 다가가는 법을 배웠다. 이러한 경험을 통해 나는 개인적 문제를 제쳐 두고 개인상담이나 집단상담에서 맞닥뜨리는 다양성을 존중하면서 작업하는 것이 얼마나 중요한 일인지 알게 되었다. 나는 내 사고방식이 내가 만나는 모든 사람에게 적절하지 않을 수 있다는 생각을 계속해서 되뇐다.

사회의 축소판으로서 집단은 권력, 특권, 차별, 사회적 불의, 억압과 같은 문제를 논의할 수 있는 장을 제공한다. 집단에서 이러한 주제가 등장할 때 집단원들이 공개적으로 탐색하도록 돕는 것이 나의 책임이라고 생각한다. 나의 역할은 직접적으로 가르치는 것이 아니라 집단원들이 자신의 문화와 문화가 미치는 영향에 대해 서로를 가르칠 수 있도록 촉진시키는 것이다. 나는 다양한 집단에서 다문화적 문제에 대해 모든 집단원이 배울 수 있는 기회가 있다고 확신한다. 그래서 나는 다양성에 대한 나의 생각을 알아차리고 내가 갖고 있는 편견을 확인하려고 최선을 다한다.

문화적 요소가 집단원들의 삶에서 어떻게 작용하는지에 대해 흥미를 갖고 열린 자세로 임하면 집단원들이 서로에게 배울 수 있는 많은 기회가 생긴다. 예를 들어, 유색 인종인 집단원이 운전할 때마다 경찰관이 얼마나 자주 차를 멈춰 세웠는지와 위반행위 때문에 잡힌 적이 없다는 이야기를 했던 것이 기억난다. 그는 분노와 고통, 두려움에 대해 표현하고 그에게 주어진 차별에 대해 말하고 싶어 했다. 집단의 다른 사람들에게 인종으로 인해 부당하게 대우받는 것에 대해 이야기할 기회가 생긴 것이다. 다른 집단원들은 차별이 얼마나 해로운 것이며 지속적인 영향을 미칠 수 있는지를 배울 수 있었다. 이 집단원이 차별당했던 개인적인 이야기는 모든 집단원에게 깊은 이해와 강력한 메시지를 주었다.

법원의 명령이나 지시로 만들어진 집단에 비자발적으로 참여하는 집단원들이 긍정적인 경험을 할 수 있도록 하는 방법은 무엇인가?

강제로 참여시키는 비자발적 집단이 많지 않을 것이라고 생각하는 사람들이 있지만 내 생각은 좀 다르다. 수련 시절 나는 비자발적 집단과 작업을 했는데 집단상담 수업에서 요구하는 집단을 참여하러 온 학생들이었다. 나는 집단 리더가 이러한 의무적인 집단 참여의 독특한 특성을 잘 활용하면 집단이 긍정적인 결과를 낼 것이라는 확신이 있다. 의무 집단과의 작업을 시작하기 좋은 지점은 개인이 갖고 있는 태도와 반응 그리고 집단에 대해 무엇을 듣고 왔는지부터 탐색하는 것이다. 이들은 집단이 어떻게 기능하며 참여를 통해 그들이 무엇을 얻을 수 있는지에 대해 잘 모를 가능성이 있다. 또한 냉소적인 태도를 보이며 집단 참여의 가치를 잘 모를 수 있다. 리더의 핵심적인 역할은 집단에 대한 잘못된 개념을 명확히 바로잡고 이러한 집단원들이 집단을 활용할 수 있는 방법에 대해 교육하는 것이다.

수년간 나와 내 동료들은 주립 정신병원에서 치료사 직원들을 위한 4일간의 훈련 워크숍을 진행했다. 훈련 회기에 참여하도록 요구받은 직원들의 태도를 다루는 것이 중요했다. 치료사로서 기술이 부족하여 훈련에 참여하도록 선발되었다고 느끼는 직원 집단원의 부정적인 반응을 때때로 접하곤 하였다. 우리는 그들이 자신의 감정을 말하도록 초대했는데 이것이 워크숍을 시작하기에 좋은 지점이라는 것을 알게 되었다. 비록 많은 사람이 처음에는 비자발적 집단 참여자로 보일 수 있지만 만약 그들이 기술을 개선하고 새로운 기술을 습득하는 데 열린 태도를 갖게 된다면, 개인적으로, 그리고 전문가로서도 그들에게 집단이 얼마나 가치 있는지를 알게 될 것이다. 훈련 참여에 대한 이러한 초기 저항을 다루면서 병원에 있는 그들의 많은 환자가 집단에서 무엇을 경험하는지에 대해서도 더 잘 공감하게 된다.

나는 다양한 대학에서 상담 석사과정의 학생들에게 1주일에 걸쳐 집중적으로 집단상담을 가르쳤다. 이 과정은 강의와 체험의 두 가지 측면을 모두 다루고 있어 학생들은 집단원으로서 집단에도 참여하였다. 이 집단의 몇몇 학생은 나의 인내심을 시험하고 집단상담교육가로서 나의 능력에 도전하였다. 심화 과정이므로 학생들은 내가 무엇을 기대하는지 알고 있음에도 불구하고 상당히 많은 학생이 수업 중 집단 체험에 적극적으로 참여하려 하지 않았다. 집단수업에서 그들이 무엇 때문에 참여하는 것을 개인적으로 주저하게 되는지에 대해 논의할 수 있도록 하였다. 몇몇 학생은 대학원 과정에서 개인적으로 자기개방을 해야 하는 이유를 알 수가 없다고 했다. 다른 학생은 친구들이 자기를 멋대로 판단하지 않기를 원하기 때문에 개인적인 문제를 공유하는 것이 꺼려진다고 했다. 몇몇은 서로 다른 수업을 들었기 때문에 이 수업에서 어떻게 상대와 상호작용해야 할지를 몰랐다고 하였다. 학생들의 두려움과 걱정을 탐색하는 것은 종종 태도와 행동에 긍정적인 변화를 가져온다. 판단받는 것에 대한 학생들의 두려움을 이야기하는 것이 집단 내의 변화를 가져왔다. 그들 대부분은 위험을 감수하면서 자신을 더욱 개방하고 개인적 삶에서의 어려움을 공유할 수 있었는데, 이로 인해 집단의 응집력이 높아졌다. 이러한 집단 수업을 통해 집단원들은 대학원 과정을 지내면서 서로가 지지 그룹이 될 수 있다는 결론을 얻게 되었다.

어떤 종류의 비자발적 집단과 작업하더라도 집단으로부터 얻을 수 있는 잠재적 가치에 대해 집단원들에게 특별히 잘 가르쳐야 한다. 집단 과정에 대해 집단원들을 가르치는 것은 중요한데, 비자발적인 집단원들에게 집단의 특성과 목표, 활용 방법, 특정 활동을 거절할 수 있는 집단원의 권리, 비밀보장의 한계, 집단에 적극적으로 참여하는 것이 집단 밖의 실제 생활에도 영향을 미친다는 사실을 알려 주는 것이 포함된다. 특히 나는 내 집단에 참여하는 비자발적 집단원들에 대한 기대가 있고, 이러한 기대를 그들에게 명확하게 제시한다. 만약 그들이 집단에 왔으나 참여하지 않는다면 나는 이를 상담 파일에 적어 둘 것이라는 점을 알려 준다. 비자발적으로 참여한 집단원들에게 만약 그들이 참여하지 않는다면 어떤 결과가 발생할지에 대해 직접 말하게 하고, 비난하지 않으면서 그들의 선택을 말할 수 있게 한다. 나는 집단원들이 집단에 함께 하지 않았을 때 어떤 결과가 나타나는지, 그리고 집단에 참여하지 않으면 집단으로부터 얻은 혜택을 내가 저절로 알려 주지 않는다는 것을 알기 바란다. 나는 비자발적 집단원이 자발적으로 참여할 수 있도록 하는 데 최선을 다해 조력한다. 나는 비자발적인 집단원을 수용하고 존중하며 그들이 집단에 참여하면서 얻을 수 있는 잠재적인 개인적 이익을 알아차릴 수 있도록 하는 분위기를 만드는 데 상당한 노력을 기울인다.

집단에서 올라오는 갈등을 어떻게 다룰 수 있는가?

일상생활에서건 집단에서건 모든 관계에서는 갈등이 생길 수 있다. 집단에서 발생한 갈등을 알아차리고 언급하고 탐색하고 효과적으로 다룰 필요가 있다. 갈등은 전형적으로 집단 리더와 집단원들 모두에게 불안의 원천이 되고, 집단원들은 갈등을 해결하기 위해 필요한 노력과 시간을 쓰기보다는 회피하려는 경향이 있다. 탐색되지 않은 갈등은 종종 집단의 숨겨진 안건이 되어 집단 전체에 신뢰를 떨어뜨린다.

집단은 갈등이 발생했을 때 참여자가 자신의 불안에 도전해 보고 갈등의 원천을 직접적으로 다룰 수 있는 방법을 배우는 이상적인 장소이다. 갈등을 다루는 방식은 집단을 후퇴시킬지, 집단원 간 상호작용을 심화시킬지를 결정한다. 리더나 다른 집단원들과 함께 하면서 안전감을 경험하지 못한다면 집단원들은 위험을 감수하면서 자신의 나약함을 보이고 싶어 하지 않을 것이다. 불편할 수 있겠지만 집단원들과 리더가 서로 공격하거나 판단하지 않고 무엇이 일어나고 있는가에 대해 이야기한다면 갈등 해결에 대한 중요한 교훈을 배울 수 있다. 집단에서 갈등이 발생하면 집단원들과 리더 사이에 일어나고 있는 것에 머물러서 갈등을 건설적으로 다루는 것이 중요하다.

집단에서 갈등이 발생했을 때 나는 개입하기 전에 집단원들이 어떻게 상호작용하는지를 관찰하는 경향이 있다. 나는 갈등에 대해 관찰한 것을 집단원들과 함께 탐색하고, 그 순간 집단에 있는 것이 어떤 기분인지에 대해 집단원들에게 이야기해 보도록 요청한다. 집단원들이 스스로에게 초점을 두고, 집단에서 발생한 일에 대해 그 원인을 타인의 행동으로 돌리기보다는 자신이 어떤 영향을 받았는지를 표현할 수 있도록 하는 것이 목표가 된다. 나는 집단원들이 비판단적으로 관찰한 것을 이야기할 수 있고 타인을 존중하면서 이야기할 수 있다고 확신한다. 집단원들이 서로를 공격하기 시작하면 나는 이를 저지하고, 그들이 자신에게 초점을 둘 수 있도록 방향을 바로잡는다. 비록 몇몇 집단원의 불친절함을 매번 예방할 수는 없지만, 나는 갈등으로 인한 손상을 최소화하기 위한 조치를 취한다.

집단원들이 집단에서 경험하는 카타르시스는 어떤 가치가 있는가?

집단원으로 집중 집단에 참여했을 때, 나는 종종 가치 있다고 생각하는 정서적 돌파구를 경험했다. 나는 어느 정도 인지적인 경향이 있는데, 카타르시스를 경험하는 것은 개인적으로 의미 있는 일이었다. 이로 인해 일종의 집단 경험인 정서적 작업이 가치 있는 일이라는 관점을 갖게 되었다. 상담 및 치료 집단에서 참여자들은 종종 그들을 놀라게 만드는 정서적인 소재를 활용한다. 이는 강렬한 울음, 분노, 정서적 고통, 슬픔, 죄책감, 혹은 상실과 같은 정서의 표출을 가능하게 한다. 집단상담사들을 훈련시키면서 나는 그들이 종종 집단의 성공을 집단원들이 표현하는 카타르시스의 수나 정서의 강도로 평가하는 것을 보았다. 비록 정서적 표현이 집단 과정의 핵심 요소이긴 하지만 카타르시스 자체가 바람직한 결과는 아니다. 쉬는 시간에 한 집단원이 나에게 와서 눈물을 보이며 그녀는 카타르시스를 아직 경험하지 못했기 때문에 집단에서 어떤 것도 얻지 못하고 있다고 하였다.

일주간 진행되는 치료적 집단을 진행하던 초기 시절에, 코리더와 나는 집단원들이 표출하는 억눌린 감정의 힘에 감동받았다. 우리는 집단원이 경험하는 카타르시스가 통찰과 행동으로 이어지는데 필수적이라는 잘못된 결론을 내렸다. 카타르시스 경험이 종종 치유적인 경우가 있지만 추후 집단 회기에서 우리는 카타르시스와 연결된 의미를 탐색하는 것이 얼마나 중요한지를 알게 되었다. 집단원들이 강렬한 감정을 표현한 후에 이러한 감정의 표출이 그들에게 어떤 의미인지를 물어보는 것이 중요하다. 궁극적인 목표는 감정의 방출이 아니다. 집단원들이 자신의 감정을 인지적 관점과 연결시킬 수 있도록 도와주는 것이 치료적인 효과를 만든다.

일주일간 치료적 집단의 코리더와 함께 만나면서 우리는 다음과 같은 질문에 대한 답을 찾는 것이 중요하다는 것을 배웠다.

- 나는 강렬한 카타르시스나 그 결과를 다룰 수 있는가?
- 집단 회기 중 해결책의 일환으로 나타난 정서를 다루기 위해 충분한 시간이 남아 있는가?
- 카타르시스의 잠재적인 영향을 집단원들과 다루기 위해 후속 회기를 가질 수 있는가?
- 코리더와 나는 잠재적 치료 요인으로서 카타르시스를 다루는 것과 드라마틱한 효과를 위해 그것을 불러일으키는 것 사이의 미묘한 차이를 민감하게 알아채는가?

경험과 수련이 부족한 집단상담사들은 정서를 일으키는 강력한 기법을 사용하여 집단원이 완전히 자각하고 있지 못한 문제를 열어 버릴 수도 있다. 그러나 이러한 리더들은 카타르시스를 경험하는 사람들과 작업하는 방법을 잘 몰라서 집단원이 경험을 다룰 수 있도록 조력하는 데 실패하고 그냥 종결해 버린다. 리더는 집단원이 정서를 표현할 때 심리적으로 그 순간에 함께 있을 수 있어야 한다. 정서적 강렬함으로 인해 리더가 위협을 느끼면 집단원이 정서를 경험하고 처리하지 못하게 주의를 딴 데로 돌리기도 한다. 집단원이 아니라 우리 자신의 욕구를 채우기 위해 정서를 불러일으키는 기법을 사용하는 것에 특히 주의를 기울일 필요가 있다.

카타르시스의 치료적 가치와 정서적 반응을 일으키는 기법의 적절한 사용에 대해 좀 더 알고 싶다면 『집단상담 기법(Group Techniques)』(Corey, Corey, Callanan, & Russell, 2015)을 참고하기 바란다.

집단원들은 언제든 원할 때 집단을 떠날 수 있는 자유가 있어야 하는가?

사전동의의 과정에서 초기 집단 회기에 집단을 떠날 수 있는 자유에 대한 리더의 태도와 방침을 설명하고 논의해야 한다. 나는 집단원들에게 모든 회기에 참석하고 만약 회기에 불참하게 되거나 집단을 떠나기로 결정했다면 나에게 알려 주기 바란다고 말한다. 집단원들이 집단에 남도록 지나치게 압력을 주거나 논쟁하고 싶지 않지만 그들이 아무 말도 없이 집단을 떠났을 때 그들 자신과 집단 전체에 심각한 영향을 줄 수 있음을 강조한다.

참여자들은 다양한 이유에서 집단을 떠나기로 결정할 수 있다. 그러나 치료사와 다른 집단원들에게 그들이 떠나고 싶은 이유를 설명할 책임이 있다고 생각한다. 집단을 떠나게 만든 이유에 대해 이야기하지 않고 떠나는 것은 집단원들에게 해가 된다. 불행히도 집단원들은 그들이 받은 피드백을 오해하고 집단을 떠나기도 한다. 만약 어떤 사람이 다른 집단원들이 말하거나 행동했던 것 때문에 집단을 떠난다면 이는 다른 집단원들에게 악영향을 미친다. 만약 집단원이 전체 집단에 집단을 떠나는 이유를 알린다면 다른 집단원들은 그 사람이 집단을 떠나기로 한 결정에 자신들이 어떤 역할을 했는지 명확히 알 수 있는 기회를 가질 수 있다. 만약 한 집단원이 아무 말 없이 그냥 집단에 참석하지 않는다면 나는 그 사람에게 연락을 해서 참석하지 않은 이유를 탐색할 것이다. 집단에 참여하면서 생긴 해로움으로부터 개인을 보호하기 위해 내가 할 수 있는 모든 것을 해야 할 윤리적 책임이 있다.

집단상담 기법이 어떻게 작업을 심화시키는가?

나는 집단에서 펼쳐 놓은 것을 작업하기 위해 다양한 접근을 활용하는데, 집단원들에게 내가 사용하는 집단상담 기법과 실험의 역할에 대해 전반적으로 알려 준다. 내가 활용하는 기법은 집단원들이 집단에서 자신의 문제를 어떻게 탐색하는지에 초점을 두고 이루어진다. 나는 집단원들 사이에 무언가가 항상 일어난다는 신념을 갖고 있기 때문에 집단에서 무엇이 일어나도록 하는 기법을 사용하지 않는다.

보통 나는 참여자들의 작업 속에서 자연스럽게 기법을 활용하며 회기의 상황에 맞춰 간다. 집단원들이 집단을 안전한 장소로 경험한다면 더 깊이 있는 작업으로 나아가고 싶어 한다. 학생들은 종종 내가 소개한 기법을 따르고 싶어 하지 않는 집단원을 어떻게 할 것인지 묻는다. 나는 직면하기보다는 초대하는 스타일이어서 집단원들이 좋아하지 않는 것을 하도록 강요하거나 압력을 가하지 않는다. 내가 할 수 있는 질문은 다음과 같다.

- "한번 ……를 시도해 보는 게 어때요?"
- "당신이 집단에서 해 볼 수 있는 실험이 하나 있는데요. ……

하는 것에 관심이 있으신가요?"

- "당신이 방금 말한 것을 좀 더 해 보고 싶지 않으세요?"
- "당신에게 어울리는 것을 한번 시도해 보고 어떤지 보시겠어요?"

기법을 선택하면서 나는 집단원들의 작업을 어떻게 확장할 수 있는지 혹은 집단에서 무엇이 일어날지에 대해 생각한다. 집단 내에서 발생하고 있는 것에 기반을 두고 집단원의 욕구에 맞춰 기법을 적용하는 것을 목표로 한다. 상담 전략을 도입할 때 가장 중요한 것은 타이밍이다. 만약에 내가 개인적 경계(boundary)를 존중하지 않고 변화에 대해 그들이 준비된 것 이상을 밀어붙이면 이것은 역효과가 나고 해로울 수 있다.

나는 지시적이기보다는 집단원들이 제공하는 단서와 에너지를 따라가면서 실천한다. 예를 들어, 방을 둘러보다가 집단원들이 집단에 몰입하지 못하고 있는 다양한 신호를 볼 수 있다. 이 경우 집단원들에게 이 순간 무슨 생각을 하고 있는지 말하게끔 하는 기법이 유용하다. "여기 대부분이 침묵하고 있고 서로에게 반응하지 않고 있네요. 여러분 각자가 지금 어떤 생각들을 하고 있는지 듣고 싶어요."라고 말할 수 있다. 집단이 계속 진행되면서 무엇이 일어나고 있는지를 평가하도록 집단 참여자들을 가르치는 것은 집단원들이 집단 목표의 방향을 결정하는 데 적극적으로 참여할 수 있게 하기 때문에 치료적으로 유용하다. 나와 집단원들 사이의 관계와 집단원들 서로 간의 관계의 질이 집단의 과정을 평가하고 이전에 회피했던 영역으로 내담자를 초대하는 최적의 타이밍이 언제인지를 판단할 수 있게 해 준다.

이 주제에 대해 좀 더 알고 싶으면, 『집단상담 기법(Group

Techniques)』(Corey, Corey, Callanan, & Russell, 2015)을 참고하기 바란다.

집단상담에서 지금-여기에 초점을 두는 것은 어떤 가치가 있는가?

여러 치료적 집단에 집단원으로 참여했을 때, 집단 리더가 나에게 문제 상황을 이야기하면서 사실만 쭉 나열하듯이(storytelling) 말하지 말라고 하였다. 때때로 리더는 내가 이야기하고 있는 그 사람을 상징적으로 방에 데리고 와서, 내가 그(그녀)와 함께 방에 있는 것처럼 직접 그 사람에게 이야기해 보라고 하였다. 나는 문제에 대해 이야기하는 것과 그 사람에게 직접 이야기하는 것의 놀라운 차이를 알게 되었다. 상징적으로 그 사람을 현재에 데리고 오는 것이 내가 정서적으로 몰입하는 데 도움을 주었다. 집단원으로서 '지금-여기에서' 작업하는 것이 치료적이라는 것을 몸소 경험하였다.

집단상담사로서 나는 집단상담 시 이러한 현재 중심적 초점의 중요성에 대해 알려 주고 있다. 집단원들은 종종 자신의 문제 상황과 그들의 행동에 대한 이유를 자세히 설명한다. 나는 집단원들이 걱정을 이야기하면 실연(enactment) 기법을 통해 이 문제를 생생하게 만들도록 초대하는 편이다. 집단원들이 현재 혹은 과거의 문제나 예상되는 상황, 집단 밖에서 일어난 문제 등을 가져오면 나는 그것이 현재 집단의 장에서 어떻게 나타날지 탐색한다. 라이브 상담 시연에서 내가 '지금-여기에서'를 명시적으로 강조하는 것을 본 학생들이 이 접근의 근거에 대해 질문하였다.

집단에서 상징적으로 지금-여기를 탐색하는 한 예가 〈집단의 발달(Evolution of a Group)〉이라는 비디오 시나리오에 있다. 비디오에서 케이시(Casey)라는 한 집단원이 코리더인 메리앤 코리(Marianne Corey, 어머니 역할)와 역할연기를 하였다. 케이시는 그녀가 동성애자이고 자신의 성적 지향을 어머니에게 비밀로 하고 있는 것에 대한 슬픔을 공개하였다. 케이시는 다른 사람들이 자신에 대해 판단하는 것에 대해 두려워했다. 그녀는 두려움을 탐색하고 나서 사람들이 그녀를 배려하며 수용한다는 것을 알게 되어 집단에 대한 신뢰 수준이 높아졌다. 메리앤은 엄마와 이야기하는 역할연기를 하면서 그녀의 모국어(베트남어)로 하는 것이 의미 있을 것이라고 제안하였고, 케이시는 이에 동의하였다. 케이시는 그녀의 상징적 엄마에게 자신이 동성애자라고 밝히기 시작했다. 케이시가 "엄마가 뭐라고 대꾸하실까 계속 생각했어요."라고 말한 순간, 메리앤은 케이시에게 역할을 바꿔서 '엄마가 되어 보고', 자신이 털어놓은 것에 대해 엄마가 뭐라고 말할지 상상해서 표현해 보라고 하였다. 케이시는 지금-여기에서 엄마에게 직접적으로 이야기하는 것이 매우 의미 있고 치유적이라고 했다. 상징적 역할연기 상황에서 케이시가 엄마에게 모든 것을 다 이야기하도록 독려하지 않았다. 엄마에게 이야기할지 말지, 언제 이야기를 시작할지는 케이시에게 달려 있다. 만약 케이시가 엄마에게 다가가지 않기로 했다면 집단에서 그녀의 작업은 다른 중요한 통찰로 이어질 것이다. 케이시의 엄마는 케이시가 원하는 삶을 살고 싶은 결정에 결코 동의하지 않을 수도 있지만 케이시는 인간으로서 자신에 대한 확신을 갖게 되었다.

집단과 함께한 경험을 통해 나는 과거, 현재, 미래가 모두 중요하지만 행동은 현재 순간에 가장 잘 발현된다는 것을 계속에서 배우고 있다. 과거는 지나갔고 미래는 아직 오지 않았지만 현재 순간은 가능성 속에서 살아 있다. 당신이 과거나 예상되는 미래 상황에서의 어떤 것에 대해 이야기할 때마다 나는 당신을 지금 여기로 계속 데리고 올 것이다. 힘은 현재 속에 있다.

내가 설명한 이런 관점에서 내담자를 상담하는 것이 중요하다는 것을 알았다면, 내담자에게 이러한 접근을 활용하기 쉬울 것이다. 체험적 역할연기를 할 때 내담자를 지금-여기에 몰입시키기 위해 당신 자신의 경험을 이끌어 내는 것이 유용하다. 집단원들을 지금-여기에 데리고 와서 작업하는 방법을 배우기 위한 가장 좋은 방법은 당신이 상담을 받으면서 그것을 해 보았던 경험을 토대로 하는 것이다.

'지금-여기'로 문제를 가져오도록 집단원들을 격려하는 방법에 대한 시범을 보고 싶다면 비디오 프로그램인 〈집단의 전개과정(Groups in Action: Evolution and Challenges)〉(Corey, Corey, & Haynes, 2014)을 시청하기 바란다.

집단 작업을 시작할 때 경험했던 어려움은 무엇이었나?

집단 작업에 관한 첫 번째 난관은 집단을 만들고 집단원을 모집하는 과정이다. 개인상담센터, 학교 혹은 지역 협회 같은 다양한 상황에서 모두 그러하다. 내가 대학 상담센터에서 일할 때 몇몇 동료는 집단을 열고 싶지만 대학생들이 너무 바빠서 집단에 참여할 여력이 안 되거나 집단에 참여하는 것의 가치를 잘 모르기 때문에 할 수가 없다고 불평했다. 집단을 홍보하고 대학생들을 모집하기 위해 나는 캠퍼스에 있는 다양한 심리학과 건강 교육 수업에 찬조 강의를 하면서 스트레스 다루기, 관계 문제 다루기, 개인상담을 자기 돌봄의 원천으로 활용하기 등과 같은 주제에 대해 이야기했다. 나는 학생들에게 상담센터에서 어떤 서비스를 받을 수 있는지와 나와 내 동료들이 만든 다양한 종류의 집단에 대해 설명해 주었다. 상담센터에 방문해 보라는 나의 초대에 학생들은 고마워했고, 결국 개인상담과 교육상담을 받는 학생 수가 늘어나고 집단이 채워지기 시작했다.

집단 구성을 시작하는 좋은 방법은 대학 캠퍼스에서 요구 조사를 하는 것이었다. 많은 학생이 폭력, 강간, 성희롱, 인종주의 혹은 차별의 희생자였던 적이 있다. 진로 발달과 진로 계획 집단, 불안 관리 집단, 스트레스 관리 집단, 애도 집단, 문화 정체성 집단, 성인 학습자 집단, 관계 문제를 가진 사람들을 위한 집단, 신체상을 다루는 집단, 트라우마 생존자를 위한 집단, 자기존중감 집단, 아동기 성적 학대 생존자 집단, 개인 정체성 집단 등은 학생들의 중요한 요구를 다룰 가능성이 있는 집단들이다. 대학 캠퍼스에서 다양한 집단을 개발해 봤던 경험상, 효과적인 집단 작업은 대상자들의 요구와 상담사의 창의성 그리고 집단을 만드는 데 드는 노력에 달려 있다. 이러한 집단은 학생들이 그들 삶에서 개인적 · 사회적인 부분을 관리하는 기술과 통찰을 습득할 수 있도록 해 주는 지지적 분위기를 제공한다. 집단에 참여하면서 학생들은 새로운 관계 형성, 자기 정체성에 관련된 문제에 대처하기, 억압을 다루기 등과 같은 삶의 도전과 변화를 효과적으로 다룰 수 있게 된다. 대학에서 집단 작업을 하면서 나는 치료적이고 심리교육적인 집단이 다양한 대학생의 요구에 부합하는 가성비 좋은 방법이라는 것을 알게 되었다. 또한 이러한 집단을 진행하는 것은 집단을 열기 위해 들인 노력만큼 가치가 있고 매우 보람된 일이라는 것을 알게 되었다.

성찰을 위한 질문

1. 당신이 집단에 참여할지를 고민하면서 결정을 하기 위해 알고 싶은 정보는 무엇인가?
2. 집단 작업을 하면서 가치 있고 유익하다고 생각한 부분은 무엇인가?
3. 집단이 안전하고 신뢰할 수 있다고 느끼기 위해 당신은 무엇이 필요한가?
4. 당신이 집단을 개발한다면 어떤 종류의 집단을 만들고 싶은가?
5. 대학원 과정에서 집단 작업에 대한 어떤 종류의 강의와 훈련을 받았는가? 집단 작업에 대해 당신이 받은 교육과 훈련 과정에 대해 어떻게 생각하는가?

11장

윤리적인 상담사 되기

Personal Reflections on Counseling

도입

내담자와 작업하면서 상담사들은 때때로 윤리적인 결정을 해야 하고 이러한 결정의 결과에 대한 책임을 져야 한다. 윤리적인 문제에 봉착했을 때 우선 동료들이나 수퍼바이저, 전문가에게 자문을 구해야 한다. 오랜 현장 경험이 있는 상담사라 할지라도 이러한 문제에 대한 자신의 생각을 점검해 볼 수 있도록 해 주는 동료의 자문이 큰 도움이 될 수 있다. 혼자서 이런 결정을 해야 할 필요가 없다. 윤리적으로 상담할 수 있는 방법에 대해 당신과 함께 생각해 보고 당신을 도와주는 사람들에게 손을 내밀라.

당신은 상담 현장에서 맞닥뜨린 윤리적 문제들을 해결해 왔다고 믿고 있을지 모른다. 그러나 상담사로서 경험이 쌓이면 이러한 주제는 종종 새로운 국면을 맞이하게 된다. 윤리적인 상담사가 된다는 것은 자기성찰, 열린 마음, 다른 전문가들에게서 자문받기, 계속적인 재검토가 필요한 발달 과정이다. 이 장의 질문과 답을 읽어 가면서 윤리적인 상담을 하기 위해 당신에게 필요한 것이 무엇인지 숙고해 보자. 어떤 답을 통해 윤리적으로 상담하는 것에 대한 당신의 새로운 견해를 발전시킬 수 있을까?

윤리적인 상담 실무자가 되기 위해 무엇이 요구되는가?

효과적인 상담을 하기 위해 윤리 규정을 아는 것은 매우 중요하다. 그러나 윤리조항은 단지 일반적인 규준을 제시해 준다. 상담사들은 상담 실제에 대한 법적 측면을 알아야 할 필요가 있지만 법을 준수하는 것이 윤리적인 상담을 하는 데 충분한 것은 아니다. 나는 학생들이 의료 과실 소송을 피하는 데만 급급하지 않기를 바란다. 당신이 내린 윤리적인 결정이 당신과 내담자의 삶을 변화시킬 수 있다는 사실을 아는 것이 중요하다.

나의 학생들은 많은 복잡한 윤리적 딜레마 상황에서 몇 가지 훌륭한 해결책을 찾아내는 것에 대해 배운다. 윤리적 상황에서는 유일한 최선의 답이 존재하지 않는다. 윤리적 딜레마 상황에서는 좀처럼 명백한 답을 찾기가 어렵고 회색 지대를 다루고 모호함을 견디는 인내심을 가져야 한다. 내담자에게 최선의 선택을 하기 위해 당신은 건전한 판단을 내려야 하는 상황에 자주 처할 수 있다. 윤리적인 상담사가 되기 위해서는 사전에 동의된 건전하고 책임감 있는 판단을 내리는 것이 필요하다.

윤리를 가르치는 것에 왜 흥미를 갖게 되었는가? 상담 교육과정에서 학생들은 윤리 수업을 어떻게 받아들이는가?

우리는 상담 박사과정에 다니면서 별도의 윤리 과목을 수강하지 못했다. 몇 가지 윤리적 주제에 대해 몇몇 과정에서 다루지만 윤리적 의사결정에 대한 체계적인 모델을 배우지는 못했다. 우리가 상담 실제에서 만날 수 있는 윤리적 딜레마를 어떻게 다루는지에 대해 관심을 거의 기울이지 않았다. 윤리적 딜레마를 다루는 체계적인 접근이 부족하기 때문에 나는 상담하면서 겪었던 전문가적 · 윤리적 문제에 대해 읽고 연구하기 시작하였다.

1970년대 중반, 나는 학부생과 대학원생 각각을 위한 윤리 교과과정을 가르치기 시작했다. 많은 학생이 두려움과 공포를 갖고 윤리 교과과정을 수강했고, 의료과실 소송을 제기한 화난 내담자나 자격증 위원회와 문제가 생기지 않기만을 바랐다. 교과과정을 시작하면서 학생들은 애매모호한 것과 씨름하고 싶어 하지 않았고 대신에 명확한 답을 기대했다. 윤리 교과의 목표 중 하나는 학생들이 윤리적 결정에 대한 사고방식을 개발하도록 돕는 데 있다. 나는 윤리적 질문 각각에 대해 생각하기보다 학생들이 윤리적 문제나 딜레마의 다양한 측면을 탐색할 수 있도록 하는 모델을 가르치는 데 초점을 두었다. 우리는 윤리조항의 목적과 이러한 조항이 윤리적 결정을 하는 데 어떤 역할을 하는지에 대해 이야기를 나누었다. 결국 학생들은 단순히 윤리조항을 배우는 것만으로는 윤리적 실제를 확실히 알 수 없다는 사실을 받아들이게 되었다. 내담자 각각의 상황이 독특하고 전문적 판단에 기초한 해결책을 요구하기 때문에 윤리조항을 기계적으로 암기하여 적용할 수 없다는 것을 깨달았다. 처음에 학생들은 윤리 교과과정에서 사실과 규칙에 대해 암기하는 것을 기대했지만 그들은 곧 태도를 바꿔서 우리가 탐구해야 할 주제와 사례를 열정적으로 개발하였다. 윤리적 기초를 잘 갖추는 것은 유능한 상담사가 되는 과정의 일부이다. 만약 당신이 나의 윤리 수업에 온다면 이러한 메시지를 듣게 될 것이다. 기꺼이 질문하면서 당신이 무엇을 하고 있는지 성찰하라. 겸손해지라. 그리고 당신이 모든 정답을 갖고 있다고 생각하지 말라.

학생들은 윤리에 대해 생각하는 데 얼마나 많은 개인적 성찰이 요구되는지와 윤리적 질문에 대해 종종 다양한 답이 존재할 수 있다는 것을 인정하게 되었다. 윤리조항은 정보와 가이드라인을 줄 수 있지만 비판적 사고를 대신할 수 없다. 상담 실제에서 윤리 규정을 지키는 것만으로는 충분하지 않다. 이러한 조항은 사전에 동의된 전문적 판단과 선의(good will)까지 대신할 수 없기 때문이다.

상담전문가 집단의 윤리조항에서는 무료 상담 활동을 추천한다. 무료 상담 서비스를 제공하지 않으면 비윤리적인 것인가?

전국사회복지사협의회(National Association of Social Workers), 미국상담학회(American Counseling Association), 미국심리학회(American Psychological Association)의 윤리조항에는 모든 상담사가 일정량의 전문적인 시간과 기술을 할애하여 재정적 보수를 기대하지 않고 서비스하여 사회에 공헌하는 것을 독려하고 있다. 당신이 무료 상담 서비스를 제공하지 않기로 결정했다고 하여 당신을 함부로 판단할 수 없다. 당신의 생활환경을 고려해서 만약 가능하다면 얼마간 약간의 보수를 받을지 혹은 무료로 공헌할 수 있을지를 스스로 결정할 필요가 있다.

무료 상담 봉사는 심리적 서비스를 필요로 하지만 비용을 감당할 수 없는 사람에게 도움이 되고 공동체에 환원하는 좋은 방법이다. 부족한 재정 자원을 가진 사람들과 작업하는 것은 당신의 경험을 넓히고 기술을 널리 알릴 수 있게 해 준다. 부유한 내담자들에게는 일어나지 않는 문제를 가진 내담자와 작업할 기회를 갖는 것은 당신이 더욱 균형 잡힌 상담사가 될 수 있게 해 준다. 다양한 내담자 집단과 무료 상담 활동을 하다 보면 다문화 상담에 대한 능력도 향상된다. 더불어 무료 상담 봉사를 통해 일자리를 찾을 수도 있다.

무료 상담 활동을 포함한 윤리에 대해 논의할 때 **의무적**(mandatory) **윤리**와 **지향적**(aspirational) 윤리를 함께 살펴보는 것이 유용하다. 의무적 윤리는 상담 규정과 같이 상담사가 최소한 지켜야 하는 기초적 수준의 윤리적 기능을 포함한다. 지향적 윤리는 높은 수준의 상담 규준을 말하는데 상담사들이 윤리조항의 정신에 부합하는 행동을 하도록 요구한다. 첫 단계로서 의무적 윤리를 지키는 상담사는 일반적으로 자격 위원회에 의한 전문가 견책이나 연방법의 법적 조항으로부터 안전할 수 있다. 더 높은 수준의 윤리적 기능인 지향적 윤리를 통해 상담사는 효과적인 상담을 진행하면서 내담자 복지를 최우선으로 하는 책무를 다할 수 있다. 지향적 윤리를 실천하는 상담사는 가능한 한 최선을 다하고 그들의 재능을 다른 사람들과 공유하는 것에 관심을 둔다.

나는 윤리 교과과정을 등록한 많은 학생이 개인과 공동체에 환원할 수 있는 방법을 생각해 보려고 하는 것을 보고 기뻤다. 그들도 현실적으로 적절히 벌어서 먹고 살아야 하지만 사람들을 위한 최선의 방법을 찾는 데 열렬한 관심을 가져야 한다. 나는 비용을 지불할 형편이 안 되는 집단에 자문을 해 주는 것과 같은 나만의 무료 상담 활동을 통해 지향적 윤리를 실천하는 모델을 만들었다. 또한 종종 무보수로 대학 프로그램에서 강연을 하기도 하고 매 학기 다양한 대학에서 상담을 가르치는 동료들 몇몇을 위해 스카이프(Skype) 회기를 진행한다. 금전적 보상이 없이도 이러한 발표를 하면서 다른 사람들과 아이디어를 공유하는 것이 내게 보상이 된다. 상담사 커리어를 쌓으면서 나는 돈을 벌어야 할 필요성과 다양한 무료 상담 활동을 제공하려는 바람 사이의 균형을 유지해 왔다. 이렇게 하는 것에 대해 전혀 후회가 없다.

윤리적 딜레마에 처했을 때 이를 해결하는 데 도움이 될 만한 의사결정 모델이 있는가?

당신이 윤리적 딜레마에 봉착하게 되면 윤리적 의사결정 과정에 대해 숙고해야 할 것이다. 동료들과 나는 이 분야의 저술가들이 쓴 다양한 모델에 대해 읽어 보았고 윤리적 문제를 다룰 때 활용할 수 있는 윤리적 의사결정 모델을 8단계로 개념화하였다(Corey, Corey, & Coery, 1999 참조). 윤리적 문제를 생각하면서 경직된 방식으로 단계를 밟아 나가거나 이러한 8단계 과정을 윤리적 문제를 해결하기 위한 선형적 과정으로 생각해서는 안 된다. 내담자와 동료, 기관 내 직원들, 다양한 전문가와 논의하면서 여러 단계를 계속해서 순환할 수도 있다. 이러한 단계를 통해 자기성찰이 이루어지기 때문에 나는 독자들이 의사결정 과정을 경험하면서 새로운 관점에 대해 열린 마음을 갖길 바란다.

1. 문제나 딜레마를 확인하라: 문제나 딜레마의 본질을 알아보기 위해 상황을 명확히 해 줄 모든 정보를 모으라. 갈등이 윤리적 · 법적 · 임상적 · 문화적 · 전문적 혹은 도덕적인 것인지 또는 이 모든 것이 합쳐진 것인지를 명확히 하라. 윤리적 딜레마

를 해결하기 위한 첫걸음은 문제가 존재한다는 것을 알아차리고 그 특성을 확인하는 것에서 시작된다.

2. 연관된 잠재적 사안들을 파악하라: 상황에 영향받는 모든 사람의 권리, 책임, 복지에 대해 평가하라. 문화, 인종, 사회경제적 지위 그리고 종교나 영적 배경과 같은 내담자 상황과 관련된 모든 문화적 측면을 포함하여 이 상황의 문화적 맥락을 고려하라. 적절하고 가능하다면 상황의 잠재적 문제를 확인하는 데 내담자를 포함시키라.
3. 관련된 윤리 규정을 적용하라: 전문가 조직의 규정이 그 문제에 대한 가능한 해결책을 제시하는지 고려해 보라. 윤리적이거나 법적인 상황과 관련된 특정 문제에 대해 전문가 조직으로부터 지도를 받을 수도 있다.
4. 적용 가능한 법과 규정을 알고 있으라: 윤리적 딜레마에 관련된 적용 가능한 주별 규정이나 연방법의 최신 정보를 잘 알아 둘 필요가 있다. 그러나 딜레마를 해결하기 위해서 법과 규정에 대한 지식만으로는 충분하지 않다.
5. 자문을 구하라: 윤리적 결정을 혼자서 내릴 필요는 없다. 가능한 최선의 결정을 내리기 위해 관련 영역에 대해 다른 관점에서 몇몇 동료에게 자문을 받는 것이 좋다. 자문을 통해 당신이 고려하지 못했던 아이디어를 얻을 수 있고 객관성을 확보하는 데 도움을 받을 수 있다. 이렇게 하면서 당신은 법적인 책임으로부터 보호받을 수 있다.
6. 성취 가능하며 개연성 있는 행동 방침을 고려하라: 상황을 다룰 수 있는 다양한 선택지를 확인하고 가능한 범위의 행동에 대해 생각해 보라. 확인된 가능한 해결책에 대한 윤리적이고 법

적인 함의를 고려하라. 실행 가능성에 대해 생각해 보면서 이러한 대안을 다른 전문가들뿐만 아니라 내담자와도 논의해 보고 이러한 논의를 기록하라.

7. **결정의 다양한 결과를 고려하고 분석하라:** 각 행동을 수행하는 과정에서 발생할 수 있는 잠재적인 위험과 이익을 고려하면서 결정 후의 다양한 가능한 결과를 점검하라. 행동의 다양한 결과에 대해 내담자와 함께 이야기를 나누면서 내담자에게 힘을 북돋아 줄 수 있다. 윤리적 딜레마를 다룰 때에는 바라던 한 가지 결과보다 다양한 결과가 있을 수 있다는 것을 인식하기 바란다.
8. **최선의 행동 방향을 결정하라:** 최선의 결정을 내리기 위해 얻은 정보들을 고려하라. 일단 행동을 결정하면 상황에 따라 계획을 수정할 수 있는 가능성을 열어 두어야 한다. 결정의 결과에 대해 문서로 기록하고 기록의 내용에는 문제를 해결하기 위해 취한 모든 추가조치에 대해서도 포함시키는 것이 좋다. 결정 과정에서 도움이 되었던 자문을 기록해 두라.

이 의사결정 모델을 윤리적 실제에 어떻게 적용하는지 보여 주기 위해 공동 프로젝트에서 나와 메리앤이 이 모델을 어떻게 적용했는지에 대해 설명하겠다.

수년간 많은 상담교육가가 다양한 집단의 발달 단계를 생생히 보여 주는 집단상담 비디오를 찍어 달라고 요청했다. 우리는 자신의 개인적 문제와 관심을 기꺼이 표현하는 집단원들과 함께 교육적 비디오를 만들고 싶었다. 대본을 따라 하는 배우를 쓰고 싶지 않았고, 집단원들이 제한적으로 역할연기만 하기를 바라지도 않았다. 우리는 8명의 집단원과 3일간의 숙박 집중 집단을 운영하여 최종적으로 2시간짜리 교육용 비디오를 제작하였다. 우리는 이 비디오가 집단상담 교육과정에 가치 있는 교육용 도구가 될 것이라 믿었고 이 프로그램을 수행하고 제작하는 데 관련된 잠재적인 윤리 문제에 대해 숙고해 보았다. 집단에 참여하는 사람들에게 해가 되거나 그들을 부당하게 이용하는 것을 최소화할 수 있는 몇몇 방법을 소개하겠다(단계 1). 괄호 안에는 모델의 단계를 제시한다.

이 프로젝트를 시작하기 전에, 우리는 다양한 대학의 상담교육가나 동료에게서 자문을 받았다. 그들은 제안서에 피드백을 주었는데, 우리는 관련된 윤리조항을 놓치지 않으면서 상담 비디오를 만들기 위해 이 피드백들을 고려하였다. 제안서를 검토한 사람들은 우리의 프로젝트를 지지해 주었다. 동료 교수들과 비디오에 참여한 집단원들의 자문 결과를 주의 깊게 살펴보면서 우리는 배우나 대본에 기초한 프로그램에 의지하기보다는 실제 집단을 실시할 수 있을 것이라는 자신감이 생겼다(단계 5).

이 교육 프로그램에 참여할 사람들을 선별하고 준비하는 데 관련된 윤리적 문제가 있다. 우리는 수많은 이전 학생에게 연락을 해서 이 집단에 참여하는 데 관심이 있는지 물었다. 우선 그들이 이 프로젝트에 지원자가 될 수 있고, 다양성의 측면을 보여 주는 집단을 어떻게 구성할지 결정되면 알려 주겠다고 말했다.

이 프로젝트에 참여하면 어떤 것을 하게 될지에 대해 설명하기 위해 선별된 집단원들과 사전 모임을 가졌다. 윤리조항을 살펴보니 상당수의 규정이 우리 프로젝트에 관련되어 있었다. 사전동의, 힘을 남용하지 않기, 착취하지 않기, 참가자에게 해를 가하지 않기, 비밀보장의 한계 등이 해당된다. 우리는 집단 참여를 고려하는 사람들이 자신의 권리와 책임이 무엇인지, 우리로부터 무엇을 기대할 수 있는지, 우리는 그들에게 무엇을 기대하는지, 윤리적 실제를 위해 어떤 안전장치를 마련하는지에 대해 충분히 알고 시작하기를 바랐다. 이 교육적 비디오의 목적에 관해 명확히 하고 당황하지 않기를 바랐다. 사전동의 과정을 첫 만남부터 진행했고 촬영하고 편집하는 과정 내내 계속해서 하였다(단계 2와 3). 우리의 가장 큰 관심은 집단에 참여하는 사람들의 신뢰를 악용하지 않는 것이었다. 집단원들이 그들의 진짜 문제에 대해 작업하는 것은 용기 내어 그들의 취약함을 드러내는 것임을 알고, 우리는 이 사실을 존중한다(단계 3).

이 비디오 프로그램은 법적인 측면에서 고려될 필요가 있었다. 예를 들어, 이 비디오는 집단상담 수업에서 많은 학생이 보게 될 것이므로 비밀보장이 안 될 수 있다(단계 3과 4). 모든 집단원은 촬영 전에 프로그램을 교육 기관에 배포하는 출판사에게 권리를 인정한다는 각서에 서명하였다. 우리의 관심은 법적인 측면보다는 이 프로젝트의 윤리적인 요소에 있었다(단계 4와 7).

촬영 전 사전 모임에서 참가자들에게 촬영 중 벌어질 일들과 3일간의 집단을 어떻게 2시간짜리 비디오에 편집할 것인가에 대해 관심을 갖고 질문하도록 독려하였다(단계 5와 6). 일단 집단 수업에서 비디오가 상영되면 집단원들이 생각하지 못했던, 예를 들어 주목받는 것과 같은 문제가 발생할 수도 있음을 질문하였다. 대부분의 참가자는 상담직에 입문하였기 때문에, 상담전문가 학술대회에서 만나는 상담을 공부하는 학생이나 교수 혹은 가족이나 친척들이 그들을 알아볼 수 있을 것이다(단계 6과 7). 상담을 받고 있는 참가자들에게는 촬영 집단의 집단원이 되는 것과 관련하여 상담사에게 자문을 받도록 하였다(단계 5).

모든 참가자는 오리엔테이션을 위해, 그리고 리더, 집단원들, 촬영진들과 친해지기 위해 촬영 전 하루 동안 만났다. 집단 전체가 만나면서 우리는 촬영 과정에 참여할 수 있었고, 그다음 날 촬영 전에 집단원이 궁금한 것이 있다면 다시 한번 물어볼 수 있었다. 집단원들에게 집단을 준비하는 최선의 방법은 마치 촬영하지 않는 것처럼 치료적 집단에 참여하는 것이라고 조언하였다. 최종 프로그램에서 그들이 비디오에서 삭제하기를 원하는 작업 부분을 결정할 수 있을 것이라고 알려 주었다. 촬영을 하면서 매일 저녁에 집단원들은 우리와 감독에게 삭제하길 원하는 특정 부분에 대해 말할 수 있었고, 우리는 그들의 요구를 존중하였다(단계 7). 추가적인 안전장치로서 촬영 후 최종 비디오에 있는 그들이 작업한 특정 부분을 포함해서 추후 고려해야 할 것이 있으면 연락하라고 참가자들에게 말했다. 이러한 부가적인 안전장치로 인해 집단원들은 작업 내용을 활용하기로 동의했다는 부담스런 생각으로부터 벗어나 여유를 갖고 촬영에 임할 수 있었다. 이후 우리는 2시간짜리 최종 비디오를 보면서 모든 참가자와 함께 추후 상담을 가졌다. 이때도 역시 그들은 최종본에 포함되기 원하지 않는 부분을 삭제하도록 요구할 수 있었다(단계 7과 8).

〈집단의 발달(Evolution of a Group)〉은 2000년에 처음으로 출시되었다. 수년이 지나고 학생들과 교수들로부터 비디오를 보고 개인적으로, 전문적으로 어떤 영향을 받았는지에 대해 상당히 많은 피드백을 받았다. 우리는 이러한 피드백을 집단 참가자들과 계속 공유해 왔고 시청자들은 실제 집단을 시청하는 것이 개인적으로나 학습적으로 가치가 있었다고 계속해서 이야기해 주었다(단계 6, 7, 8).

우리의 촬영 프로젝트는 잠재적 윤리 문제에 대해 생각하는 것이 얼마나 복잡한지를 보여 주고 우리의 모델처럼 체계적인 모델이 건전한 윤리적 추론을 하는 데 기초가 될 수 있음을 보여 준다. 윤리적 결정의 과정은 우리가 관련된 모든 사실을 고려하도록 해 주고, 가능한 모든 자원을 활용하도록 하며, 가능한 최선의 방법으로 윤리 문제에 대해 생각하도록 하는 데 목적이 있다.

윤리적 의사결정 과정에 대해 좀 더 읽고 싶은 독자들은 『상담 및 심리치료 윤리(Issues and Ethics in the Helping Professions)』(Corey, Corey, & Corey, 2019)와 『좋은 상담자 되기(Becoming a Helper)』(Corey & Corey, 2021), 『상담에서의 윤리적 · 법적 · 전문적 쟁점(Ethical, Legal and Professional Issues in Counseling)』(Remley & Herlihy, 2020) 그리고 『ACA 윤리 기준 사례집(ACA Ethical Standards Casebook)』(Herlihy & Herlihy, 2020)을 참고하기 바란다. 윤리적 실제의 법적 측면에 대한 좋은 참고서적으로는 『상담자와 법: 법률 및 윤리적 실천 가이드(The Counselor and the Law: A Guide to Legal and Ethical Practice)』(Wheeler & Bertram, 2019)를 보기 바란다.

성찰을 위한 질문

1. 윤리적인 상담사가 된다는 것이 당신에게는 어떤 의미인가?
2. 무료 상담 봉사활동을 한다면 당신은 어떤 방법으로 할 수 있는가?
3. 상담 교육과정에서 윤리 과목을 수강한다면 수업에서 어떤 것을 기대하는가?
4. 지향적 윤리를 지키는 것에 대한 당신의 생각은 어떠한가?
5. 상기한 윤리적 의사결정 모델에 대한 당신의 생각은 어떠한가?

12장

상담에서 경계의 문제

PERSONAL REFLECTIONS ON COUNSELING

도입

대부분 우리는 전문적인 관계에서 다양한 역할 간의 균형을 잡느라 애를 쓴다. 다중 관계와 관련하여 문제가 되는 몇 가지 경우는 내담자와 물건이나 서비스를 교환할 것인가, 친구나 아는 사람을 상담할 수 있는가, 상담실 밖에서 내담자와 어떻게 상호작용할 것인가, 이전 내담자와 사회적 관계를 맺을 것인가에 대한 것이다. 이 장에서는 상담사로서 일할 때 적절히 경계를 세우는 방법에 대해 주로 논의할 것이다. 이 문제는 복잡하기 때문에 많이 생각하고 추론해 보아야 한다. 각 질문에 대한 답을 읽기 전에 당신은 이러한 상황에서 어떻게 할 것인지 생각해 보라.

• • •

경계 넘기와 경계 침해 간에는 무슨 차이가 있는가? 우리는 경계 넘기가 경계 침해가 되지 않도록 어떻게 할 수 있는가?

1960년대 초, 상담 전공 대학원 과정에 있을 때 나는 경계에 대한 어떤 이야기도 좀처럼 듣지 못했다. 몇몇 지침이 있었지만 상담사들은 윤리적인 상황에서 어떻게 해야 할지 스스로 결정해야만 했다. 윤리조항을 마련할 때 핵심적인 측면은 내담자를 보호하기 위해 명확한 경계를 세우는 것이 중요하다는 점이다.

가끔 학생들이 경계 넘기(boundary crossing)와 경계 침해(boundary violations)의 차이를 묻고는 한다. **경계 넘기**란 잠재적으로 내담자에게 이득이 될 수 있는, 규정으로부터 벗어난 상담을 하는 것이라면, **경계 침해**는 내담자에게 해가 될 수 있는 심각한 위반사항을 의미한다. 경계 넘기는 어떤 상황에서는 피할 수 없는 경우가 있고 때로는 이로울 수도 있다. 예를 들어, 내담자가 대학원 과정을 완수할 수 있도록 당신이 격려해 주었기 때문에 내담자가 당신을 졸업식에 초대할 수도 있을 것이다. 유연한 경계는 윤리적인 방식으로 적용될 때 임상적으로 도움이 될 수 있지만, 경계 넘기 사례는 사정에 따라 사례별로 달리 평가되어야 한다.

내담자와 경계 넘기를 하는 것은 이점도 있지만 잠재적인 위험도 있다. **잠재적으로 내담자에게 해가 될 것을 최소화하기 위해 경계 넘기에 대해 생각할 때마다 치료적 관계와 내담자에게 발생할 가능성이 있는 결과들을 고려하라.** 예를 들어, 실직한 내담자와 물물교환을 하기로 하고, 당신의 권위를 이용하여 그녀를 착취하거나 당신이 주는 것보다 더 많은 것을 요구하면 경계 침해가 될 수 있다. 만약 당신이 경계 넘기에 대해 별로 고민하지 않거나 이러한 문제에 대해 내담자와 논의하여 명확한 동의를 구하지 않는다면 순진하게도 당신과 내담자 모두에게 문제가 될 수 있는 경계 넘기를 하게 될 수 있다.

경계 문제를 다룰 때에는 치료적 관계에 어려움을 야기할 수 있는 어떤 경우에도 미리 문제를 예방할 수 있도록 동료들의 자문을 구하는 것이 매우 중요하다. 나는 법적인 문제나 위기 관리 측면에서 크게 걱정은 없다. 대신에 나는 내담자에게 해를 끼칠 위험이 있거나 내담자의 취약성을 이용할 수 있는, 잠재적인 문제 상황을 평가하는 데 관심이 있다. 내가 한 상담과 교육에 대해 동료들과 열린 마음으로 토론하고 자문을 구하는 것과 더불어 경계를 효과적으로 다루고 경계를 침범하기 이전에 잠재적인 결과에 대해 내담자나 학생들과 함께 토론하는 것이 중요하다.

경계 넘기가 때때로 어떻게 도움이 되는지에 대해 더 읽고 싶다면, 『심리치료에서의 경계 문제: 윤리적 · 임상적 탐구(Boundaries in Psychotherapy: Ethical and Clinical Explorations)』(Zur, 2007)를 추천한다.

개인적인 삶과 전문가로서의 삶에서 경계를 다룰 때 어떤 문제가 생길까?

경계 문제는 상담교육가, 수퍼바이저, 기관 내 상담사, 개업 상담사, 학교상담사, 재활상담사, 이 외 특정 분야의 상담사들 모두를 포함하여 다양한 역할을 수행하는 상담전문가의 업무에 영향을 미친다. 모든 조력전문가들은 이중 관계 혹은 다중 관계 속에 잠재된 어려움을 인식하고 다루어야 하며, 치료적 관계에서 적절한 경계를 수립하고 유지해야 한다.

특정 내담자들은 적절한 경계에 관한 당신의 논리에 도전할지 모른다. 그들은 당신과 얼마나 오래 갈 수 있을지 확인하기 위해 당신을 시험하려 할지 모른다. 몇몇 내담자는 당신과 우정을 쌓아 가거나 일종의 사회적 관계를 발전시켜 나가면서 치료적 경계를 벗어날지도 모른다. 이러한 내담자들은 전이를 나타낼 수도 있다. 경계를 무너뜨리려는 이러한 시도를 주의 깊게 지켜보라. 이를 위해 경계에 대한 당신의 의견을 명확히 말하고 치료적 관계에서 당신의 역할과 기능을 알려 주면서 내담자가 원하는 대로 경계를 적당히 풀지 말라.

만약 당신이 상담사, 상담교육가, 임상 수퍼바이저, 혹은 수련 중인 상담사로서 일한다면 명확한 경계를 정의하고 유지할 필요가 있다. 대인 간 경계는 정적인 것이 아니며 당신과 내담자가 함께 작업하면서 점차 가까워짐에 따라 재정의될 필요가 있다. 경계는 당신과 내담자를 가로막는 벽을 의미하지 않는다. 명확한 경계는 관계에 대한 틀과 내담자에 대한 안전망을 제공한다. 경계 문제는 내담자, 학생들, 수퍼바이지에게 해가 될 수 있고 전문적인 관계에서 힘을 더 가진 사람들을 곤경에 처하게 할 수 있다. 건강한 경계를 만들고 유지하는 것은 개인적으로, 그리고 전문가로서 자기돌봄을 수행하는 방법이기도 하다.

경계 문제는 전문가의 영역을 넘어 당신의 개인적인 삶에도 영향을 미칠 수 있다. 만약 개인적인 삶에서 좋은 경계를 수립하고 유지할 수 없다면 전문가로서의 삶에서 적절한 경계를 형성하는 데 유사한 문제를 겪을 수 있다. 적절한 경계를 수립하고 유지하며 더 잘 알아차리는 것을 지속적으로 연습해야 한다. 개인상담을 하고 동료나 친구들과 문제에 대해 토론하고 수퍼바이저와 경계에 대한 문제를 탐색하는 것은 건강한 경계를 강화시키는 좋은 방법이다.

일반적으로 이중 관계와 다중 관계는 비윤리적인가? 그래서 우리는 피해야만 하는가?

대부분의 전문가 조직은 다중 관계가 태생적으로 문제가 될 소지가 있으므로 피해야 한다는 경직된 입장에서 벗어나 보다 중도적인 입장으로 바뀌고 있다. 적절한 경계 세우기, 관심에 대한 잠재적인 갈등 알아차리기 그리고 다중 관계를 다루기 위한 윤리적인 수단과 같은 주제는 대부분의 전문가 윤리조항에서 특히 집중적으로 다뤄져 왔다. 그러나 다중 관계는 때로 복잡하기 때문에 절대적이고 단순한 몇몇 답변만으로 경계 문제에서 발생할 수 있는 윤리적 딜레마를 깔끔하게 해결할 수 없다는 인식이 점차 늘어 가고 있다. 우리는 다중 역할과 책임을 회피하기보다는 효과적으로 관리하는 것을 배워야 한다. 즉, 상담이나 관계 훈련 자체에 내포된 힘의 격차를 다루고 경계 문제에서 균형을 이루며 내담자, 학생, 수퍼바이지에게 해가 될 수 있는 방식으로 힘을 사용하지 않는 것을 배워야 한다.

최근 윤리조항에는 다중 관계를 시작할 때 내포되어 있는 잠재적 문제에 대해 경고한다. 그러나 다중 관계 자체를 금지하지는 않는다. 대부분의 윤리조항은 다중 관계가 피할 수 없거나 이로울 수도 있다는 점을 내포하고 있다. 그러나 다중 관계가 내담자에게 해가 되거나 잠재적으로 내담자를 착취하고 해를 끼칠 때는 비윤리적인 것이다. 만약 전문가로서의 경계가 희미해지면 내담자와 상담사 모두에게 실망을 줄 가능성이 커진다. 우리는 우리 자신을 모니터하고 다중 관계를 맺고 있는 동기에 대해 점검해야 할 책임이 있다. 임상적 정당성이 상당히 확보되지 않는다면 내담자와 하나 이상의 역할이나 관계를 시작하지 않는 것이 좋은 상담이다.

상담에서 다중 관계와 경계에 대한 주제를 계속 읽고 싶다면 『심리치료와 상담에서의 다중 관계: 치료에서 흔한, 피할 수 없는, 의무적 이중 관계(Multiple Relationships in Psychotherapy and Counseling: Unavoidable, Common, and Mandatory Dual Relations in Therapy)』(Zur, 2017)를 추천한다.

소셜미디어에서는 사생활 보호가 최우선시된다. 소셜미디어에 적용되는 경계 문제에서 고려해야 할 것은 무엇인가?

우리 대부분은 테크놀로지에 의존하는 데 익숙해져서 미묘하게 사생활이 침해되거나 부적절하게 경계가 침범될 수 있음을 간과한다. 다양한 형식의 테크놀로지를 사용하면서 의도치 않게 내담자의 사생활 보호를 위반하는 것에 대해 주의를 기울이고 조심하는 것이 제일 중요하다. 사전동의의 일부로 테크놀로지를 통해 의사소통할 때의 사생활 보호에 대해 의논하고, 내담자가 이러한 경계에 대해 동의할 수 있도록 예방적 조치를 취하라. 대부분의 전문가 윤리조항에는 정신보건 종사자들이 상담 과정 중에 테크놀로지 사용의 장점과 한계점에 대해 내담자에게 알려야 한다고 되어 있다. 내담자와 이메일을 주고받기 시작했다면 당신은 이러한 의사소통 방법의 사용에 대한 안전장치를 알아볼 필요가 있다. 예약 시간을 잡는 것과 같은 기본 정보를 교환하는 정도로만 이메일 사용을 제한하는 것이 현명하다. 상담실에서 다룰 문제를 더 탐색하기 위해 이메일을 도구로 사용해선 안 된다.

테크놀로지는 내담자와 상담사 모두의 개인적 · 전문적인 삶에서 경계 혼란을 야기하는 많은 윤리적 문제를 발생시키고, 소셜미디어로 인해 사생활 보호와 개방성 간의 관계가 복잡해진다. 당신이 내담자와 소셜미디어로 연결되어 있다면 경계를 유지한다는 것은 특별한 의미를 지닌다. 따라서 소셜미디어에 대한 방침을 잘 정립하는 것이 중요하다. 현 내담자나 이전 내담자가 페이스북이나 다른 소셜미디어에서 당신과 친구가 되기를 원할 수 있다. 내담자로부터 '친구 신청'을 받는 것은 잠재적으로 윤리 문제를 일으킬 수 있다. 부적절한 다중 관계를 피하고 명확한 경계를 수립하기 위해 개인 계정과 전문가 계정을 분리하여 만드는 것이 좋다.

테크놀로지를 사용할 수 있다는 것이 모든 내담자에게 테크놀로지를 사용하는 것이 적합하다는 것을 의미하지는 않는다. 상담의 목표를 위해 내담자에게 어떤 종류의 테크놀로지를 윤리적으로 정당하게 사용하기 위해서는 잠재적 위험보다 이익이 더 커야 한다.

이 주제에 대해 더 읽고 싶다면『디지털 세상에서의 다중 관계: 이례적인 윤리와 위기관리 문제(Multiple Relationships in a Digital World: Unprecedented Ethical and Risk Management Challenges)』(Reamer, 2017)와『인터넷상의 디지털, 소셜미디어 다중 관계(Digital and Social Media Multiple Relationships on the Internet)』(Kolmes, 2017)를 보기 바란다.

내담자가 신체적으로 접촉하면 어떻게 할 것인가?

이 질문에 대한 답은 언제, 어디서, 어떻게, 왜 내담자가 접촉하는

가에 달려 있다. 상담 마지막에 당신에 대한 감사의 마음이나 맞닿은 느낌을 몸짓으로 표현하고자 부드럽게 터치한 것일 수 있다. 다른 한편으로 내담자의 접촉이 추파를 던지는 몸짓이거나 당신에게 위로받고 싶은 것일 수도 있다. 내담자의 접촉에 대한 당신의 반응에 초점을 두고, 내담자의 접촉 동기에 대해 내담자에게 묻지 않고 함부로 추측하지 말라. 접촉에 대한 당신의 반응을 내담자에게 솔직히 말하되 판단하지 말라. 만약 내담자의 접촉에 불편함을 느낀다면 이에 대해 내담자에게 이야기하는 것이 치료적 측면에서 필요할지도 모른다. 접촉이 치료적 기법으로 사용되어서는 안 된다. 그리고 당신과 내담자 둘 다에게 안전함을 제공해 주는 경계를 세울 필요가 있다. 만약 내담자와 막 상담을 시작했다면 내담자의 접촉 문제를 수퍼비전 회기에서 다룰 수 있다.

학생들은 안아 주기를 원하는 내담자에 대해 불편함을 느낄 때 어떻게 해야 하는지 질문하곤 한다. 나는 내담자에 대한 그들의 불편함을 탐색하고 내담자가 안아 주기를 원하는 동기에 대해 탐색하라고 제안해 준다. 내담자를 안아 주는 것이 만약 진심 어린 것이 아니라면 나는 권하지 않는다. 포옹에 대한 목적과 적절성에 대한 당신의 주관적인 감을 믿으라. 만약 당신이 신체적 접촉에 대해 불편해한다면 내담자도 당신의 불편함을 느낄 것이다. 이 문제는 세심하게 다루어서 당신이 포옹해 주지 않았을 때 내담자가 거절당하는 느낌이 들지 않도록 하라.

상담에서 성적 의도가 없는 접촉의 치료적인 가치는 무엇인가?

내담자에게 신체적 접촉을 한 상담사들에 대한 과거의 많은 사건은 주로 돌봄과 연민을 표현하기보다는 상담사의 욕구를 충족시키려는 목적에서 이루어졌다. 이러한 지나친 사건들로 인해 전문가 조직에서는 접촉이 의존성을 증가시키고, 내담자가 오해할 수 있으며, 성적인 것으로 변질될 수도 있다는 근거하에 상담사들에게 내담자와의 신체적 접촉의 위험성을 경고하였다. 그러다 보니 일이 지나치게 흘러가서, 상담사들은 소송이 두려워 어떤 접촉에 대해서도 조심스러워졌다. 결과적으로 많은 상담사가 악수하는 것 이상의 접촉에 대해 주저하게 되었다. 나는 성적 의도가 없는(nonerotic) 접촉은 적절할 수 있고 특정 상황에서 몇몇 내담자에게는 의미 있는 치료적 가치가 있지만, 반면에 같은 종류의 접촉도 어떤 내담자에게는 부적절하고 해로울 수 있다고 믿는다.

나는 당신이 인턴십 과정에 있거나 갓 상담사가 되었다면 접촉하는 데 더욱 주의를 기울일 것을 추천한다. 상담 경험이 늘어 갈수록 당신은 접촉의 치료적 가치를 평가하는 나름의 가이드라인을 만들 수 있을 것이다. 접촉은 내담자 요인, 상담 세팅, 상담사의 이론적 지향, 치료적 관계의 질 등을 고려하여 평가될 필요가 있다. 고려해야 할 내담자 요인은 성별, 나이, 문화, 계층, 접촉에 대한 개인적 경험, 호소 문제와 진단 등이다.

접촉에 대한 당신의 동기와 접촉의 타당성에 대해 주의 깊게 평가하는 것이 중요하다. 학대 경험이 있는 내담자들은 신체적 접촉을 성적인 것이나 지배적인 표현으로 해석할 수 있다. 상담사들은 내담자가 접촉을 어떻게 해석하고 반응할지 모르기 때문에 내담자들과의 신체적 접촉에 대해 주의해야만 한다.

상담에서 접촉을 할지 말지 결정할 때 누구의 필요를 충족시키는 것인지를 확인할 필요가 있다. 만약 접촉을 한다면 그것은 자발적이고 성적 의도가 없으며 상담사의 감정을 솔직하게 표현하는 것이어야 한다. 그리고 접촉은 항상 내담자의 이익을 위해 해야 한다. 특히 내담자가 성적인 트라우마 경험을 갖고 있는 경우라면 내담자에게 접촉을 하기 전에 미리 허락을 구하는 것이 좋다. 내담자가 원하지 않거나, 불편해하며 유린당했다고 느끼도록 접촉해서는 절대로 안 된다.

내담자를 상담실 밖에서 만난다면 어떻게 할 것인가?

맥락이 중요하며, 간단히 답할 수 없는 문제이다. 만약 작은 지역에서 상담을 한다면 혹은 당신의 거주지가 직장과 가깝다면 당신은 일상생활을 하면서도 내담자를 만날 가능성이 크다. 이런 일이 발생하기 전에 내담자와 이야기 나누면서, "만약 제가 당신을 상담실 밖에서 만난다면 어떻게 해 주길 바라나요?"라고 간단히 질문해 보라. 내담자를 식료품점이나 지역 내 행사에서 만나 대화를 계속해 나가는 것은 좋은 생각이 아니다. 당신도 내담자도 상담 회기 중에 해야 할 이야기를 거기서 해서는 안 된다는 것을 내담자에게 알려 주라. 대부분의 상황에서는 내담자가 먼저 말하도록 하라. 친절하되 이러한 대화는 짧게 하라. 만약 상담실 밖에서 내담자의 행동이 상담 중 내담자와 작업하면서 보았던 것과 일치하지 않는 것을 알게 되더라도, 전문적인 관계 외에서 당신이 관찰한 것에 대해 이야기하는 것을 권장하지 않는다.

내담자에게 선물을 받는 것은 적절한가? 만약 그렇다면 언제 그리고 어떤 상황에서 가능한가? 언제 문제가 되는가?

대부분의 전문가 윤리조항에는 상담 관계에서 선물을 주고받는 문제에 대해서 언급하지 않는다. 그러나 최근 몇몇 전문가 윤리조항에 이 화제가 언급된다. 문화에 따라 당신이 경험한 것과는 다른 선물 교환에 대한 의례가 있을 수 있다. 만약 당신이 비싸지 않은 선물을 거절하거나 때때로 받은 선물에 대해 답례를 하지 않으면, 이것이 내담자 문화를 거부하는 것으로 보일 수 있는지 생각해 보라. 내담자로부터 선물을 받는 것은 다음과 같은 질문의 측면에서 고려되어야 한다.

- 언제 선물을 제공하게 되는가? 상담 초기에 내담자로부터 선물을 받는 것은 문제가 될 수 있으나 상담 종결 시에는 적절할 수 있다. 언제 내담자에게 선물을 받는 것이 임상적으로 금기시되는지 알고 이를 내담자와 논의하라. 당신에게 선물을 주는 내담자의 동기를 탐색하라.
- 선물 제공에 대한 문화적 시사점은 무엇인가? 문화적으로 다양한 내담자 집단과 상담을 하면서 상담 관계를 증진시키고자 경계를 침범해야 할 필요를 느낄 때가 있다. 내담자의 선물을 받는 것이 적절한지를 평가하는 데 문화적 맥락이 중요한 역할을 한다. 어떤 문화에서는 선물을 주는 것이 감사를 표현하는 일

반적인 방식이다. 몇몇 내담자는 만약 당신이 선물을 받지 않으면 모욕감을 느낄지 모른다.

- 선물의 금전적 가치가 얼마인가? 매우 비싼 선물을 받는 것은 일반적으로 문제가 되고 비윤리적이다. 비싸지 않은 선물은 감사의 징표가 될 수 있다.

몇몇 상담사는 상담 관계의 종결을 앞두고 내담자에게 선물을 준다. 상담사로부터의 선물은 상담 과정 중 내담자가 이룬 성과의 중요한 측면에 대한 상징이 될 수 있다. 혹은 선물은 학습한 중요한 교훈을 기억하거나 내담자의 용기에 대한 감사의 표현이 될 수 있다.

내담자가 선물을 자주 주려고 할 때 어떻게 할 것인가? 이제 막 상담사가 된 사람은 이에 대해 불편함을 느낀다.

만약 당신이 이러한 상황에서 불편함을 느낀다면 이 감정을 무시하는 것은 현명하지 못하다. 상담 중에 내담자와 솔직하게 논의하는 것이 중요하다. 당신에게 선물을 주는 것이 어떤 의미인지에 대해 내담자에게 물어보라. 더 나은 당신의 판단을 따르는 데 부담을 갖지 말자. 선물을 주는 것에 대해 내담자와 명확한 경계를 세우고, 이것이 내담자의 안전과 더 나은 상담 관계를 위한 것임을 설명하라. 그러나 이러한 상황이 내담자들과 여러 번 발생한다면 당신 자신의 행동과 당신이 내담자에게 전달한 메시지에 대해 살펴보기를 바란다.

만약 내담자에게 성적으로, 정서적으로 끌리고 있다는 것을 알게 된다면 이것은 내가 비전문가라는 의미인가?

만약 당신이 내담자가 매력적이라고 느끼면 내담자에게 끌리는 것에 대해 당연히 죄책감을 느끼고 불편할 수 있다. 이러한 성적인 감정을 마치 절대 존재해서는 안 되는 것처럼 다룬다면 당신의 끌림뿐만 아니라 내담자의 끌림도 이야기할 수 없을 것이다. 정서적 혹은 성적으로 끌리는 느낌이 당신이 실수했거나 상담사로서 비윤리적이라는 것을 의미하지 않는다. 그러나 이러한 감정을 혼자 알아차리고 내담자에게는 알리지 않는 것이 중요하다. 무엇보다도 부적절하게 내담자와 성관계를 발전시켜서는 안 된다. 일시적으로 성적인 감정을 느끼는 것이 정상적일지라도 내담자에게 강렬하게 사로잡히는 것은 문제가 된다. 내담자와의 성관계는 언제나 비윤리적이고 불법이며 내담자에게 해가 된다. 이는 현재 내담자와 이전 내담자 모두에게 적용된다.

내담자에게 성적 매력을 느끼고 이를 행동으로 표현하지 않더라도 당신은 죄책감과 불안감을 느낄 수 있다. 이러한 감정을 수퍼바이저나 동료들에게 숨기고 싶더라도 당신의 감정을 알아차리고, 용기를 내어 수퍼비전에 가서 이야기하거나 믿을 만한 동료들과 함께 당신이 이러한 끌림을 어떻게 다루고 있는지 이야기해 보기를 바란다. 특히 당신이 내담자들에게 강렬한 끌림을 자주 느낀다면 이 문제로 상담을 받는 것을 고려해 볼 수 있다. 이 같은 단계를 통해 이러한 끌림의 문제를 다룰 수 있다.

나에게 매력을 느끼는 내담자를 어떻게 효과적으로 상담할 수 있을까?

내담자가 당신에게 어떻게 끌리는지를 주의 깊게 살펴보라. 당신의 따뜻함과 배려에 대해 단순히 감사를 표현하는 것일 수 있다. 그들은 살면서 당신처럼 호감이 가는 사람을 만나고 싶어 할 수 있다. 내담자는 아마 당신을 일주일에 한 번만 보기 때문에 당신을 이상화할 수도 있다. 몇몇 내담자는 당신의 경계를 시험하고자 당신에게 추근댈지도 모른다. 내담자가 당신에게 끌릴 때 그 표현 방식과 숨은 의도를 이해하는 것이 중요하다. 내담자가 당신이 매력적이라고 생각하지만 이러한 끌림에 대해 인정하는 것을 불편해하면, 이러한 내담자의 마음에 대한 당신의 반응을 이야기 나누라. 이 상황에서 당신이 매력적인지 아닌지에 대해 내담자와 이야기하지 말라.

이 장에서 다뤄진 주제에 대해 좀 더 읽고 싶다면『상담에서 경계의 문제: 다양한 역할과 책임(Boundary Issues in Counseling: Multiple Roles and Responsibilities)』(Herlihy & Corey, 2015b)과『ACA 윤리 기준 사례집(ACA Ethical Standards Casebook)』(Herlihy & Corey, 2015a)을 보기 바란다.

성찰을 위한 질문

1. 내담자와 경계를 만들고 유지할 때 무엇이 가장 걱정되는가?
2. 개인적인 삶에서 당신은 효과적으로 경계를 다루고 있는가? 그것이 전문가로서의 삶에서 경계를 유지하는 데 있어 어떤 시사점을 주는가?
3. 상담에서 접촉에 대한 당신의 생각은 어떠한가?
4. 내담자로부터 선물을 받는 것에 관해 당신은 어떤 지침을 갖고 있는가?
5. 내담자와 상담할 때 당신이 침범할 수도 있는 경계에 대한 예시를 들 수 있는가?

13장

상담 내에서의 가치

Personal Reflections on Counseling

도입

상담사들에게 자신의 고유 가치 혹은 가치관들을 이해하고 어떻게 자신의 가치가 내담자와 일을 할 때 영향을 미치는지에 대해서 잘 알고 있는 건 매우 중요하다. 우리는 내담자에게 과도하게 영향을 주는 것을 피해야 할 윤리적인 책임이 있다. 이에 상담사들은 내담자들이 중요시하는 가치가 무엇인지를 이해하고, 그들의 현재 행동들이 그들의 가치관과 일치하는지 그 정도를 살펴보고 그들의 결정을 지지하는 방식으로 내담자와 잘 협력할 수 있다. 내담자의 가치들이 자신에게 잘 맞는지, 그리고 자신의 삶에서 타인과의 관계에서 잘 작용하는지 등을 결정하는 건 내담자의 몫이다. 이 장에서 앞으로 나올 질문들에 대한 나의 대답들을 읽으면서, 당신은 나와 다르게 대답을 할 것인지 궁금하다.

• • •

우리와 매우 다른 가치관을 가진 내담자와 어떻게 잘 협력하여 작업할 수 있을까?

전문적인 상담사들은 다양한 세계관, 믿음 그리고 문화적 정체성을 가진 사람들과 효과적으로 일을 할 수 있어야 한다. 가치의 차이가 다른 상담사를 추천하거나 다른 상담사에게 의뢰하는 윤리적인 근거가 될 수 없다. 상담사의 역할은 내담자의 가치관에 동의 혹은 동의하지 않는 것이 아니며, 그들의 가치에 대해서 판단하는 것 또한 우리의 책임이 아니다. 상담사들은 가치관의 충돌이 있을 것을 예상하고 그 안에서 내담자와 작업을 하며, 자신의 가치보다 내담자의 가치에 더 초점을 맞추어서 작업을 해 나가야 한다. 내담자와의 작업 중 가치관의 충돌을 경험하고 있다는 걸 인지하는 순간에는 "왜 내 가치 체계와 내 내담자의 가치 체계가 일치하는 것이 필요한가?"라는 질문을 곰곰이 생각해 봐야 한다. 만약 가치관의 충돌을 인식하게 되었다면, 이에 대해 수퍼바이저와 의논을 하거나 자문을 구해 볼 필요가 있으며, 그러한 갈등을 성공적으로 해결할 수 있다. 단지 내담자에게 동의하지 않거나, 내담자가 하려고 하는 일들을 그리 좋아하지 않는 것이 문제가 되진 않는다. 만약 상담사로서 만날 다양한 범주의 내담자들을 상담하길 원하지 않는다면, 자신보다 내담자의 안녕감을 우선순위에 두고 객관적으로 행동하는 데 무엇이 방해를 하고 가로막는지를 생각해 볼 필요가 있다.

나는 잠재적인 가치 충돌이 일어나는 상황들을 어떻게 다루면 좋을지에 대해서 자문해 본 적이 있다. 하지만 솔직히 말하자면 나는 상담 경험 내에서 어떤 가치 갈등으로 인한 충돌도 기억해 낼 수가 없다. 확실히 나는 내 내담자들과 다른 가치들을 가지고 있다. 하지만 이러한 다름이 문제가 된다는 건 아직 증명된 바가 없다. 이건 꽤 놀랄 만한 일인데, 그 까닭은 내가 천주교 집안에서 자라났고 초등학교부터 대학원까지 가톨릭계 학교를 다녔기 때문이다. 가톨릭계 학교의 교육에는 절대적인 가치들을 갖게 하기 위한 교리 교육이 포함되었고, 이러한 권위에 대해서 따지거나 질문하지 않고 그냥 받아들이도록 격려받았다. 나는 교육자로서의 직업을 갖고 시작하기 전까지 내가 가진 가치들에 대해서 의문을 가져보지 않았다. 많은 나의 동료 교사는 삶에 대해서 나와 다른 견해를 가지고 있었고, 그중 몇몇 동료는 내가 가지고 있는 다소 협소한 사고방식에 대해서 의문을 던지기도 했다. 나는 내가 가지고 있는 교리, 신앙 관련 믿음들에 대해서 반문하기 시작했고, 나의 개인상담 중에 내 믿음의 근간이 무엇인지 비판적으로 평가하라는 도전을 받곤 했다.

나의 아버지나 어머니는 그렇게 남에게 판단적인 분들은 아니었다. 부모님은 그 시절에 타인에게 매우 개방적이고 수용적이신 편이었다. 부모님의 그러한 태도들은 나로 하여금 나와 다른 사람들을 비판하지 말고 있는 그대로 받아들일 수 있도록 영향을 미쳤다. 내가 상담사로서 일을 하기 시작한 30대 즈음, 나의 믿음 체계는 더 유연해졌고, 나는 다양한 범위의 가치와 세계관을 가진 사람들을 받아들이고 존중하는 법을 배웠다. 요약해 말하자면, 나는 내가 나의 직업적인 삶 혹은 개인적인 삶 모두에서 비판적인 역할은 하지 않았다는 걸 깨달았다. 상담사로서 나는 왜 내담자들이 상담을 받으러 왔는지 스스로에게 물어보았고, 그러한 내 자신에 대한 질문은 나로 하여금 다양한 가치관을 여러 관점에서 볼 수 있도록 도와주었다. 삶에서 나의 경험과 전문상담사로서의 성장 및 변화는 나로 하여금 상담사로서의 내 역할이 내 내담자들의 가치 체계를 평가하는 게 아니라는 점에 대한 확신을 갖게 했다. 상담사로서 우리는 상담은 우리에 대한 것이 아니라 내담자에 대한 것이라는 걸 끊임없이 상기해야 한다. 가치 갈등에 기반한 가치 강요와 다른 상담사에게 의뢰하는 것에 대한 상담사의 윤리에 대한 더 자세한 정보는 「ACA 윤리 규정(ACA Code of Ethics)」(American Counseling Association, 2014)을 참고하기 바란다. 이 주제에 대한 추가적인 읽을거리들로는 『ACA 윤리 기준 사례집(ACA Ethical Standards Casebook)』(Herlihy & Corey, 2015a)이 있다.

내담자를 다른 상담사에게 연계/의뢰하는 건 언제가 적절한가?

다른 상담사에게 연계/의뢰(referral)하는 건 종종 일어나서도 안 되며, 상황에 대한 충분한 고려가 이루어진 후에만 제안될 수 있다. 내담자에게 왜 다른 상담사와의 연계/의뢰를 제안하길 원하는지 상담사인 당신의 이유를 곰곰이 잘 생각해 보는 것은 좋은 훈련이 된다. 만약 내담자가 스스로 생각하기에 당신이 현재 자신에게 가장 적합한 상담사가 아니라고 결정했을 때에는 다른 상담사에게 연계/의뢰하는 게 적절할 수 있다. 하지만 너무 급하게 의뢰를 하기 전에 내담자가 다른 상담사로 바꾸기를 원하는 이유들을 탐색해 보는 것이 중요하다. 내담자와 작업하는 데 요구되는 수준의 지식, 기술, 교육 혹은 훈련이 스스로 부족하다고 생각된다면, 의뢰는 윤리적으로 적절한 행동이다.

나는 상담사가 내담자를 다른 상담사에게 연계 혹은 의뢰하려는 근본적인 실제 이유가 사실 가치관 충돌로 인한 것임에도 불구하고, 특정 내담자를 치료하기에 스스로 충분한 역량이 없기 때문이라고 주장하는 것은 정직하지 못하다고 생각한다. 예를 들어, 상담사가 내담자의 성적 지향에 대해서 매우 다른 가치관을 가지고 있어서 불편감을 느끼고 있을 때 다른 상담사에게 연계 또는 의뢰하는 것은 부적절하며 비윤리적이다. 이성애자 상담사가 자신이 가지고 있는 동성 관계에 대한 도덕적이든 종교적 가치 때문에 자신의 성소수자 내담자를 다른 상담사에게 의뢰하는 건 적절하지 않다.

지금까지 학회 등에서 발표를 해 오면서, 나는 만약 법률에 따라 '양심의 자유'가 허용되는 주에서 상담사가 가진 개인적 가치가 앞서 예로 든 내담자와 같이 일하는 걸 어렵게 만들 때, 그런 주에서 상담사가 일을 하는 게 괜찮은지에 대해서 질문을 받은 적이 있다. 예를 들어, 2015년 테네시 주법은 스스로 성소수자임을 밝힌 잠재 내담자들에게 법적인 제약 없이 '진심으로 지키고 있는 원칙'을 가진 상담사들의 서비스 제공 거절을 가능하게 했다. 성소수자임을 밝힌 잠재 내담자들에게 상담 서비스 제공을 주저하는 상담사가 자격을 갖춘 다른 전문가에게 내담자를 의뢰하는 한, 의뢰하는 상담사는 면허 정지도 받지 않고 어떤 법적인 불이익이나 제재도 받지 않는다. 이러한 상담사들은 자신들의 '진심으로 신실하게 지키는 원칙들'을 위반하는 내담자들에게 서비스 제공을 거절해도 법적인 제재를 받지 않는 보호를 받겠지만, 나는 이들이 윤리적인 위반으로부터는 보호받을 수 없다고 생각한다. 대부분의 전문적인 조직 내의 윤리 규정은—특정 집단의 사람들에 대해 다르게, 그리고 불공평하게 대하는—차별은 비윤리적이고 용납될 수 없음을 분명히 하고 있다. 특정 개인과 함께 작업하는 걸 거부하기보다 성적 지향에 대한 우리의 개인적인 편견과 고정관념을 인식하고 우리의 가치를 구분해 보고 우리가 가지고 있을 수 있는 가치의 다름을 잘 다루어 보려고 하는 것이 바로 우리의 책임이다. 이는 특히 치료적 관계가 공고하게 잘 성립된 후에 내담자가 자신의 성적 지향을 공개했을 때 특히 더 중요하다. 상담사의 판단적인 태도는 그런 상황에서 내담자에게 심각한 해를 입힐 수 있다. 상담사 스스로의 고유 가치를 내담자와의 작업과 분리해 내라는 것은 상담사에게 자신의 고유 가치를 포기하거나 변화시키라는 의미가 아니다.

윤리적인 구분 혹은 분리에 대한 더 심도 깊은 내용들은 『상담에서의 윤리적·법적·전문적 쟁점(Ethical, Legal, and Professional Issues in Counseling)』(Remley & Herlihy, 2020) 혹은 『좋은 상담자 되기(Becoming a Helper)』(Corey & Corey, 2021)를 참고하기 바란다.

상담 내에서 종교적 그리고 윤리적 가치들의 역할은 무엇인가?

윤리적이고 종교적인 가치들은 개인들이 삶에서 의미를 찾는 과정에서 매우 중요한 역할을 한다. 내담자의 영적인 가치들은 무시되기보다 상담 내에서 잠재적인 자원으로서 살펴봐야 한다. 문화적으로 유능한 상담사가 된다는 것은 내담자의 영적이고 종교적인 고민들에 대해서도 효과적이고 윤리적으로 작업할 수 있음을 의미한다. 비록 상담 내에서 영적이고 종교적인 주제들을 다루는 데 개방적인 것이 중요함에도 불구하고, 윤리적인 상담이란 상담사들이 이러한 주제들을 내담자에게 소개하는 데 신중해야 하며, 역전이가 일어날 수 있을 가능성도 인식하고 있어야 함을 의미한다. 어떤 상담사들은 자신의 영적 혹은 종교적인 믿음을 강요하기도 하고 다른 상담사들은 그들의 무교적 혹은 반종교적인 태도를 암시하곤 한다. 하지만 이 중 어느 쪽도 윤리적이지 않다.

우리는 비종교적인 내담자들과도 효과적으로 작업을 해야 할 윤리적인 책임이 있다. 어떤 내담자들은 어떤 종교와도 관련이 없을 수 있고 다른 내담자들은 영성이든 종교든 자신들에게 전혀 중요하지 않다고 이야기하며, 어떤 내담자들은 무신론자이거나 혹은 자신의 종교적 배경에 대해서 분노와 고통을 표현할 수도 있다. 내담자에게 그들의 삶에서 의미를 어떻게 찾고 있는지, 그리고 어떤 자원들이 그들로 하여금 어려운 상황에 직면했을 때 도움이 되었는지를 물어보는 것이 중요하다. 가장 윤리적인 길은 우리의 내담자가 길을 인도하고 우리에게 그들의 고민들을 이야기하며 상담에서 뭘 탐색하고 싶은지를 알려 주는 것이다. 만약 내담자가 종교적 혹은 비종교적 문제들에 대해서 말하고 싶어 한다면, 이러한 내담자의 고민은 상담 장면에서 반드시 다루어야 한다.

상담 장면에서 영성과 종교를 윤리적으로 통합시키는 방법에 대한 훌륭한 논의들은 『영성과 종교를 상담에 통합하기(Integrating Spirituality and Religion into Counseling)』(Cashwell & Young, 2020)와 『상담과 상담치료 내 영성: 내담자에게 힘을 실어 주는 통합적 접근(Spirituality in Counseling and Psychotherapy: An Integrative Approach that Empowers Client)』(Johnson, 2013)을 참고하길 바란다.

집단상담사로서, 어떻게 나의 가치가 나의 상담 개입에 영향을 미치는가?

나는 나의 가치와 내가 집단 구성원들에게 영향을 미치는 미묘하고 직접적인 방법들에 대해서 인식하게 되면서 집단상담사로서 나의 효율성을 증가시킬 수 있다. 비록 때로는 어렵긴 하지만, 난 내 객관성을 유지하려고 한다. 나는 내 집단의 참여자들이 탐색을 위해 종교, 영성, 성적 지향, 낙태, 이혼 그리고 가족 문제와 같은 다양한 가치판단적인 문제를 가져오고 드러내는 걸 끊임없이 마주한다. 집단의 목적은 그들의 믿음을 명확히 하고, 자신의 가치 체계에 가장 잘 부합하는 선택들을 탐색해 볼 수 있도록 집단 구성원들을 돕는 것이다. 나는 집단 구성원들에게 나의 가치관이나 견해를 강요하는 것은 비윤리적이라고 본다. 그래서 나는 집단 구성원들이 만드는 선택과 변화들에 대한 결과와 더불어 살아가야 하는 건 내가 아니라 그들임을 항상 스스로 상기시킨다. 나는 또한 다른 구성원들이 의도적으로 다른 집단원들에게 영향을 미치거나 혹은 자신의 철학이나 관점을 다른 사람들에게 강요하는 걸 막을 윤리적인 책임도 지고 있다.

나는 내 집단의 특정 집단원들과는 다른 종류의 가치들을 가지고 있을지 모르지만, 내 고유의 가치가 아닌 집단 구성원들의 그들 세계관과 가치에 일치하는 목표들을 맞춰 나갈 수 있도록 돕는 게 나의 윤리적인 의무라는 걸 안다. 예를 들어, 난 자율성에 대한 갈망이 있어, 나의 운명에 영향을 미치는 선택을 스스로 하는 것에 가치를 둔다. 그래서 자신의 확대가족들에게 이익이 되는 결정들을 하는 데 더 가치나 의미를 두는 집단주의적인 가치를 가진 집단 구성원들을 이해하는 데 약간의 시간이 필요했다. 나는 독립성과 자기결정성은 내 가치이며, 이러한 가치가 모든 집단 구성원과 공유되지는 않음을 마침내 깨달았다. 다양한 가치를 가진 집단 구성원들과 작업을 하면서, 나는 만약 내가 그들의 가치를 이해하고 존중하고 그들의 세계관 내에서 작업을 할 수 있다면, 집단 구성원들로 하여금 무엇이 그들에게 맞는 것인지 발견하도록 더 잘 도와줄 수 있다는 결론을 내렸다. 내가 나의 가치를 더 드러내려고 할 때, 왜 나의 내담자들이 삶에서 상담사인 내 관점들을 받아들이고 적용하는 것이 필요한가를 자문하는 것이 상담사로서 일을 하는 데 도움이 되었다. 잠재적으로 내게 도전이 될 수 있는 가치의 차이가 발생하는 경우, 이를 다루는 최선의 방법은 그 상황을 잘 작업하고 다룰 수 있도록 자문을 구하는 것이다. 이를 통해 상담사로서 내가 적절한 기준의 전문적인 돌봄을 집단원들에게 제공할 수 있다.

상담사가 자신의 가치를 다루는 문제에 대한 더 심도 깊은 논의들은 『상담 및 심리치료 윤리(Issues and Ethics in the Helping Professions)』(Corey, Corey, & Corey, 2019)를 참고하길 바란다. 어떻게 그룹 지도자의 가치가 집단상담 과정 내 영향을 미치는지에 대한 논의는 『집단: 과정과 실제(Groups: Process and Practice)』(Corey, Corey, & Corey, 2018)를 살펴보길 추천한다.

성찰을 위한 질문

1. 약간 미묘한 방식으로라도 당신이 내담자에게 강요하고 싶은 자신만의 가치를 생각해 볼 수 있는가?
2. 내담자와 가치 충돌을 다루어야 하는 상황에 닥쳤을 때 어떤 어려움들이 예상되는가?
3. 스스로의 가치 인식을 확장하기 위해 어떤 것/활동들을 할 수 있는가? 그리고 그러한 일/활동들이 상담사로서 당신의 일에 어떻게 영향을 미칠 것 같은가? 상담사로서의 당신의 일을 수행하는 데 있어서 당신은 당신의 가치가 어떤 역할을 하길 원하는가?
4. 어떤 상황에서 당신은 내담자를 다른 상담사에게 의뢰하는 걸 고려하는가?
5. 종교 혹은 영적인 가치와 관련된 내담자의 문제를 다루는 데 있어 당신은 얼마나 편안한가?

14장

상담 내 다문화 이슈

Personal Reflections on Counseling

도입

대학원 생활과 경력 초기에는 다양한 방법으로 나와 다른 사람들을 만나는 데 열린 태도를 갖는 것이 중요하다. 내담자와 동일한 배경, 생활환경 및 세계관을 공유할 필요는 없지만. 모든 형태의 다양성을 이해하고 인식하는 데 활용할 수 있는 다양한 범위의 경험을 쌓는 것이 필요하다. 본인의 문화적 배경이 어떻게 현재 자신의 정체성에 기여하였는지를 이해한다면, 다른 세계관을 가진 사람들을 이해하는 데 기본이 되는 이해 수준을 갖추고 있다 볼 수 있다. 문화적 차이가 관계를 공고히 해 나가는 긍정적인 속성이라는 관점을 받아들인다면, 이는 다양한 문화적 배경의 내담자들과 일하는 능력이 확장된다. 이 장을 읽으면서 여러 형태의 다양성을 이해하고 감사할 수 있게 도와준 당신의 인생 경험들을 떠올려 보길 바란다.

• • •

문화적으로 좁은 시야를 갖고 있다는 점을 인식하는 것이 왜 필수적인가?

우리 중 다수는 문화적으로 좁은 시야(tunnel vision)를 가지고 성장한다. 만약 우리의 문화적 경험이 한정되어 있다면, 우리는 친숙하지 않은 집단에 대해서 적절하지 않은 일반화를 해 버릴 수 있다. 문화적 관점을 넓히고 다양한 삶의 경험을 한 내담자들에게 다가가려면, 우리가 먼저 우리의 문화적인 시야가 제한되는 몇 가지 방식을 인식해야 한다. 우리의 문화적인 한계들에 대해서 죄책감을 느끼며 부담스러워하는 것은 전혀 도움이 되지 않는다. 자기비난도 거의 자기이해로 이어지지 않는다. 우리의 문화적 편견을 식별하고 그것이 내담자에 대한 우리의 인식에 어떻게 영향을 미치는지를 이해하기 위해서 몇 가지 단계를 밟는 것이 더 효과적이다. 우리가 우리의 편견을 한번 인식하기 시작하면, 우리는 그 편견들에 대해서 좀 더 비판적으로 평가할 수 있게 된다. 우리가 다양한 문화적 배경을 가진 사람들에 대해서 더 많이 알아 가려고 하고 흥미를 가질수록, 문화적으로 좁은 우리의 시야는 다양한 문화적 배경을 가진 사람들을 포용할 수 있게 확장될 수 있다.

집단 간의 차이를 인식하고 인정하는 방향으로 어떻게 나아갔는가?

내가 어렸을 때, 나는 나의 문화적 정체성과 문화적 배경에 대한 인식이 모호하였다. 이탈리안계 이민자 확대가족들과 함께하면서 나는 사람들이 다른 눈으로 세상을 보고, 다른 방식으로 자신을 표현한다는 것을 배웠다. 이탈리아계 이민자인 아버지의 경험을 통해 편견과 차별에 대해서 배웠다. 나의 아버지는 사람들이 이탈리아계 치과 의사를 찾아오지 않을 거라 생각했기 때문에, 그가 치과

의사가 되었을 때 자신의 이름을 Cordileone(사자의 심장을 의미)에서 Corey로 변경했다. 나의 이탈리아계 확대가족들은 모두 일부 차별을 경험했지만, 일부 가족도 또한 다른 사람들에 대해 편견을 가지고 있음을 목격했다. 친척 중 일부는 특정 다른 집단에 대해서 비난하는 말을 했고, 인종차별이 미묘하고 노골적일 수 있다는 것을 배웠다. 나는 종종 내가 나의 대가족의 아웃사이더와 같다는 느낌을 받았는데, 그 덕분에 다양한 종류의 차별의 대상이 되는 사람들에 대해서 연민의 감정을 가질 수 있었다. 나는 어떻게 사람들이 종종 적절하지 않게 대우를 받는지를 돌아보면서 점점 더 남을 돌보는 사람으로 성장했다.

문화적 유능감을 향상시키길 원하는 상담사에게 어떤 제언을 해 주겠는가?

문화적 유능감을 갖는 것은 정식 교육과정, 수퍼비전과 자기성찰 등을 포함한 전 생애에 걸친 학습 과정을 통해서 이루어진다. 문화적 유능감은 상당한 수준의 자기 인식과 지식이 포함된다. 이는 문화 간 상담 상황에서 일을 할 때 효과적인 개입을 제공하기 위한 기술 습득도 요구한다. 당신의 문화가 어떻게 당신에게 영향을 미치는지를 알지 못한다면, 당신은 내담자의 문화와 가치를 이해하기 어려울 것이다. 내담자의 삶에 대해서 더 많이 배우고자 하는 흥미, 존경 그리고 건강한 호기심을 가지고 내담자에게 다가가길 바란다. 내담자가 자신이 누구인지, 그리고 그들 사이의 다른 점이 무엇을 의미하는지를 상담사인 당신에게 알려 줄 수 있도록 자신을 개방하라. 나는 함께 작업하고 있는 내담자에 대해 어떠한 추측도 하지 않으려고 한다. 나의 내담자들과 나 사이의 다른 점은 대화의 주제이다. 비록 나는 임상에 대한 전문적인 지식과 전문적인 기술을 가지고 있지만, 내 내담자들이 자신의 삶에 대한 전문가라는 생각을 존중하면서 일을 한다.

학생들은 만약 자신들이 내담자들과 연결되길 바란다면, 자신의 삶의 경험과 문화적 배경을 내담자들과 공유해야 한다는 비현실적인 생각들을 하곤 한다. 만약 당신이 당신과 다른 배경을 가진 내담자와 작업동맹을 형성할 수 없을 것이라고 예상한다면, 당신은 매우 적은 수의 내담자와 일을 하게 될 것이다. 나이, 영적 가치, 세계관, 사회경제적 지위, 교육적 배경, 능력, 성별, 성적 지향, 인종과 민족성 등을 포함해서 당신과 당신의 내담자 사이에는 정말 많은 다른 점이 존재할 것이다. 이러한 다른 점들은 유능한 다문화 상담 제공 장면에서 필수적인 요인들이 아니다. 중요한 건 바로 우리가 이러한 다름에 대해서 내담자와 함께 접근하는 방법이다. 당신이 내담자와 치료적인 작업을 함께 하기 위해서 내담자와 동일한 문제를 경험할 필요는 없지만, 내담자가 표현하는 일부 감정을 다룰 수는 있다. 내담자들에게 현저하게 지각되는 상담사와의 차이 혹은 다름이 무엇인지를 이해하기 위해서, 어떻게 이러한 다름이 상담사인 당신에게 솔직하게 이야기하고 싶은 의향에 영향을 미치는지를 상담사에게 이야기할 수 있도록 내담자를 대화에 초대해 보라. 무엇보다도 정말 중요한 것은 내담자의 주관적인 경험을 이해하고 그들의 세계를 당신이 함께 탐색하도록 이끄는 것이다.

당신이 문화적으로 민감하지 못한 말이나 행동을 하거나 혹은 내담자가 기분 나쁠 수 있는 추측들을 할 수도 있다. 내담자가 그에 대해서 뭐라고 말하고 싶은지를 열린 자세로 경청해 보라. 내담자는 당신에게 도전하거나 따지기보다는 침묵하거나 거리를 둘 수도 있다. 이를 저항의 신호라고 추측하기보다는 당신의 내담자의 침묵이 의미하는 게 무엇인지를 존중하는 태도로 탐색해 보길 바란다. 우리는 모두 문화적인 실수들을 하지만, 이를 다루고자 하는 자세가 바로 이러한 실수들을 통해서 우리가 다시 회복하는 방법이자, 바로 관계 회복에 필수적인 방법이다. 만약 상담사인 우리가 우리의 잘못을 인정하고자 한다면, 내담자들은 너그럽게 용서해 주곤 한다.

당신의 문화적 유능감을 향상시킬 수 있는 유용한 도구로는 『상담 내 다문화 문제: 다양성에 대한 새로운 접근(Multicultural Issues in Counseling: New Approaches to Diversity)』(Lee, 2019)이 있다. 다문화적 관점에서 대학원 상담 프로그램에서 배우고 성장하는 방법에 대한 실제적인 토론을 위해서는 『상담대학원 과정에서 살아남고 성장하기(Surviving and Thriving in Your Counseling Program)』(Austin & Austin, 2020)를 참고하길 바란다.

집단상담사가 집단상담 기술을 집단원들의 문화적 맥락에 맞게 어떻게 적용하는가?

내가 집단을 돌릴 때, 나는 단일문화적인 관점을 가지고 있었고 내가 사용하는 기술들이 집단 구성원들의 문화적인 다양성에 어떻게 맞을지 혹은 맞지 않을지에 대해서 의식적으로 생각하지 않았다. 나는 집단 구성원 간의 차이에 관계없이, 내가 배운 어떤 개입 방법이나 기술들이 모두 어떤 집단에든 적용 가능하다고 생각했다. 전문적 학술대회에 정기적으로 참석하고, 교육 기회들을 지속적으로 찾고, 문화적으로 다양한 동료와의 관계들을 통해서 나는 성공적인 집단을 운영하기 위해서 다문화주의를 이해하고 인정할 필요성을 인식했다. 현재의 다문화주의에 대한 강조는 집단 리더들로 하여금 윤리적이고 효과적인 집단 작업을 수행할 때 문화적 맥락에 주의를 기울이는 것의 중요성을 인식하게끔 하였다.

집단 촉진자로서, 집단의 상호작용을 이끄는 잠재적인 집단 참여자들에게 가치와 규범들을 안내하는 것은 나의 책임이다. 내가 잠재적인 집단 참여자들을 미리 만나 보고 선택할 때, 나는 지금 여기에서 그들의 고민들에 대해서 대응하고, 감정을 표현하고, 그들이 원하는 것을 묻고, 솔직하게 자기노출을 하고, 다른 집단 구성원에게 피드백을 제공하는 데 거리낌이 없고, 대인관계 의사소통을 향상시키고, 집단 안에서 목소리를 내고, 갈등을 다루고자 하는 의향이 있고, 그들을 위한 선택을 하는 것들에 대해서 의견을 나눈다. 집단 참여와 일반적으로 관련된 가치들 중의 일부는 어떤 개인들의 문화적인 가치와 일치하지 않을 수도 있다. 예를 들어, 어떤 구성원들은 그들의 문화에서는 직설적으로 표현하는 것에 큰 가치를 두기 않기 때문에, 직접적으로 이야기하는 데 어려움을 경험할 수 있다. 또 어떤 구성원들은 다른 사람을 우선으로 배려하고자 집단 내 시간을 요청하는 걸 힘들어할 수도 있다. 또 다른 구성원들은 어떻게 자신의 결정이 자신의 확대가족들에게 영향을 미칠지 고려하지 않은 채 자신을 위한 결정을 하는 것이 편하지 않을 수도 있다. 일부 집단 기술은 자유롭게 자신의 감정을 표현하도록 집단원들을 돕기 위해 설계되어 있는데, 특정 집단원들은 가족 외 사람들과 감정을 나누는 것은 적절하지 않다고 배워 왔기 때문에 그렇게 감정을 나누는 것이 어려울 수도 있다. 나는 집단원들의 문화적인 규범과 가치와 일치할 수 있도록 나의 기술들을 조정한다. 집단원들 간의 다름을 있는 그대로 존중하고, 그들로부터 듣고 배우고자 하는 의지와 노력들은 집단 내에서 치료적 관계를 만들어 나가는 데 초석이 된다.

집단상담사들은 집단 구성원들로 하여금 특정 기술이나 활동들에 참여하거나 참여하지 않을 권리가 있음을 교육시킬 책임이 있다. 집단 구성원들은 어떤 활동들에는 참여하지 않기를 선택할 수 있지만, 또 한편으로 다른 참여자들이 하는 걸 보면서 압박감을 느낄 수도 있다. 이럴 때, 어떻게 주저하는 집단원들이 좀 더 제한된 방식으로 참여할 수 있을지에 대해서 몇 가지 대안을 제공해 보자. 언제든 적절하다고 생각될 때 이러한 다른 대안들에 대해서 언급해 보는 것은 좋은 생각이다.

집단 구성원들의 문화적인 맥락에 맞는 집단 기술을 적용해 보는 방법에 대해 좀 더 알고 싶다면, 『집단상담 기법(Group Techniques)』(Corey, Corey, Callanan, & Russell, 2015)을 참고해 보길 바란다.

당신의 집단 작업 안에서 집단원들이 미묘한 차별을 하거나 혹은 받는 걸 목격한 적이 있는가? 만약 그렇다면 어떻게 다루었는가?

미묘한 차별(microaggression)은 개인이 모욕을 느끼거나, 공격당했다고 느끼거나, 개인사를 바탕으로 볼 때 부적절하다고 인식되는 말이나 행동들을 의미한다. 미묘한 차별을 하는 사람들은 종종 그들의 행동이 이를 받는 사람에게 얼마나 모욕적이거나 상처가 되는지를 인식하지 못한다. 집단 내에서 미묘한 차별이 일어날 때, 나는 서로 가르칠 수 있는 순간을 제공할 만한 상호작용을 촉진한다. 예를 들어, 내 집단 내의 백인 여성이 백인이 아닌 인종/민족성을 가진 집단원에게 "저는 피부색을 보지 않아요. 전 그냥 당신을 하나의 사람으로 봅니다. 저는 인종차별을 하지 않아요."라고 이야기했다. 그 집단에서 어느 누구도 이 말에 대해서 반응하지 않았고, 나의 코리더는 그 말을 한 백인 여성인 토니(Toni)에게 그녀가 말한 것에 대한 그들의 반응을 이야기해 보도록 요청했다. 그러자 조엘(Joel)이 토니에게 "저는 당신이 인종차별을 하지 않는다는 말과 모든 사람은 같다고 한 말에 대해서 좀 불편하게 느낍니다. 저는 당신이 제 피부색을 봐 주길 바라요. 저는 당신이 이미 세상에 존재하는 고정관념과 차별에 대해서 부정하려고 한다고 느껴집니다. 저는 당신이 백인의 피부색이 아닌 사람들이 이 사회에서 어떻게 고군분투하며 지내는지 알길 바랍니다."라고 말했다. 또 다른 백인이 아닌 집단원인 갈로(Galo)도 토니의 말에 대해서 강한 반응을 보이며, 그녀에게 모든 사람이 동등하게 대우받고 있다는 표현에 대해서 자신은 동의하지 않는다는 걸 알길 바란다고 이야기했다. 갈로는 토니가 자신은 토니와 다른 피부색을 지녔고, 다른 문화권에 속해 있으며, 다른 방식으로 자신을 표현하고, 다른 유형의 믿음을 갖고 있는 사람이라는 점, 즉 여러 면에서 자신과 토니가 다르다는 것을 이해하길 원한다고 하였다. 이러한 예시들은 집단 구성원들이 자신이 기분이 상했거나 혹은 화가 났음에도 불구하고, 종종 집단원들이 공격적인 말을 한 사람에 대해서 직접적으로 표현하거나 이야기하지 않음을 보여 주는 대표적인 사례들이다. 유능한 집단 리더는 아무런 언급 없이 이러한 순간을 지나가 버리기보다 서로 논의를 하도록 격려한다.

성별과 관련한 미묘한 차별이 집단 내에서 일어났을 때, 이는 모든 집단 구성원이 성별에 대한 인식과 성 인지 감수성과 관련해서 좀 더 배울 수 있는 기회이다. 많은 여성이 직원으로 있는 회사의 팀장인 한 남성은 지속적으로 그가 관리하는 여성들을 '여자애들'이라고 표현하였다. 마침내 한 여성 집단원이 그에게 그가 자꾸 여성들을 '여자애들'이라고 표현하는 것이 불쾌하게 느껴진다고 이야기하였다. 그는 '그게 뭐 그리 대수인지' 이해하지 못했다. 미묘한 차별에 대한 이러한 반응은 여성과 남성 두 집단 모두에게 있는 성 역할 편견에 대한 집단 내 대화를 가능하게 한다. 미묘한 차별에 대한 더 많은 정보는『다문화상담(Counseling the Culturally Diverse)』(Sue, Sue, Neville, & Smith, 2019)을 참고하길 바란다.

문화적 차이가 좋은 관계 형성에 장애가 되는가 혹은 가교가 되는가?

개인 간의 차이는 상호 이해에 장벽이 될 필요가 없다. 사실 이러한 차이는 치료적인 관계들을 강화시킬 수 있다. 내 학생들은 종종 자신과 다른 사람들과 상담 작업을 하는 것에 대한 걱정을 호소했다. 그들은 매우 다른 문화적인 배경을 가진 사람들과 함께 신뢰할 수 있고 안전한 환경을 조성하는 자신의 능력에 대한 의구심을 표현했다. 그들은 이러한 내담자의 문화에 대해서 자신들이 충분히 알고 있는지 고민했고, 문화적으로 적절한 개입을 하는지에 대해서도 염려했다. 나는 내 학생들에게 그들 사이의 어떤 차이가 있든 그 차이의 의미에 대해서 이야기할 수 있도록 내담자를 격려하고, 특히 어떤 차이가 서로 이해를 방해하는 장벽이 되는지에 대해서 이야기해 보라고 한다. 만약 우리가 내담자들로 하여금 그 길을 인도하게끔 한다면, 우리는 상담 과정을 촉진하는 방법으로서 차이에 대해서 다루고 작업하는 최선의 방법을 배울 수 있을 것이다.

나는 친밀한 관계 내에서 어떻게 다름이 성공적으로 잘 다루어질 수 있는가에 대한 개인적인 견해를 가지고 있다. 약 50년 전, 메리앤과 나 사이의 다른 점들이 결혼을 고려하는 데 있어서 큰 장애물이라고 확신했다. 그녀는 독일 출신이고 나는 이탈리아 출신이며, 그녀는 독일의 작은 마을 출신이고 나는 대도시인 로스앤젤레스 출신이다. 그녀는 기독교인이고 나는 가톨릭 신자이다. 우리가 공유하는 많은 가치에도 불구하고, 우리의 성격은 꽤 달랐다. 우리가 우리의 다름을 효과적으로 잘 다루고 작업할 수 있도록 도운 건 그러한 다름을 인지하고, 우리가 다른 방식들을 이해하며, 우리의 다름을 존중하고, 무엇보다도 어떻게 우리의 다른 점들이 우리 결혼생활에 영향을 미치는지에 대해서 이야기를 하고자 노력했다는 점이다. 종교에 관해서는, 우리는 서로를 개종시키려고 하지 않는다는 기본적인 합의를 하였다. 우리는 여러 가지 중요한 문제에 대해서 지속적으로 대화를 해 나갔고, 어떻게 우리가 이러한 다름을 다루어 나갈 것인지에 대해서 합의를 이루어 낼 수 있었다. 나의 개인적 경험에 비춰 보았을 때, 이러한 다름이 존중되고 인정되며 다루어질 때, 다름은 개인적 관계들을 더 돈독하게 만든다.

상담사들에게 핵심적인 옹호자로서의 책임과 역할은 무엇인가?

상담사들은 종종 그들의 내담자들의 내적 갈등에 초점을 맞추고, 내담자가 치료 장면에 가지고 온 문제들에 영향을 미친 환경적인 실체들의 중요성을 인식하는 데 실패하곤 한다. 어떤 내담자들의 문제는 개인 또는 집단의 구성원으로서, 그들에게 가치 있는 자원들을 주지 않는 체계 안에서 그들의 권리를 박탈당함으로써 발생한다. 사회 내의 불공정, 차별 그리고 억압은 실재하는 현상들로서 치료적인 노력 안에서 논의되어야 할 주제들이다. 상담사들은 사회적 불평등과 그러한 불평등 문제가 내담자에게 미치는 영향에 대해서 다룰 필요가 있다.

내담자를 위한 옹호자가 되는 것은, 당신이 이러한 옹호자의 역할이 과도하거나 압도된다고 느껴진다 할지라도, 상담사로서 잘 받아들여야 하는 역할이다. 내담자들이 자신의 목소리를 찾는 방법을 배우고 자신의 목소리를 이용해서 변화를 이끌어 낼 수 있도록 도와야 한다. 예를 들어, 가족 내에서 처음으로 대학에 진학한 학생들이 어떻게 대학원 과정이 운영되는지 모르기 때문에, 상담 혹은 사회복지 분야로 대학원 진학을 하는 것을 포기하려 한다고 가정해 보자. 교수들은 이 학생들의 대학원 진학을 가로막는 장애 요인들이 무엇인지를 학생들과 함께 탐색해 볼 수 있다. 교수진의 멘토링과 옹호자로서의 노력을 통해서, 학생들은 일련의 장애 요인들에 대해서 도전하고 다루는 특별한 기술들을 배울 수 있다. 즉, 자신의 개인적인 목표를 달성하는 데 장애가 되는 환경적인 요인들을 다룰 수 있는 행동들에 대해서 논의해 나가면서 내담자들로 하여금 스스로를 옹호할 수 있도록 격려해 주어야 한다.

사회정의와 옹호 활동에 대한 더 많은 정보는 『사회정의상담(Counseling for Social Justice)』(Lee, 2018)을 참고하길 바란다.

해외에서 활동을 할 때 당신이 경험했던, '아하' 하는 깨달음의 순간은 어떤 것들이 있는가?

해외에서 가르치는 것은 새로운 관점에서 현상들을 바라볼 수 있는 많은 기회를 가져다주었다. 메리앤과 나는 홍콩에서 정신건강 전문가 집단을 대상으로 워크숍을 제공하였고, 생방송으로 집단상담 시연 후 여러 참여자에게 질문이 있는지를 물었다. 우리는 집단 과정과 우리의 개입 방안에 대해서 많은 관찰과 질문이 있으면 기꺼이 받겠다고 하였다. 그런데 누구도 반응하지 않았다. 우리는 다시 질문이나 궁금한 점이 있는지 반복해서 물었고, 여전히 어떤 질문이나 코멘트도 나오지 않았다. 우리는 이때 다른 방법을 시도했다. 우리는 전체 집단을 소집단으로 나눠 주길 요청했고, 그들이 관찰한 것에 대해서 서로 이야기를 나누길 권했다. 소집단이 여럿 형성되자, 소집단 내에서 그들은 서로의 반응과 관찰한 내용에 대해서 매우 적극적으로 이야기를 나누고 공유했다. 심지어 질문들도 쏟아졌다. 소집단 간의 토론이 끝나고 다시 모인 후, 각 소집단의 대표로 발표자들이 각자가 속한 집단에서 나눈 이야기들을 정리해서 발표하였다. 우리는 그들의 통찰력, 관찰 그리고 질문들에 감탄을 금치 못했다. 마침내 참여자들은 우리의 시연에 대해서 개별적으로 질문을 하거나 평가를 하는 것을 불편하게 느꼈고, 소집단으로 모여 서로 발표를 하고 중요한 내용들을 정리해 보는 것을 더 선호한다는 사실을 알려 주었다. 이는 집단 문화 내에서는 개인에게 초점을 맞추기보다는 소집단으로서 작업을 하는 게 더 효과적이라는 사실을 깨닫게 도와주었다.

메리앤과 나는 우리가 한국에서 가르칠 때 특정 행동의 의미를 우리가 먼저 추측하거나 지레짐작하는 걸 피해야 한다는 문화적인 교훈을 얻었다. 우리가 8명의 집단원과 3일에 걸친 집단상담을 할 때였다. 이 집단 회기들은 모두 비디오로 녹화되었고, 많은 수의 청중을 위해서 바로 옆에 연결된 방으로 영상이 송출되었다. 두 번째 날, 우리는 집단 구성원들에게 첫 번째 날의 경험과 그날 집단 내에서 무엇이 일어났다고 느꼈는지 참여 후 생각들에 대해서 이야기를 나눠 주길 요청했다. 집단 구성원들은 침묵했다. 우리는 집단 구성원들이 이 집단 활동으로 인해 어떤 영향을 받았고, 집단으로 다시 돌아왔을 때 어떻게 그러한 영향들을 다루고자 했는지에 대해서 알기 위해 여러 가지 방법을 시도했으나, 그 결과는 침묵뿐이었다. 나는 속으로 내 안에서 대화를 하면서 이 침묵의 의미가 무엇인지에 대해서 여러 궁리를 하였다. 첫날 이 집단에 참여한 걸 후회하는 건가? 집단 내에서 이들이 경험하고 표현한 감정들에 대해서 불편했나? 다른 방에서 이들을 관찰하고 있는 다른 전문가들이 좀 위협적으로 느껴지나? 집단 촉진자로서 우리가 자신들을 어떻게 생각하는지에 대해서 걱정이 되나? 우리가 계속 이 침묵의 의미가 무엇인지를 탐색하려고 하는 도중, 우리는 이들이 다른 한국인들이 이 세션을 관찰하는 이 상황에서 얼마나 자신이 영어를 잘 구사하는지에 대한 자의식이 있음을 마침내 알게 되었다. 이 집단 구성원들은 관찰자들이 자신의 문법 때문에 자신의 영어 능력 등에 대해서 판단을 할까 봐 두려워했다. 사실 몇몇 집단 구성원은 자신이 영어로 말하는 방식 때문에 똑똑하지 않다고 평가받지 않기 위해서, 자신이 하고 싶은 말을 한국어에서 영어로 미리 번역하는 연습을 했다고도 하였다. 이들이 집단 내에서 이야기를 주저하는 것이 영어로 말하기에 대한 이들의 걱정 때문이라는 생각을 나는 하질 못했다. 이 경험은 나로 하여금 내담자의 행동의 원인에 대해서 신중하게, 그리고 참을성 있게 탐색을 하기 전, 특정 사건에 대해서 해석하거나 의미를 부여하지 않아야 한다는 사실을 다시 한번 되새기게 하였다.

메리앤과 나는 집단상담에 대한 추가적인 경험과 유능감을 갖길 원하는 상담사들을 위해서 아일랜드에서 집단상담을 가르치고 심화 상담 체험 집단을 운영하였다. 우리 훈련 집단들은 하루 종일 작업하는 구조로 구성되어 있었고, 우리는 중간중간 잠깐의 휴식 시간을 넣었다. 우리는 곧 아일랜드 사람들에게 '차 마시는 휴식 시간'이 매우 소중한 시간임을 알았고, 우리가 할당했던 휴식 시간보다 더 많은 시간을 원했다. 나는 가르쳐야 할 내용들이 꽉 짜여 있었기 때문에 15~20분 정도의 휴식 시간을 주고 다시 이들을 불러 모으고자 노력했다. 하지만 나는 곧 이 집단의 참여자들도 자신들만의 일정이 있고 내가 생각하는 일정을 밀어붙이는 건 역효과만 일으킨다는 사실을 깨달았다. 차를 마시는 휴식 시간 동안, 참여자들은 서로 잘 모르고 지낸 사람들에게 다가가서 말을 걸었는데, 이렇게 서로 어울리는 시간이 이들에게는 중요했다. 이 경험은 나에게 나와 다른 문화에 대해서 좀 더 주의를 기울이고, 그러한 문화적 맥락과 흐름을 흘러가게 두되 강요하거나 강제하지 않아야 함을 상기시키는 좋은 경험이었다.

마지막으로 내가 나누고 싶은 문화 관련 통찰은 메리앤과 내가 멕시코에서 활동하는 상담사들에게 1주일간 집중 집단상담을 제공할 때이다. 첫날, 많은 참여자가 늦게 도착했고, 몇 명은 반일 정도는 빠져야 한다고도 이야기했으며, 몇 명은 맨 마지막 날 참석이 어렵다고 했다. 나는 전체 집단이 응집력을 형성하고 함께 작업을 할 필요가 있다고 믿었기 때문에 모든 회기에 참여하고, 늦지 않게 참석해야 하는 것의 중요성에 대해서 강조했다. 첫 모임에서 내가 표현한 내 걱정에도 불구하고, 집단원들은 자신들이 이야기한 그대로 행동했다. 그냥 그 과정이 일어나도록 놔두는 것 자체가 나에게는 큰 도전이었다. 나는 이 집단이 서로 매우 높은 수준의 신뢰와 결속력을 보이는 점에 대해서 엄청나게 놀라움을 금할 수 없었다. 그들도 많은 걸 배웠지만, 코리더로서 우리도 마찬가지였다. 워크숍 마지막 날, 참여자들은 모두 제시간에 나타남으로써 나를 웃게 만들었다.

이러한 문화적인 학습 경험들은 나로 하여금 때때로 집단에 대한 나의 일정이나 원칙이 집단 구성원의 것과 같지 않음을 깨닫게 했다. 각자의 경험 안에서 나는 가르치고 배우는 문화적 맥락을 고려하는 것의 중요성을 배웠다. 내 목적은 워크숍 참여자들에게 상담에 대해서 가르치는 거였지만, 나는 실제 학습이 일어날 수 있도록 나의 교수 방식과 접근 방법을 참여자들의 문화에 맞게 맞춰야 했다. 참여자들이 나의 가르치는 방식에 맞추길 기대하는 건 자문화 중심적이었고 아마 약간 자기중심적이기도 한 것이었다.

성찰을 위한 질문

1. 얼마나 당신의 문화적 정체성과 문화적 배경에 대해서 알고 있는가? 문화적으로 당신과 다른 내담자들을 이해하는 데 있어서 이러한 인식이 본인에게 얼마나 중요한가?
2. 당신이 생각하기에 당신이 문화적으로 좁은 시야를 어느 정도 가지고 있다고 생각하는가? 이러한 시야를 넓히기 위해 당신이 할 수 있는 일들에는 어떤 것들이 있는가?
3. 문화적 유능감을 습득하고 향상시키는 건 전 생애에 걸친 배움의 과정이라는 점을 읽었을 때 어떤 생각이 들었는가?
4. 앞으로 만날 다양한 범위의 내담자를 이해하기 위해서 어떤 삶의 경험들을 해 볼 수 있는가?
5. 문화적으로 유능한 상담사가 되기 위해서 당신이 속한 프로그램/학위과정에서 무엇을 배우고 있는가?

15장

자기의심과 실수로부터의 배움

PERSONAL REFLECTIONS ON COUNSELING

도입

당신이 될 수 있는 최고의 상담사가 되는 것은 완벽해진다는 의미가 아니다. 나는 학생들로 하여금 전문가로서 성장하고 성숙해 나가면서 자기 자신을 받아들이고, 그 과정에서 일어나는 어떤 실수든 그 실수로부터 배울 수 있음을 알려 준다. 완벽해진다는 것은 비현실적인 기준이다. 나는 나의 멘티들과 학생들에게 현실적인 목표는 완벽에 대한 추구가 자신을 통제하게 두는 것이 아니라 그러한 욕구를 스스로 통제할 수 있음을 아는 것이라고 이야기한다. 우리는 우리의 개인적인 삶에서, 그리고 전문가로서의 삶에서 대단한 걸 성취하기 위해서 완벽해질 필요는 없다. 이 장의 전체적인 주제는 완벽해지고자 하는 욕구를 조절하고, 자기의심에 도전하고, 실수를 배움의 기회로 바라볼 수 있는 법을 배우는 것이다.

우리가 뭘 하고 있는 건지 잘 모르겠다 싶은 마음이 들 때, 새로운 인턴(수련생)들 혹은 상담전문가들은 이런 자기의심을 어떻게 다루어야 할까?

인턴십을 시작할 때, 모든 걸 다 알 거라고 기대되지 않는다. 지금까지 배운 기초 상담 기술에 대해서는 스스로에게 충분히 믿음을 가져도 된다. 당신은 인턴십 기간 동안 새로운 기술들을 습득하고 또 개선해 나가게 될 것이다. 만약에 내가 뭘 하고 있는 건지 모르겠다 싶은 마음이 든다면, 아마 스스로를 지나치게 비난하고 있을 가능성이 높다. 당신은 이미 어떻게 개입을 해야 하는지에 대한 감각을 좀 가지고 있으며, 자신의 직관을 따라 시작하면서 무슨 일이 일어나는지를 살펴볼 수 있다. 예를 들어, 현재 자신의 내담자에게 "나는 지금 내가 뭘 하고 있는지 잘 모르겠어요."와 같은 말을 하는 건 좋은 생각이 아니다. 자신의 혼잣말, 자기의심들을 쓰고 그걸 곰곰이 생각해 보는 건 매우 유용할 수 있다. 나는 일기를 계속 쓰면서 당신의 불안 및 다른 감정들을 유발하는 내담자와의 상황들에 대해서 써내려 나가는 걸 강력히 추천한다. 모든 일을 다 해내면서 정말 뛰어난 상담사가 되기를 기대하는 건 긍정적인 작업동맹을 형성하는 데 있어 방해가 될 수밖에 없다.

우리 대부분은 특히 우리가 처음 타인에게 상담을 제공하기 시작할 때 자기의심을 경험한다. 내가 내담자를 처음 만나 상담을 시작할 때, 나는 내가 정말 유능한 상담사가 될 수 있다고 생각한 것 자체가 잘못된 선택이 아니었는지 자문하고 의심했다. 이러한 자기의심이 당신을 옭죄이게 만들지 말라. 상담사가 되긴 부족한 게 아닌가 싶은 생각들이 들기 시작할 때, 스스로를 잘 다독이면서 자기 자신을 의심하게 된 근거들을 곰곰이 생각해 보길 바란다. 일부 수행 불안은 있을 수밖에 없으며, 이런 불안에 대해서 스스로 어떻게 대처할 것인지가 중요하다. 만약 자신의 수행 불안에 대해서 수퍼바이저 혹은 동료들과 이야기를 해 본다면, 그 수행 불안이 자신만 가지고 있는 문제가 아님을 알 수 있을 것이다. 나 또한 나의 상담 기술을 의심하고, 적절한 개입을 한 것인지, 내담자에게 적절한 말을 한 건지 등에 대해 높은 수준의 불안을 경험했다. 하지만 난 그때 스스로에 대한 의심에 굴복하지 않고, 너무 빨리 진로를 변경하지 않은 점을 기쁘게 생각한다.

스스로의 실수를 어떻게 바로잡고 그 과정 안에서 자기 자신에 대한 사랑을 유지할 수 있는가?

노련한 상담사들조차도 내담자에게 별로 효과적이지 않은 상담적 개입을 제공한다. 모든 실수를 다 수정할 필요는 없다. 나는 성공적이지 않은 개입들을 실수라고 명명하기보다는 창의적이거나 유용하거나 도움이 되지 않은 아이디어로 바라보는 방식을 더 선호한다. 만약 실수를 할 수도 있다는 가능성을 염두에 두지 않고 있다면, 아마 내담자에게 상담을 제공할 때 쓰는 개입의 범위를 아주 협소하게 제한하게 될 것이다. 문제는 실수를 하는 것이 아니라 이런 실수로부터 배우는 걸 실패하는 것이다. 실수가 일어날 수 있음을 인정하기를 거부하는 것은 효과적인 상담사가 되는 과정을 방해할 것이다. 대부분의 실수는 민감성이 부족했다거나, 충분히 내담자와의 상담 세션에 존재하지 못했거나, 적절하지 않은 방식으로 좋은 기술을 사용하는 것 등의 기회를 놓친 것에 불과하다. 실수들은 현재 하고 있는 방식에 건설적인 변화를 가져올 수 있도록 만드는 성장의 기회이다. 배우는 데 개방적인 태도는 개입이 예상한 것만큼 효과적이지 않을 수 있다는 위험도 포함한다. 우리는 실수를 인지하고 인정해야 하며, 뭐가 잘못되었는지를 이해하고자 하는 시도를 하면서, 내담자에게 개입을 제공하는 데 있어 대안을 고려해야 한다.

몇 년 전 나는 한국에서 일련의 워크숍을 제공하려고 준비 중이었다. 나는 통역사가 도와줄 것임을 알고 있었고, 통역 과정에서 내 생각의 흐름이 유지되면서 어떻게 내 자료들을 잘 보여 줄 수 있을지에 대해서 초초한 마음이 들었다. 한국인들의 관습과 전통에 대한 책들로 공부를 했음에도 불구하고, 나는 문화적인 실수들을 범하면 어떻게 하나 하는 염려를 가지고 있었다. 나는 다른 나라에 가서 통역사와 함께 작업을 하면서 워크숍을 제공해 본 경험이 있는 몇 명의 동료와 이야기를 나누었다. 그들은 내가 몇몇 문화적인 실수를 범할 수는 있지만 그에 대해서 걱정을 그렇게 과하게 할 필요는 없다고 안심시켜 주었다. 내가 어떤 실수를 하든 내가 그걸 잘 다루고 회복해 나갈 것인가가 중요하다고 격려해 주었다. 이 경험을 통해서 나는 통제를 포기하고 함께 일하는 통역사들이 이 새로운 경험 과정에서 나를 안내하도록 하는 가치를 배웠다. 나는 대부분의 사람이 내가 저지른 모든 문화적인 실수를 이해해 준다는 사실을 배웠고, 이러한 경험은 내가 좀 더 나 자신일 수 있으면서 내가 뭔가 잘못 말하거나 잘못된 행동을 하지 않을까 하는 공포에서 자유로워질 수 있게 했다.

결국 내가 상담사로서 기대한 만큼 잘 풀려가지 않는 개입을 하거나 내담자에게 민감하지 않은 발언을 하거나 혹은 부적절한 해석을 할 수도 있다는 사실을 받아들일 필요가 있다. 당신이 내담자와 작업하면서 간과한 사실이나 실수들을 인정하고, 그 실수들이 당신을 흔들지 않게 하라. 자기가치는 모든 일을 예외적으로 매우 잘하는 데 달려 있지 않다. 내담자를 기분 나쁘게 하는 것이 관계를 망칠 필요는 없다. 어떻게 상담사로서 자신의 행동이나 말이 기분 나쁘게 느껴졌는지, 그리고 어떻게 향후 좀 더 주의를 기울일 수 있을지에 대해서 내담자와 이야기를 나누는 과정에서 작업동맹에서 생긴 균열을 보완할 수 있다.

내 내담자를 고치고 싶어 하는 나의 욕구를 어떻게 잘 다룰 수 있는가?

나는 '내담자를 고친다'는 개념을 썩 좋아하지 않는다. 나는 대부분의 내담자가 자신의 이야기를 들어 주고, 자신을 좀 더 깊은 수준에서 이해해 줄 누군가를 원한다는 걸 배웠다. 만약에 내담자들이 공유하고자 하는 것이 무엇인지를 흥미를 가지고 잘 들어 주면서 이해하고 있음을 보여 줄 수 있다면, 나는 상담사로서 내 임무를 하고 있는 것이다. 치유는 우리가 타인을 이해하고자 노력할 때 그리고 그들이 자기만의 방법을 찾을 수 있을 때 일어난다.

어떤 내담자들은 자신의 문제에 대해서 충고나 구체적인 답을 얻고자 상담을 찾는데, 이들은 상담 과정에 대한 상담사로서의 관점에 대해서 배울 필요가 있다. 당신의 상담 접근은 문제 해결 중심일 수도 있지만, 그렇다고 해서 당신의 도움을 받고자 하는 사람들이 어떤 방식으로든 고쳐지거나 수정되어야 한다는 의미는 아니다. 만약 상담사로서 당신이 내담자에게 어떻게 그들의 삶을 살아야 하는지에 대해서 답을 주거나 조언을 해 주거나 지시를 하는 성향을 가지고 있다면, 내담자가 보이는 문제들을 빠르게 해결해 주고자 하는 본인의 욕구 이면에 무엇이 있는지를 확인해 보아야 한다. 아마 당신은 내담자들이 고군분투하거나 고통스러워하는 걸 보는 게 불편하고, 이로 인해서 그들이 편하게 느낄 수 있도록 만들어 줄 수 있거나 확신을 줄 수 있는 방식으로 개입을 제공해 왔을 수 있다. 때로는 아주 강렬한 정서를 경험한 이후에는, 침묵이 내담자가 필요한 것일 수 있다. 내담자가 표현한 걸 들으면서 상담사로서의 반응을 나누는 시도를 하되, 문제들을 빠르고 아주 깔끔하게 잘 정리하고자 하는 시도는 자제해야 한다. 내담자의 말을 잘 듣고 그들로 하여금 그 과정을 이끌어 가게끔 하는 것 자체가 치료적이며, 이후 삶을 변화시키는 경험이 될 수 있다.

만약 내담자와 개인상담 회기 중 상담사로서 내 머릿속이 하얘진다면 어떻게 해야 하는가?

우리는 머릿속과 마음을 쭉 돌아보았을 때 거기에 아무것도 없는 걸 깨닫는 순간들을 모두 경험한다. 나는 당신이 이러한 상황으로 인해 스스로를 더 곤경에 처하게 만들게 놔두지 않길 바란다. 나 또한 강의를 할 때 혹은 학술대회에서 발표를 할 때 때때로 이러한 경험을 한다. 아마도 때로 내담자가 말하는 걸 놓치거나 당신이 개입하려고 하는 순간에 뭘 하려고 했는지 잊어버린 순간들이 있을 것이다. 대부분의 내담자는 만약 상담사가 이러한 순간이나 경험을 숨기려고 노력하기보다는 이를 인정하면 잠시 집중력이 흐트러진 점에 대해서 이해해 줄 것이다. 만약 특정 내담자와의 회기에서 과도하게 마음과 생각이 따로 놀거나, 많은 내담자와 자주 이러한 일들을 경험한다면 이건 완전히 다른 문제이다. 이러한 경우는 한 번에 당신이 상담사로서 너무 많은 일을 해 보려고 하거나 혹은 당신의 마음이 현재 일에서 많은 요구 사항에 사로잡혀 있음을 반영하는 걸 수 있다. 내담자들은 우리가 온전히 존재하는 회기를 가질 권리가 있다. 개별 회기 전에 집중을 하는 시간을 가지는 것은 상담사로서 스스로를 온전히 상담을 제공하는 그 순간에 존재할 수 있도록 도울 것이다.

만약 회기 중 당신이 순간 멍해져서 중요한 걸 놓쳤고, 이를 내담자가 안다면 어떻게 해야 하는가?

상담 회기 동안 내담자와 온전히 함께하는 건 매우 가치 있는 목표이다. 다음 회기 시작 전까지 몇 분 남지 않은 시간 안에도 우리는 마음챙김 기술을 연습하고 내담자를 만나기 전 스스로에게 집중해 볼 수 있고, 이러한 연습과 훈련은 상담사로 하여금 회기 전 과정 동안 우리가 집중을 잃지 않고 유지하는 걸 도울 수 있다. 하지만 얼마나 우리가 유능하다 할지라도 우리는 때때로 정신이 팔리기도 한다. 만약에 내담자가 이걸 눈치채고 이에 대해서 이야기하고자 할 때, 우리는 다시 내담자에게 집중을 하면서 이 문제를 다룰 수 있다. 회기가 끝나가는 시점 즈음에 내담자에게 이번 회기 동안 그들의 경험이 어떠했는지를 물어보고 공유해 보는 것도 좋은 훈련이 될 수 있다. 주기적으로 내담자에게 피드백을 요청하는 건 상담사로 하여금 우리의 개입을 계속 유지하고 강화해 나가면서도 필요한 수정과 보완들을 해 나갈 수 있게 한다. 내담자의 피드백을 방어적인 태도로 듣지 않고 내담자가 우리에게 무엇을 이야기하려고 하는지 잘 고려해 보도록 하자. 대부분의 내담자는 우리의 솔직함과 가능한 한 내담자와의 매 순간을 함께하고자 하는 노력을 높게 평가할 것이며, 만약에 우리가 그들과 함께한다고 느낀다면 순간적인 부주의를 이해해 줄 것이다.

완벽해지고자 하는 노력이 어떻게 성공으로 이끌 수 있는가?

초심 상담전문가로서 나는 나의 멘토와 교사가 생각하는 것만큼 내 스스로가 능숙하고 통찰력이 있다고 상상할 수 없었다. 나는 그들의 잘 다듬어지고 숙련된 능력과 내 자신의 능력을 비교했고, 그 결과 내 부족한 능력을 확인했다. 나는 그들을 완벽에 가까운 존재로 봤고, 반면 나는 불완전 자체로 인식했다. 내가 어떻게 보이고 선생님들이 나에 대해 어떻게 생각할지 지나치게 걱정할 때 나는 내 내담자들과 완전히 존재하기가 어려웠다. 나는 인정을 받길 원했고, 누군가가 좋아해 주길 바랐고, 타인들이 나에게 원하는 걸 줄 수 있도록 다른 사람들이 나에게 기대하는 게 무엇인지 파악하려고 노력했다. 나는 내 앞에 앉아 있는 내담자보다 나에 대해서 더 많이 인식하고 있었다. 수퍼비전과 개인상담을 받으면서, 나는 점점 내 안의 비평가를 잘 길들이면서 완벽을 목표로 하는 것과 최선을 추구하는 것 간의 차이를 배웠다. 나는 내가 가진 최선을 다하고, 습득한 기술들을 가지고 성실하게 일하면서, 심사숙고하여서 원칙에 따라 상담을 제공하는 것이 앞으로 나아가는 최선의 방식임을 믿게 되었다. 항상 완벽한 수행을 하길 요구하는 것은 지치고, 번아웃을 가져오며, 창의성의 고갈을 가져오는 확실한 방법이다.

완벽주의적 태도는 우리가 대학원에 진학하기 전부터 시작되는 경우가 많으며, 상담사가 되기 위한 교육을 받으면서 전문가가 되는 여정 내내 지속될 수 있다. 완벽주의를 추구하는 갈망은 행동을 유도하나 종종 성공을 방해한다. 대학원생들은 완벽주의자적이면서 A학점을 받는 걸로 자신의 가치를 측정하는 경향이 있다. 어떤 학생들은 A학점 미만은 실패와 동일하게 받아들인다. 내가 박사과정을 밟는 동안, 배움은 항상 쉽게 오지 않았고, 나는 A학점만 받는 학생은 확실히 아니었다. 대학원 성적을 살펴보면 난 전체 박사과정 중 14개의 A학점과 11개의 B학점을 받았다. B학점들을 받은 것이 내가 상담으로 박사학위를 받고자 한 내 흥미를 바꾸지 않았고, 난 그 점을 매우 기쁘게 생각한다. 난 무슨 학점을 받느냐보다는 수업을 통해 내가 뭘 배우고 있느냐에 대해 좀 더 고민하고 신경을 썼다. 교수로서 나는 학생들에게 A학점은 앞으로 미래에 상담전문가로서 그들의 능력이나 잠재력을 측정하지 않는다는 점을 설명한다. 나는 학생들이 성적을 성공의 잣대로 삼지 않기를 바란다.

불완전함을 받아들이는 걸 배우고, 실패와 더불어 사는 방법을 배울 수 있는 좋은 참고자료로는 『상담자가 된다는 것(On Being a Therapist)』(Kottler, 2017)을 추천한다.

유능해지고자 하는 데에 대한 자신의 불안정감을 어떻게 다룰 수 있을 것인가?

유능한 전문가가 되는 건 전 생애에 걸친 과정이며, 한 순간의 이벤트나 사건이 아니다. 상담전문가로서 첫발을 내딛을 때 불안전하다고 느끼는 건 매우 흔한 일이다. 때때로 상담전문가로서의 미래를 생각하면서 흥분하다가도 한편으로는 이런 노력들이 그럴 만한 가치가 있는 것인지 의욕도 꺾이고 의구심도 들 수 있다. 이런 불안정감을 받아들이면서도 그것을 너무 부담스럽게 생각하지 않았으면 한다. 사실 나는 지나치게 자신감이 넘치고 자신의 역량에 대한 비현실적인 시각을 가지고 있는 학생들이 더 염려스럽다. 자신의 능력에 대한 확신이 들지 않고 불안정하게 느끼는 건 더 성실하게 일을 하게끔 만들고 현재 하고 있는 과제들에 더 최선의 노력을 기울이게끔 만든다. 상담 수련생들은 종종 '내가 정말 이걸 할 수 있을까? 내가 잘한다는 걸 어떻게 알 수가 있지?'라고 생각한다. 스스로 느끼는 유능감보다 불안정감을 더 많이 경험할 때, 뭐가 당신을 자꾸 무력하게 만들고 주저앉게 만드는지 생각해 보길 바란다. 돈키호테는 "불가능한 꿈을 꾸자."라고 했다. 자신의 꿈을 추구해 나가는 과정은 모든 걸 변화시키고 다르게 만들 수 있다. 가는 길을 돌아가야 하는 장애물을 만날 때에도, 자신만의 비전을 잃지 말길 바란다. 자기 자신을 믿음으로써 어려운 시간을 보낼 때 당신을 도와줄 수 있는 가능한 지지와 격려를 찾고 도움을 받길 바란다. 만약 성실하게 공부를 하고 상담 수련을 받는다면, 당신의 꿈은 이루어질 것이다.

상담전문가로서의 진로를 만들어 가는 과정의 어떤 지점에서 마침내 확신을 갖고 유능감을 느꼈는가?

전문가로서의 초창기 시절, 나는 내가 가진 불안정감으로 인해 상담전문가로서 제대로 일을 해내지 못할까 봐 걱정했다. 종결한 후 수년이 지난 이전 내담자들이 우리가 함께 작업한 상담이 그들에게 긍정적인 영향을 미쳤다고 말해 준 피드백들은 내가 나의 유능감에 대해서 자신감과 안정감을 갖게 도와줬다. 확실히 모든 영역에 대해서 유능감을 느끼는 건 아니었지만, 내가 훈련을 받았고 충분한 수련 경험을 한 특정 역역들에 대해서는 나의 전문성에 대한 확신이 있다. 내 자신에게 더 친절해지고, 항상 내가 완벽히 유능해야 한다고 스스로를 들볶지 않는 건 나로 하여금 유능감에 대한 현실적인 시각을 갖게 도와주었다.

모든 실패가 치명적인가? 어떻게 실패 경험에 잘 대응할 수 있는가?

실패에 대한 공포, 부적절감, 내가 누구인지 정의하고자 하는 고군분투는 어떻게 잘 살 수 있는가에 대한 나의 학습의 핵심 요소들이었다. 나는 많은 실패를 경험했지만, 어떤 노력에 대해 실패했다고 해서 그게 내가 인간으로서 완전히 실패자가 되는 건 아니라는 것을 깨달았다. 내가 배운 또 하나의 핵심 교훈은 실수가 실패와 같은 게 아니라는 것이다. 전문가로서의 노력을 계속 하는 건 끝이 없는 과정이다. 아들러는 열등감이 창의성의 원천이라고 하였다. 나는 우월감 혹은 유능감에 대한 갈망은 사실 우리의 열등감에 기반한 거라는 아들러 심리상담학자들의 의견에 동의한다. 지금까지 살아오면서 내가 전문가로서의 생산성에 에너지와 시간을 쏟는 건 나의 어린 시절, 청소년기 그리고 초기 성인기 동안 많은 방식으로 경험한 부적절감에 대한 보상과 일부 연결되어 있다. 나는 삶에서 여러 장벽을 극복하는 동기 유발 동력으로서 열등감을 사용해 왔다. 난 이제는 더 이상 실패나 열등감을 피하려고 노력하지 않고 있는 그대로의 나의 일부로서 이런 감정들을 받아들였다. 열등감을 포함해서 자신의 모든 측면을 다 받아들일 때 당신은 자신 내의 창의성을 발견할 수 있을 것이다. 이런 감정들은 긍정적이면서 동기를 부여하는 힘이 될 수 있다.

실수로부터 회복하고 실패를 통해 배우는 과정에 대한 주제에 대해 더 읽고 싶으면 『뛰어난 상담자들의 비밀(The Secrets of Exceptional Counselors)』(Kottler, 2018), 『젊은 상담자에게 보내는 편지(Letters to a Young Therapist)』(Pipher, 2003), 『상담대학원 과정에서 살아남고 성장하기(Surviving and Thriving in Your Counseling Program)』(Austin & Austin, 2020)를 추천한다.

성찰을 위한 질문

1. 만약에 본인이 가지고 있는 두세 가지 정도의 자기에 대한 의심 관련 생각들을 이야기해 본다면 어떤 것들이 있는가? 어떻게 당신의 자기의심들이 자신의 행동에 영향을 미치는가?
2. 스스로가 생각할 때 자신이 완벽주의 때문에 괴로운가? 만약 그렇다면 어떻게 완벽주의가 당신의 여러 활동에 영향을 미치는가?
3. 당신이 있는 그대로의 자신으로 내담자와 함께하는 데 방해가 되는 요인들은 무엇인가? 상담사로서 모든 정신이 상담하는 내내 내담자와 함께할 수 있는 역량을 증가시키기 위해 스스로 할 수 있는 일이 뭐가 있을지 생각해 보자.
4. 상담을 제공하는 상황에서 실수를 하는 걸 어떻게 생각하는가? 실패를 하거나 실수를 하는 것에 대해 어떤 고민들을 가지고 있는가?
5. 유능한 상담전문가가 되는 과정은 삶에서 한 순간의 사건이라기보다는 전 생애적인 과정이라는 문장이 당신에겐 어떤 의미로 이해되었는가?

16장

자기개방

Personal Reflections on Counseling

도입

상담사가 자신에 대해서 시기적절하게 드러낼 수 있는 점은 내담자가 자신을 탐색해 가는 과정을 촉진하는 데 있어서 매우 강력한 개입이 될 수 있다. 자신을 공개하는 말들(자신에 대한 개인적인 정보를 공개하는 것)과 자신이 포함된 말들(상담 관계에서 지금 여기의 맥락 안에서 내담자에게 개인적인 생각, 기분과 반응을 나타내는 것)은 별개로 구분되는 특징을 가진다. 내담자들에게 어떻게 그들이 말하고 행한 것들에 의해 상담사들이 영향을 받는지 알게 하는 건 종종 우리의 개인적인 삶의 상세한 측면을 드러내는 것보다 더 유용하다. 예를 들어, 만약 내담자가 하는 말을 듣는 데 어려움을 경험하고 있다면, 상담사로서 "전 때때로 당신이 상담 장면에서 하시는 이야기들에 집중을 하는 게 좀 어렵게 느껴지네요. 당신이 자신에 대해서 이야기할 때는 잘 따라갈 수가 있는데 당신의 남편이 하거나 하지 않는 모든 일에 대해 상세하게 이야기를 할 때는 제가 흥미를 잃어버린다는 걸 깨달았어요."라는 식으로 내담자에게 알리는 게 유용할 수 있다.

상담사가 자신에 대해 이야기하는 게 내담자에게 도움이 된다면 그렇게 하는 것이 치료적일 수 있으나 타인과의 진실된 관계를 형성한 상담사의 과거 자세한 이야기들을 드러내는 건 불필요하다.

당신의 개인적인 문제를 내담자에게 드러내는 것과 같은 불필요한 자기개방은 쉽게 생산적인 자기개방으로부터 내담자를 멀어지게 할 수 있다. 만약 상담사로서 당신의 자기개방 행동이 내담자로 하여금 자신의 문제를 탐색하는 것을 방해한다면, 상담사가 자신이 받는 개인상담 혹은 수퍼비전에서 이 문제를 다루는 것을 고려해야 한다. 자기개방의 다양한 측면을 어떻게 다루면 좋을 것인가에 대해서 성찰하면서 이 장을 읽어 가는 과정에서 무엇이 적절한 상담사로서의 자기개방인가에 대한 자기 자신만의 가이드라인을 만들어 보길 바란다.

• • •

자기개방이 좋은 이유와 좋지 않은 이유에는 어떤 것들이 있는가?

상담사가 자기개방을 하는 가장 좋은 이유는 그렇게 하는 것이 내담자에게 도움이 되어서이다. 상담사인 당신이 자신을 드러냈을 때 내담자의 반응에 주의를 기울여 보면, 자기개방이 유용한지 그렇지 않은지 판단해 볼 수 있다. 어떤 내담자들은 연령, 인종, 성별, 성적 지향, 혹은 삶의 경험에서의 차이 때문에 당신에게 상담을 받는 게 좋을지 아닐지에 대한 고민을 함께 나누고자 하는 욕구를 갖고 있을 수 있다. 이런 차이 때문에 내담자가 당신과 작업하는 데 있어서 여러 고민이 있다는 것에 대해서 상담사인 당신이 어떻게 듣고 느꼈는지를 물어볼 수 있다. 이 때 이러한 차이와 관련한 자기개방은 치료적인 과정을 촉진할 수 있다.

상담사가 자기개방을 하는 이유로 별로 좋지 않은 이유는 내담자의 욕구가 아닌 상담사인 당신의 욕구를 충족시키기 위해서이다. 만약에 당신의 자기개방이 자기 자신에 대해서 이야기하고자 하는 상담사 자신의 욕구에 의해 동기화된 거라면 이는 문제가 될 소지가 있으며, 상담사로서 내담자와의 관계를 잘 유지하는 데 주의를 기울일 필요가 있다. 내담자들은 당신의 결혼 여부, 정치적 성향, 자녀 유무, 가족 배경, 휴가 때 무엇을 하는지, 혹은 상담 관계와 별 관계가 없는 다른 문제들과 같은 개인적인 문제들에 대해서 물어볼 수 있다. 만약 초심 상담사라면 내담자를 만나 보기 이전에 자신에 대해서 어떤 걸 개방하고자 하는지 혹은 하고 싶지 않은지를 정해 놓는 것이 일반적으로 도움이 된다. 이와 더불어 내담자을 만나 보기 전에 어떻게 개인적인 질문들을 다룰 것인지에 대해서 미리 좀 생각을 해 보길 추천한다. 개인적인 질문들에 대답하기 이전에 잠시 멈추는 것은 내담자가 왜 그런 질문들을 하는지 탐색할 기회를 제공한다는 점에서 효과적인 치료적인 개입이 된다. 내담자는 상담사에게 개인적인 질문을 함으로써 내담자인 자신을 이해할 수 있을지 파악하고자 노력하는 것일 수 있다. 이는 무의식적인 동기일 수 있다. 이때 왠지 답을 해야 할 것 같은 압박감을 느껴서 개인적인 질문에 답을 하는 건 좋은 생각이 아니다. 어떻게 이러한 개인적인 질문들에 대답을 할 것인가에 대해서 좀 더 터놓고 내담자와 함께 탐색해 나가는 것이 내담자에게 더 도움이 되며, 상담사의 사생활에 대해서 아는 데 흥미를 보이는 이유에 대해서 논의해 보는 게 좋다.

자기개방의 적절한 정도를 판단하는 데 도움이 되는 가이드라인은 무엇이 있는가?

나의 많은 학생은 너무 많이 자신을 개방하는 것과 너무 적게 개방하는 것 사이에 적절한 균형을 이루는 데 어려움을 경험한다. 적절한 종류와 양의 자기개방을 결정하는 것은 노련한 상담사에게도 쉽지 않은 문제인데, 초심 상담사에겐 더욱 그러하다. 나는 내 학생들에게 이러한 균형을 결정하는 건 뭘 개방하려고 하는지, 그리고 그 개방의 시점과 많이 연관되어 있다고 이야기한다. 강렬한 정서를 경험하고 있는 내담자와 작업을 할 때 나는 어떻게 그들이 상담사인 나에게 영향을 미치는지에 대해서 내담자에게 말한다. 그러나 나는 최대한 어떻게 내담자의 감정이 내 안에 있는 비슷한 감정을 불러일으키는지 등의 상세한 정보에 대해서 이야기하는 건 피한다. 이때 나는 무엇이 내담자에게 도움이 되는지, 그리고 어떻게 그 순간에 그 내담자에게 이 자기개방이 유용할 수 있는지에 초점을 맞추고자 노력한다.

자기개방의 적절성을 결정하는 데 있어서 무엇을 드러낼지, 언제 드러낼지, 그리고 얼마나 공유할 것인지를 고려해야 한다. 상담사가 너무 적게 혹은 너무 많이 자기개방을 하는 것은 효과적인 상담적 관계를 형성하는 데 있어서 도움이 되지 않는다. 만약 상담사로서 당신이 자신의 개인적인 경험을 공유함으로써 솔직해지려고 너무 노력을 한다면, 당신은 당신의 내담자의 심리적 문제와 이를 다루는 상담 과정과 그다지 관련이 없는 상세한 다른 정보들을 공개해야 할 것같이 내담자에게 부담을 주고 있는 것일 수 있다. 상담사가 자신에 대해서 어떤 정보를 공유하는 데 종종 유용한 점이 있음에도 불구하고, 이러한 자기개방을 하는 상담사의 동기에 대해서 항상 자각하고 있어야 한다. 당신이 상담사로서 자기개방을 할 때 어떻게 이 자기개방이 내담자에게 영향을 미치는지에 대해서 감을 잡기 위해서는 당신의 이야기에 대한 내담자의 반응에 주의를 기울이는 것이 중요하다. 내담자도 상담사의 개인적인 어떤 정보를 알게 되는 것이 내담자가 상담사와 더 연결되는 느낌을 강화하고 진솔한 관계를 형성하는 데 도움이 될 수 있다는 점을 알 필요가 있다.

자기개방의 가장 생산적인 형태는 상담 회기 내에서 당신과 당신의 내담자 간에 무엇이 벌어지고 있는지와 관련이 있다. 즉시성의 기술은 지금 여기에 당신과 당신의 내담자 간에 일어나고 있는 것을 드러내는 것도 포함한다. 예를 들어, 내담자가 자신의 엄마와의 관계에 대해서 이야기하기 시작할 때 울음을 터트리면서 바로 다른 주제로 넘어가는 걸 관찰할 수 있다. 내담자가 이럴 때, 당신은 내담자와 맞닿아 있는 느낌이 느슨해지면서, 내담자와 지금 여기 회기에 함께 있다는 느낌을 덜 받을 수 있다. 이때 내담자에게 엄마와의 관계에 대해서 이야기를 할 때 내담자가 뭘 경험했는지 한번 떠올려 보라고 도전하는 건 유용한 개입이 될 수 있다. 상담사로서 내담자가 주제를 변경하는 과정에서 내담자를 놓치는 느낌이 드는 등의 어려움을 경험하고 있다는 점을 내담자에게 알리는 건 지금 현재 순간에서 개입을 촉진할 수 있다. 개인적인 반응을 내담자와 나누는 건 치료적인 진전을 촉진시키고, 내담자와의 관계의 질을 향상시킨다. 하지만 치료적 관계에 기반하여 상담사로서의 반응을 이야기할 때에도 어떤 생각, 감정 그리고 반응을 내담자에게 드러내고자 하는지, 즉 자기개방과 민감성에 있어서 주의가 요구된다. 어떤 자기개방도 선택적이어야 하며, 내담자의 욕구에 맞춰서 이루어져야 한다.

어떻게 집단의 일부가 되면서 동시에 리더로서의 역할을 할 수 있는가?

대부분의 나의 집단 작업은 집단상담을 제공하거나 혹은 집단 리더들을 훈련시키는 것이다. 이러한 집단들에서 나는 집단에 참여한 내담자 혹은 상담사들의 개인적인 목표를 달성하도록 집단 구성원들을 조력하고, 집단 내에서 일어나는 여러 일을 촉진하는 것을 나의 역할로 본다. 때때로 집단 구성원들은 개인적인 자기개방을 통해서 좀 더 집단에 개입하기를 기대한다. 일반적으로 나는 집단 내에서 나의 개인적인 문제를 드러내지 않는다. 내 역할은 집단원이 아니라 집단 리더로서의 역할이며, 나는 이 집단 내에서 다른 임무를 맡았기에 내 개인적인 삶을 많이 나누지 않는다. 이에 나는 내가 어떻게 집단 구성원들로부터 영향을 받았는지뿐 아니라 집단 구성원들에 대한 나의 반응과 관찰들을 공개하고자 한다. 이때 나로 하여금 개인적인 반응을 불러일으킨 집단 구성원을 인식하고, 그들이 내게 영향을 미친 점을 파악한다. 만약 집단에게 적절하고 유용하다면, 난 특정한 개인적 경험과 더불어 어떻게 나의 경험이 집단 구성원들이 집단 내에서 탐색한 것들과 관련이 있는지를 공유한다. 비록 내 역할은 일반적인 집단 구성원들의 역할과는 다를 수 있지만, 난 전문가로서의 역할 뒤에 숨지는 않는다. 나는 솔직하고, 내용 및 시기상 적절한 자기개방이 모델링이라는 리더의 기능을 촉진할 수 있다고 생각한다. 자기개방은 리더 자체보다 집단 구성원들에게 주의를 기울이면서도 의도적일 때 유용할 수 있다. 나의 자기개방은 항상 내 자신의 욕구를 만족시키는 것이 아닌, 집단 구성원들의 이익이 되어야 한다.

집단상담사로서 어떻게 자기개방의 적절한 균형을 결정하는가?

난 무엇이 적절한 자기개방인가에 대해서 간단한 대답이 있다고 생각하지 않는다. 많은 경우 당신이 현재 운영하고 있는 집단의 유형과 집단 리더로서 당신의 스타일에 달려 있다. 지금 이 글을 읽는 상담사들 중 일부는 중독이나 약물 과용을 한 내담자들과 함께하는 집단 리더일지도 모른다. 이러한 집단 구성원들은 당신의 학력뿐 아니라 상담사인 당신에 대해 개인적으로 알기를 원할 가능성이 높다. 만약 당신도 중독으로부터 회복되고 있는 중이라면, 이걸 집단 구성원들에게 알릴 것인지를 결정해야 할 수 있다. 당신의 개인적인 여정은 중독 문제를 다루는 방법을 배우고 있는 집단 구성원들에게 자원이 될 수 있다. 중독 경험을 통해 개인적으로 배운 점을 나누는 당신의 개방성은 신뢰를 구축하는 데 큰 도움이 될 수 있다. 물론 당신의 개인적인 개방 정도가 자세할 필요는 없으며, 어떻게 집단 구성원들이 상담사로서 당신이 공유한 정보를 받아들이는가를 살펴보는 것이 중요하다.

집단 리더로서 자기개방에 대한 좀 더 많은 논의는 『집단: 과정과 실제(Groups: Process and Practice)』(Corey, Corey, & Corey, 2018)를 참고하기 바란다.

성찰을 위한 질문

1. 자기개방을 하는 좋은 이유와 좋지 않은 이유들에는 각각 어떤 것들이 있는가?
2. 어떤 종류의 상담사의 자기개방이 치료적인지 어떻게 평가하는가?
3. 만약 내담자가 당신에게 개인적인 정보를 공개하길 원한다면 어떻게 이에 대해 반응할 것인가?
4. 상담사로서 자기개방의 적절성을 결정하는 데 있어 자신만의 가이드라인에는 어떤 것이 있는가?
5. 즉시성 혹은 내담자와의 관계에서 무엇이 일어나고 있는지 내담자와 이야기하는 데 초점을 맞출 때, 당신은 어떤 점을 중요시하는가?

17장

어려운 내담자 대하기

Personal Reflections on Counseling

도입

학생들은 어떻게 '어려운 내담자'를 대해야 하는지 배우는 데 대체로 매우 관심이 많으며, 나는 내담자의 저항에 대해 생각해 보고 접근해 볼 수 있는 대안을 추천한다. 만약 당신의 내담자의 주저함을 이해, 참을성, 열정, 배려, 관심 그리고 존중을 가지고 접근한다면, 대부분의 사람은 자신의 경계를 늦출 것이다. 저항을 존중하는 부분에는 이런 문제적 행동의 의미가 무엇인지를 진정으로 이해하고자 관심을 갖는 것이 포함된다. 내담자들은 특정 상황에서 살아남기 위해 그들의 방어 체계가 필요할 수 있으며, 상담사들은 내담자들이 그들의 방어막을 포기하기를 주장하기보다 이를 지지해 줘야 한다. 이 장을 통해 나는 저항을 재구조화하는 새로운 관점을 받아들이고, 더 깊은 이해를 가지고 당신에게 도전적인 내담자들을 바라보길 제안하고자 한다.

• • •

내담자의 저항을 마주할 때 이에 효과적으로 대처할 수 있는 방법들은 무엇인가?

저항이라는 단어는 내담자의 협조가 부족하다는 암시와 더불어 부정적이고 비난의 의미를 내포하고 있다. 만약 우리가 내담자를 저항하는 존재로 인식한다면, 우리는 그들을 전투적이고 비협조적인 사람으로 다룰 가능성이 높으며, 이는 그들의 저항성을 강화하는 경향이 있다. 불안하거나, 조심스럽거나, 경계를 하고 있거나, 겁을 먹었거나, 불안정할 수 있는 내담자를 판단하지 않도록 당신의 생각을 재구성하는 것이 필요하다. 나는 '저항하는'이라는 단어를 이 행동의 이유에 대해 궁금해하는 데 도움이 되는 덜 판단적인 단어들인 '주저하는' 혹은 '양가적인'이라는 단어로 대체하고자 한다.

많은 내담자는 당신과 관계를 맺는 게 안전한지 아닌지 결정하기 위해서 당신을 시험할 것이다. 그들의 주저함과 불안을 표현하게끔 내담자를 초대하고, 초기 면담 시 내담자의 상담 내 경험을 탐색해 보는 것이 필요하다. 대부분의 사람이 상담 과정 중 다양한 시점에 양가적 감정과 방어감을 경험할 것이라는 점을 깨닫고, 상담사로서 내담자들이 자신의 어려움을 상담사에게 알리는 위험을 감수하도록 도울 때 이러한 정보들을 사용할 수 있음을 인지할 필요가 있다. 만약 존중하는 방식으로 함께 이러한 양가성을 탐색한다면, 당신의 치료적 관계는 더 강해지고 양가성은 감소할 것이다.

집단상담 내에서 집단 구성원들은 변화하고자 하는 동기가 생기고 집단에 소속되고 싶어 하지만, 어떻게 적극적으로 참여해야 하는지 모르는 경우가 많다. 일반적으로 구성원들이 서로를 이해하기 시작하면서 어색함과 망설이는 분위기가 조성된다. 나는 이러한 주저하는 행동을 협력 부족이나 적의 혹은 완고함의 표현으로 보지 않는다. 집단 구성원들이 그들의 주저함을 이야기해 보도록 격려하는 것은 안전한 환경을 만드는 첫 번째 단계이다. 집단 구성원들은 일반적으로 받아들여지지 않을까 봐, 자신에 대해 너무 많이 드러낼까 봐, 그리고 다른 구성원들이 그들을 이해하지 못할까 봐 불안해하고 다른 사람들이 판단할까 봐 두려워한다. 집단에서 뭘 기대할 수 있는지가 불확실한 상황은 사람들로 하여금 더 불안감을 느끼고 주저하게 만든다. 나는 집단 구성원들이 안전하다고 느낄 때까지 자신들을 드러내는 것에 대해 조심스러워할 거라 예상한다. 이러한 주저함을 건설적으로 탐색하여 집단원들의 조심스러운 행동과 주저함에 기여하는 몇 가지 요인을 식별하고 이를 인정하도록 격려해야 한다. 집단 구성원들이 꺼리는 것에 대해 이야기할 때, 이들은 대체로 덜 경계를 세우게 되고 의미 있는 일에 참여하고자 하는 경향성을 보인다.

변화에 주저하는 건 치료 과정에서 매우 일반적이면서도 예상되는 부분이다. 삶에서 변화를 만들었을 때의 이점들을 앎에도 불구하고, 이들은 변화에 대한 염려와 공포 또한 가지고, 현상 유지를 지속하고자 하는 경향이 있다. 이러한 일련의 행동에 대한 상담사로서의 자신의 반응에 주의를 기울이고, 자신의 현재 생활을 유지하고자 최선을 다하고 있는 개인들과 작업을 할 때 필요한 인내심을 개발하는 데 최선을 다해야 한다.

저항의 흥미로운 부분을 살펴보기 위해서는 『젊은 상담자에게 보내는 편지(Letters to a Young Therapist)』(Pipher, 2003)를 참고하고, 어떻게 받아들이면서 저항을 마주할 것인지에 대한 아이디어를 얻기 위해서는 『심리치료사 되기(The Making of a Therapist)』(Cozolino,

2004)를 참고하길 바란다.

우리는 어려운 내담자를 어떻게 가장 효과적으로 대할 수 있는가?

나는 '어려운 내담자'라는 관점에서 생각하는 걸 좋아하지 않는데, 이는 내담자를 범주로 묶어 버리는 즉각적인 방법이기 때문이다. 내담자를 특정 단어나 표현으로 지칭하거나 판단하는 걸 최대한 피하고, 그들이 생산적인 삶을 살아갈 수 있는 길을 방해하는 행동들에 집중을 해야 한다. 내담자들은 그들의 당면한 문제들을 계속 다루고 있고, 그 문제들을 해결할 수 있는 방안을 찾는 데 상담사의 도움을 받고자 우리에게 온 것이기 때문이다. 우린 이 작업이 쉽든 어렵든 내담자들과 이 연결고리를 만들어 나가는 임무를 맡은 것이다. 상담사의 일은 종종 힘들고, 내담자들이 그들과 함께 작업하는 시간을 불쾌하게 만들고 있는 것처럼 느껴질 때도 있다. 당신이 어려운 내담자를 만났을 때는, 치료의 진전이 더디거나 내담자와 함께하는 데 실패한 상황의 핵심 요인일 수 있는, 이 관계에 자신이 기여한 부분을 솔직하게 들여다보는 용기가 필요하다. 우리가 저항이라든가 혹은 문제라고 명명한 행동으로 인해 내담자를 비난하는 건 도움이 되지 않는다. 나는 왜 이 내담자가 상담을 받으러 왔는지를 계속 마음에 새기려 노력하는 게 도움이 되었다. 내가 이 관점을 계속 유지할 수 있다면, 나는 문제처럼 보이는 행동에 대해서 좀 더 잘 이해할 수 있기 때문이다.

내가 변화에 방어적인 행동을 보이는 내담자에게 과도하게 에너지를 쏟고 있을 때면, 내가 이 내담자들과 상호작용하면서 내 자신의 역동과 반응들을 간과하고 있나 보구나 하는 걸 깨닫게 되었다. 내담자에 대해 내가 가지고 있는 기대와 어젠다들이 내담자의 주의를 요하는 행동을 야기하는 것일지도 모른다. 만약에 내가 특정 내담자로부터 어떻게 영향을 받는지를 이해할 수 있다면, 나는 대체로 방어적이지 않으면서 내 반응을 적절하게 개방할 수 있다. 내담자의 주저함에 대한 내 반응을 이야기하는 것이 바로 대화를 시작하는 방법이 된다. 나는 내담자의 주저함을 치료 과정에 협조하고 싶어 하지 않아 하는 신호로 해석하거나 내담자를 비판하는 걸 피하기 위해 최선을 다한다. 이러한 애매한 주저하는 행동들 때문에 내담자나 혹은 내 자신을 비난하는 걸 최대한 피하는 것이 매우 중요하다. 만약 내 자아를 보호하고자 한다면, 나는 내담자를 시야에서 잃게 된다. 문제 행동을 보이는 내담자와 일을 할 때, 우리의 역전이를 인식하고 이를 효과적으로 다루는 게 가장 중요하다. 나의 과거와 관련된 내 문제와 욕구들로 인해서 객관적이기 어려울 수 있다. 특정 내담자의 행동에 의해서 뭔가가 건드려지고 있음이 자각될 때, 나는 신뢰할 수 있는 동료와 이야기를 하는 게 도움이 되었다.

학생들은 종종 어떻게 내담자들이 자신들에게 내는 화를 잘 다룰 수 있는지 물어본다. 때때로 우리의 행동이 내담자의 화를 돋구거나 영향을 미칠 수도 있다. 우리가 무언가 말하거나 한 행동이 내담자를 불쾌하게 만들었을 수 있다. 그런 경우, 우리의 행동이 내담자 안에서 화를 돋구었고, 이 화를 표현하는 것은 정당한 반응이다. 예를 들어, 만약 우리가 상담 회기 동안 지나치게 다른 무언가에 몰입되어 있을 때, 내담자들은 상담사가 그들과 함께하지 않고 있다는 사실에 매우 짜증이 날 수 있다. 그러나 또 다른 때에는 내담자들이 상담사에게 화를 내면서 반응을 할 수 있고 상담사들은 내담자의 화가 좀 지나치고 과하다고 생각할 수 있다. 만약 우리가 이를 지나치게 개인적으로 받아들이고 반응을 한다면 우리는 방어적이 될 수밖에 없다. 따라서 지금 여기의 상호작용에 집중하고, 내담자로 하여금 무엇이 그 화를 야기했는지 이해할 수 있게 도와달라고 이야기해야 한다.

나에게 너무 의존적이게 된 내담자에게 어떻게 반응해야 하는가?

어떤 의존적인 내담자들은 당신을 모든 걸 알고 있고 모든 면에서 현명한 사람으로 바라볼 것이다. 그들은 낮과 밤을 가리지 않고 언제든 전화하고 싶어 할 것이다. 그들은 때로 그들의 회기 내에서 제한된 시간 이상을 함께하길 기대하기도 한다. 또한 항상 상담사가 그들에게 맞는 답을 가지고 있다고 확신하면서, 자신의 삶을 이끌어 나가는 데 과도하게 당신에게 의존하게 될 수 있다.

만약 이러한 내담자의 요구를 다 들어주고 그들을 돌봐 준다면, 당신은 내담자들이 스스로 자신만의 답을 찾을 능력이 없다는 자기지각을 확인해 주는 셈이 된다. 이때 얼마나 직접적이든 간접적이든 그들이 당신에게 의존하는 걸 격려해 왔는지를 한번 돌아보도록 하자. 내담자에게 필요하면 언제든지 전화해도 된다고 내담자에게 말하는 건 현명하지 못하다. 물론 상담 회기 사이에 당신에게 연락을 해야 할 필요가 있을 수도 있는 고위기 내담자들한테는 항상 시간을 내주고 싶을 수 있다. 하지만 만약 당신이 너무 언제 어디서든 연락이 가능한 상태로 스스로를 만들어 버리면, 내담자는 당신과의 전문적인 관계 외에 다른 자원들을 발달시켜야 할 때 당신에게만 오고 의지하게 될 수 있다. 이에 내담자와 상담사 모두를 위해서, 내담자와의 경계를 세우고 이를 유지하는 것이 중요하다.

내담자가 상담사를 공격할 때 상담사가 어떻게 반응하는 게 최선인가?

내담자로부터 공격적인 언사, 태도 혹은 행동을 경험하였을 때 방어적이 되는 건 별로 도움이 되지 않는다. 만약 공격을 받고, 지금 이 상황이 내담자와 효과적으로 작업을 하는 데 방해가 됨을 발견한다면, 당신이 어떤 점에서 내담자가 공격적이라 느꼈는지를 함께 의논하고, 어떻게 당신이 내담자의 말과 행동에 영향을 받았는지를 설명하는 것이 대체로 바람직하다. 판단을 멈추고, 내담자의 공격적인 행동에 대한 나의 반응에 집중하며, 어떻게 이 상황이 당신의 내담자와의 관계에 영향을 미칠 수 있는지를 생각해 보는 것이 좋다. 상담사들은 취약한 자아를 가질 여유가 없다. 만약에 수퍼비전을 받고 있다면, 이 문제를 수퍼비전 때 가져가서, 어떻게 이러한 상황이 내담자와 작업을 하는 당신의 능력에 영향을 미쳤는지를 탐색해 봐야 한다. 당신에 대한 내담자의 행동은 회기 중에 잘 이해하고 탐색하기 위해서, 상담사인 당신과 당신의 내담자에게 중요한 자료이다.

내담자가 전혀 말을 하지 않으면 어떻게 해야 하는가? 적대적이고 참여를 거부하는 법원 명령을 받은 내담자에게는 어떻게 다가가면 좋은가?

내담자의 문제에 초점을 맞추기보다는 이러한 행동이 당신에게 뭘 야기했는지를 곰곰이 생각해 보는 게 좋다. 아마 당신이 아주 능력 있는 유명한 상담사라면 당신의 내담자가 상담에 참여할 거라고 스스로에게 이야기하고 있을지도 모른다. 혹은 당신의 헌신에 대해서 아무런 존중을 받지 못하는 이 상황이 너무 힘듦을 지각하고 있을지도 모른다. 어떻게 내담자의 행동이 당신에게 영향을 미쳤는지 생각해 보는 데에는 많은 시간이 필요하지 않다. 내담자에게 다가가기 전에 자신을 추스르고 모으는 방법으로서 내적으로 일어나는 반응을 잘 식별해 보자. 나는 종종 내담자에게 이 방에 지금 있는 게 어떤지 물어보고, 반응을 하기 전에 주의 깊게 듣는다. 그다음 단계는 내담자에게 그들이 상담사로부터 뭘 기대할 수 있는지, 상담사가 내담자에게 무엇을 기대하는지, 상담이 어떻게 이루어지는지, 그리고 상담사로서 직업을 스스로 어떻게 생각하는지에 대해서 내담자에게 알려 주는 것이다.

할 수 있는 만큼 앞의 이 내담자가 당신을 보면서 뭘 생각하고 느끼고 있는지를 파악해 보도록 하자. 참여에 대한 동의를 얻는 과정은 이러한 법원의 명령을 받아 상담을 받으러 온 내담자와 일을 하는 데 절대적으로 중요한 부분이며, 그들은 이 상담을 받는다는 게 뭘 의미하며, 안 받을 경우에 어떤 불이익이 있을 수 있는지를 알 권리가 있다. 법원의 명령을 받아 상담을 받는 내담자들은 당신과

한 방에 같이 있는 것에 대해 어느 정도 선택권이 있고, 당신 또한 그들이 어떤 노력도 하지 않을 경우 그들을 만나는 데 동의를 하지 않을 수 있다. 그들이 맘을 걸어 잠그고 참여를 거부하면, 당신이 다가가서 뭘 더 해 볼 수 있는 건 없다. 만약 그들이 하는 말을 이해하면서 듣는다면, 당신을 신뢰하지 않는 게 그들의 입장에서는 완전히 이해가 되는 상황임을 알게 될 것이다. 과거에 아마 상담사로부터 배신을 당해 본 경험이 있을 수도 있고, 당신이 믿을 만한 사람인지를 한번 시험해 보는 것일 수도 있다. 그들에게 다가갈 수 있는 최선의 방법과 기회는 상담 과정에 대해서 직접적이면서도 솔직하게 개방하는 것이다. 만약 당신이 내담자보다 더 열심히 일을 하고 있다면, 역전이가 지금 작용하고 있는지를 돌아보고, 이 문제를 당신의 수퍼바이저 혹은 다른 상담사와 탐색해 볼 필요가 있다.

이 장에서 논의된 주제들에 대해서 더 알고 싶다면, 『좋은 상담자 되기(Becoming a Helper)』(Corey & Corey, 2021), 『상담자가 된다는 것(On Being a Therapist)』(Kottler, 2017) 그리고 『뛰어난 상담자들의 비밀(The Secrets of Exceptional Counselors)』(Kottler, 2018)을 읽어보길 추천한다.

성찰을 위한 질문

1. '저항'이라는 단어를 떠올리면 무엇이 연상되는가?
2. 당신에게는 어떤 내담자가 가장 어려웠는가? 왜 그런지 생각해 보자.
3. 내담자들의 일부 방어적 혹은 저항적인 행동을 줄이기 위해서 어떤 전략을 사용하면 좋은가?
4. 내담자와 상담을 진행할 때 당신의 방어를 늦추기 위해서 뭐가 도움이 되는가?
5. 저항을 좀 더 긍정적인 단어로 재구조화는 방법에는 어떤 것들이 있는가? 저항을 개념화하고 이해하는 대안적인 방법에는 어떤 것들이 있는가?

18장

수퍼비전과 인턴십

Personal Reflections on Counseling

도입

수퍼비전을 받으면서 하는 인턴십은 수업 시간에 배운 내용들을 실제 상담 현장에 적용해 보는 가장 좋은 방법 중 하나이다. 대부분의 상담 수련생은 내담자를 보기 시작할 때 불안을 경험한다. 자기 의심과 더불어 설렘을 갖고 현장 경험과 인턴십을 시작하려고 하고 있다면, 당신은 혼자가 아니다. 상담 실습 현장에 좀 익숙해지기 시작하면, 유능감을 경험할수록 자신에 대한 확신 또한 증가할 것이다. 적극적이면서도 수퍼비전을 최대한 잘 활용하고 배운다면, 이러한 수련 경험에서 배울 수 있는 최대치를 배울 수 있을 것이다. 이 장에서 다룰 질문들은 실제 내담자와 함께 작업을 할 때 종종 불안감을 느끼는 학생들이 물어보는 전형적인 질문들이다.

• • •

인턴십을 시작하는 상담 전공 대학원생들에게 지혜나 조언을 해 줄 수 있는가?

인턴십과 수퍼비전을 받는 실제 상담 현장 경험들은 효과적인 상담사가 되는 걸 도와주는 통로이다. 적절한 수퍼비전을 받을 수 있고 다양한 호소 문제를 가지고 오는 내담자를 다루는 방법을 배울 수 있는 상담 실습 기관에서 상담 경험을 쌓도록 할 수 있는 모든 일을 해 보라고 학생들에게 이야기한다. 당신이 경험을 쌓을 인턴십 기관은 다양한 수퍼비전을 제공하는 환경과 더불어 상담을 제공할 수 있는 다양한 상황을 제공해야 한다. 대부분의 상담 관련 기관은 다양한 범위의 기회들을 제공하고 있으며, 이에 각 기관의 여러 활동에 가능한 한 많이 참여해 보길 바란다. 다양한 상담 기관과 내담자 집단을 선택함으로써 특정 집단과 작업을 하는 자신의 상담사로서의 장점을 발견하고, 당신이 흥미를 가질 만한 영역에 대해 배울 수 있다. 당신이 익숙하지 않은 영역 내에서 수련을 받음으로써 새로운 지식과 기술을 습득할 수도 있다. 이러한 인턴십과 여러 상담 기관에서 수련을 받는 시간들은 향후 당신이 상담전문가로서 일을 하는 과정의 토대가 될 것이다.

인턴십을 선택하고 결정하는 작업은 마치 이게 당신의 직장인 것처럼 접근해야 한다. 업무 강도가 높은 위치에 있으면서도 가용한 모든 도움을 사용하고자 하는 다른 직원들을 도울 수 있는 방법을 물어보도록 하자. 지금 하는 인턴십과 현장 실습 장소들은 앞으로 당신이 학위를 받고 나서 취업 가능성을 찾을 수 있는 최선의 장소이다. 사실 나의 이전 학생들은 본인들이 인턴십을 한 기관에 고용되었다.

어떻게 나에게 맞는 수퍼바이저를 선택하고, 좋은 수련 기관을 찾을 수 있는가?

내가 첫 상담 수련 실습 기관에서 상담 실습을 시작할 때, 나는 그 기관에서 어떤 경험을 할 수 있는지 혹은 누가 나에게 수퍼비전을 제공해 주는지 아는 바가 없었다. 수련을 받는 기관에게 물어보거나 특정 수퍼바이저에게 수퍼비전을 받고 싶다고 말한다든가 할 수 있다는 가능성을 생각해 본 적이 없다. 만약에 내가 다시 수련 실습을 할 수 있다면, 나는 좀 더 많이 질문을 하고 그 과정에서 더 적극적으로 대처할 것이다. 현실적으로 수퍼바이저를 선택하는 데 있어서 선택지가 많지 않을 가능성이 높다. 첫 수련 기관에서는, 아마도 수련을 받을 기관과 수퍼바이저가 이미 정해져 있을 수도 있다.

하지만 만약에 수련을 받을 곳에 대해서 선택의 여지가 있다면, 가장 최선의 수련 기관을 확보할 수 있는 그 어떤 과정도 마다하지 않고 밟아 나가길 바란다. 이미 수련 기관을 정하고 수련을 받고 있는 학생들에게 그 기관 내에서 그들의 수련 경험을 물어보라. 당신이 받을 수퍼비전의 질이 당신의 전문성을 형성하는 데 영향을 미치므로, 특히 각 기관에서 수퍼바이저들에 대해서 물어보는 게 필요하다. 교수진과 이야기를 나누어 보고, 여러 다양한 기관별로 제공하는 수련 경험들에 대해서 물어보는 게 좋다. 관심이 가는 기관들에 대해서 조사를 하여 그 기관들이 어떤 수련 경험을 제공할 수 있는지 확인하는 과정이 필요하다. 수련받고자 고려 중인 기관들의 웹사이트에 들어가서 정보들을 확인하고 그들의 목표, 비전, 서비스 그리고 제공하는 인턴십에 대한 정보들을 파악하도록 하자.

만약에 수퍼바이저를 선택할 수 있는 기회를 갖게 된다면, 질문을 통해서 무엇이 본인에게 생산적인 경험이 될지를 결정하도록 하자. 이러한 단계들을 하나씩 밟다 보면 보람 있는 인턴십 경험을 할 가능성이 높아질 것이다.

이상적인 것과는 거리가 먼 수퍼비전에 어떻게 잘 대처할 수 있는가?

이상적인 수퍼바이저는 찾기가 어렵다. 기관 내 수퍼바이저들은 때때로 이들의 수련감독자로서의 경험에 대해서 거의 준비가 안 되어 있거나 훈련이 안 되어 있는 상태로 수퍼비전 제공 업무를 맡기도 한다. 때때로 학생들은 그들의 수퍼바이저들이 유능하지 않고 부적절한 수퍼비전 경험을 경험하기도 한다. 나는 이때 학생들에게 항상 다음과 같은 질문들을 한다.

- 어떻게 수퍼바이저가 유능하지 않다고 생각하게 되었는가?
- 어떻게 본인이 부적절한 수퍼비전을 받았다는 결론에 다다르게 되었는가?
- 만족스럽지 않은 수퍼비전 관계 안에서 내 역할에 대해서 생각해 본 적이 있는가?
- 당신이 수퍼비전에서 필요한 것이 뭔지 수퍼바이저에게 이야기하는 시도를 해 본 적이 있는가?

이 질문들에 모두 답을 한 후에, 당신은 자신이 별로 좋지 않은 수퍼비전을 경험하였는지를 결정해 볼 수 있다. 만약에 당신이 받은 수퍼비전이 부적절하였다면, 그에 대해서 적극적으로 대처하도록 하자. 당신을 도와줄 수 있는 사람, 즉 수퍼바이저로부터 당신이 원하는 걸 물어보는 등 적극적인 태도를 취하자. 만약에 수퍼바이저에게 직접 이야기하는 게 실현 가능하지도 않고 별로 바람직한 상황이 아니라면, 현재 수련받는 기관의 기관장 혹은 당신에게 조언을 해 줄 수 있는 학교 내 교수진 중 한 명과 당신이 가진 고민을 이야기하는 것이 필요하다. 가장 적절한 대처 행동들은 현재 다니고 있는 학교의 수퍼바이저에게 이 문제를 이야기하는 것이다. 현장 실습을 하는 데 있어서 적절한 수퍼비전을 받을 권리가 있음을 깨달아야 한다.

만약 이 모든 것이 가능하다면, 수퍼바이저와 수퍼비전으로부터 지금 뭘 배우고 있는지, 실제로 얻고 싶은 게 있는데 받고 있지 못한 것은 무엇인지를 이야기해 보도록 한다. 공격적 혹은 판단적인 태도를 가지고 수퍼바이저에게 다가가서 이야기하는 건 피해야 한다. 대신, 당신의 현재 내담자들에게 가능한 한 최상의 서비스를 제공할 수 있도록 당신이 수퍼비전을 통해서 얻고자 하는 게 무엇인지를 이야기한다. 이때 수퍼비전을 통해서 뭘 기대할 수 있는지 처음에 들었던 내용들과 수퍼비전 관련 합의된 내용들(수련 제공 조건)을 구체적으로 언급하는 것이 좋다. 이러한 솔직한 대화를 수퍼바이저랑 나누는 건 그만큼 위험도 존재한다. 하지만 나는 당신이 이러한 계산되고 예상되는 위험들을 감수하길 바란다. 그냥 부적절한 수퍼비전에 적응하고 받아들이지 않는 게 중요하다. 좋은 수퍼비전은 효과적인 상담사가 되는 데 필수적이다.

대학원생으로서 어떻게 내 수퍼비전 경험을 극대화할 수 있는가?

수퍼비전을 제공하는 상담 실습 기관은 지금까지 배운 이론들을 실제 상담을 제공하는 경험을 통해서 새로운 지식과 기술들을 습득하는 장소이다. 이때 어떻게 내가 가지고 있는 지식들을 실제 현장에서 적용해야 하는가에 대한 지도가 필요하다. 수퍼비전은 바로 내담자에게, 그리고 상담 과정에 영향을 미치는 당신의 믿음, 태도, 개인적인 특성, 행동 등을 탐색해 보는 장을 제공한다. 따라서 능동적인 자세를 갖추는 것이 수퍼비전을 통해서 더 많은 걸 얻어 갈 수가 있다. 당신이 할 수 없는 것에 집중하기보다 당신이 할 수 있는 것 그리고 현재 상담 실습 기관과 수퍼비전을 받는 시간에 더 적극적으로 참여함으로써 얻는 이점을 생각하라. 석박사 학생들에게 수퍼비전을 제공하는 내 동료 중 한 명은 최근 자신이 이 수련생들에게 수퍼비전을 제공하면서 얼마나 배우는 것이 많은지에 대해서 이야기한 적이 있다. 나의 동료는 그의 수련생들이 어떤 작업이 상담사 자신과 그들의 내담자에게 잘 이루어졌는지를 들음으로써 효과적인 개입 방안에 대해서 배우고 있다고 했다. 많은 수퍼바이저는 수련을 받고 있는 당신이 잘 할 수 있는 전략들을 만들어 내는 당신만의 관점을 이해하는 데 열려 있고 흥미를 갖고 있다.

만약에 수퍼비전을 받는 경험으로부터 최대한 많은 걸 배우고 얻어 간다면, 다음의 질문들에도 대답을 할 수 있어야 한다. 첫째, 수퍼바이저가 당신에게 기대하는 바가 뭔지 알고 있는가? 둘째, 당신은 수퍼바이저에게 어떤 기대를 갖고 있는가? 셋째, 어떻게 각 수퍼비전 시간 전에 잘 준비를 할 수 있는가? 능동적인 수퍼바이지가 되는 방법들을 생각해 보고, 당신의 수퍼비전을 받는 시간들이 보람되고 가치 있는 경험이 되기 위해 자신이 가져야 할 책임들은 무엇인지 생각해 보자. 수퍼비전 시간마다 질문들, 고민되는 부분들, 성공 경험 등을 준비해 가지고 가길 바란다.

수퍼바이지들은 그들이 수퍼바이저들로부터 지적 혹은 비판을 받고 싶지 않기 때문에 자신에 대한 의심을 수퍼바이저와 공유하고 나누는 걸 주저할 수도 있다는 점을 잘 알고 있다. 수퍼바이지들은 부정적인 평가를 받는 걸 피하고 싶기 때문에 그들의 실수에 대해서 이야기하는 걸 꺼릴 수 있다. 수퍼바이저들은 평가자로서의 역할도 가지고 있고, 그렇기 때문에 수퍼바이지들은 자신의 실수를 드러낸다면 유능하지 못하다는 평가를 받고, 이게 수행평가에 영향을 미칠까 두려워한다. 만약에 수퍼비전을 받는 시간에 솔직하게 자신을 드러내는 것에 대한 고민과 공포를 가지고 있다면, 나는 이 문제를 수퍼바이저와 함께 논의해 보길 추천한다. 이러한 행동을 취하는 것이 바로 수퍼비전 시간에 신뢰할 수 있는 분위기를 조성하는 길이다. 수퍼바이저에게 솔직하게 개방하는 건 위험이 따르고 용기가 필요하지만, 바로 이 과정이 당신이 수퍼바이저와 작업동맹을 맺고 강화하는 지름길이다. 안전하다는 느낌이 이 관계에서 형성된다면, 당신은 어떤 종류든 자기의심을 수퍼비전에 가지고 오고, 단단히 준비해서 가져간 개입 방법이 효과적이지 않았다는 점도 이야기하면서 많은 걸 얻어 갈 수 있을 것이다. 만약에 내가 당신의 수퍼바이저라면, 나는 수퍼바이지가 나와 수퍼바이지 간의 관계이든, 아니면 수퍼바이지와 그의 내담자 간의 상담 회기이든 그 안에서 당신의 고민거리들에 대해서 먼저 가지고 와서 이야기를 하고자 할수록, 수퍼바이지로서 당신에 대한 존중의 마음을 더 많이 가질 것 같다. 특히 잘 진행되지 않은 상황만큼 내담자와의 최고의 순간도 적극적으로 같이 이야기하길 바란다.

수퍼비전과 인턴십 경험에 대한 더 많은 내용을 알고 싶다면 『상담대학원 과정에서 살아남고 성장하기(Surviving and Thriving in Your Counseling Program)』(Austin & Austin, 2020)를 읽어 보길 바란다.

어떻게 하면 수퍼비전이 개인상담이 되지 않으면서 수퍼바이지들에게 치료적인 경험이 될 수 있는가?

나는 수퍼비전을 제공하는 과정에서 교사, 자문가, 멘토, 때로는 상담사로서 기능을 하는 등 다양한 역할을 수행한다. 나는 내 수퍼바이지들에게 나의 이러한 여러 다중 역할 간에 균형을 잡으려고 할 것이며, 내 주된 목표는 수퍼바이지가 적절한 상담 기술을 습득할 수 있는 맥락을 제공하고, 당신의 개인적 그리고 전문가로서의 성장을 돕는 것이라고 이야기한다. 나는 어떻게 이러한 다양한 역할을 효과적이면서 동시에 윤리적으로 다를 수 있는지에 대해 수퍼바이지가 가질 수 있는 어떤 질문들에도 대답할 준비가 되어 있다. 특히 이러한 상담에 대한 수퍼비전의 경우 인턴으로서 수퍼바이지의 업무에 영향을 미치는 개인적인 문제들을 다루는 경우도 많다는 점을 설명하고, 효과적인 상담을 제공하는 능력을 저해하거나 촉진할 수 있는 범위 내에서 수퍼바이지의 개인적인 문제를 다루는 편이다.

수퍼비전은 어떤 면에서는 상담과 유사하나, 아주 중요한 차이가 있다. 수퍼비전은 당신의 전문가로서의 일의 질에 영향을 미칠 가능성이 높은 당신의 개인적인 문제의 특정한 측면을 식별하고 다루기에 적합한 장이다. 하지만 수퍼비전은 당신의 개인적인 문제를 심도 있게 탐색하거나 혹은 당신의 과거에서부터 연유된 끝나지 않은 문제들을 다루는 시간은 아니다. 만약 수퍼바이지로서 당신이 당신의 개인적인 문제와 어떻게 이런 개인적인 문제가 당신의 내담자와의 작업에 영향을 미치는지를 인지한다면, 그다음 단계는 이러한 문제를 탐색하기 위해 개인적으로 상담을 따로 받아 보는 것이다.

수퍼비전에 대한 더 많은 정보는 『상담 수퍼비전의 기초(Fundamentals of Clinical Supervision)』(Bernard & Goodyear, 2019)와 『조력전문 영역의 수퍼비전: 실전 가이드(Clinical Supervision in the Helping Profession: A Practical Guide)』(Corey, Haynes, Moulton, & Muratori, 2021)를 참고하길 바란다.

성찰을 위한 질문

1. 인턴십과 수퍼비전으로부터 배우는 경험을 극대화하기 위해 당신이 취할 수 있는 방법들과 단계들은 무엇인가?
2. 어떻게 양질의 수련 경험과 수퍼비전을 받을 수 있는 수련 기관과 인턴십 기관을 확보하고자 하는가?
3. 어떻게 해야 수퍼비전으로 최대한 많이 배울 수 있는가? 만약 당신이 필요한 정도의 양질의 수퍼비전을 받지 못하고 있다면, 당신이 취할 수 있는 행동엔 어떤 것들이 있는가?
4. 수퍼바이저가 당신에게 기대하는 바에 대해서 당신이 알고 싶은 건 무엇인가? 당신이 수퍼바이저에게 기대하는 바는 무엇인가?
5. 만약에 당신의 개인적인 문제가 내담자와의 작업에 부정적인 영향을 미치고 있다는 걸 깨달았다면, 어떻게 이 문제에 대해서 수퍼바이저와 이야기하고 싶은가?

19장

글쓰기와 작가 되기

Personal Reflections on Counseling

도입

이 장에서의 질문들은 교과서에서부터 일기까지 다양한 종류의 글쓰기에 대한 것들이다. 교과서 집필, 글을 쓰는 동기, 일기 작성, 발표를 위한 프로포절 작성이나 학술지에 발표하고자 하는 논문 작성에 이르기까지 다양한 글쓰기에 대한 질문들을 받아 왔다. 작성한 프로포절이 통과되지 못했을 때 다양한 글을 쓰는 과정에서 경험하는 어려움들을 어떻게 대처해 왔는지에 대해서도 이야기를 해 보고자 한다. 글쓰기는 당신에게 개인적으로 관심이 있는 주제에 대해서 좀 더 정교화시키는 매우 창의적인 노력이다. 이에 다양한 종류의 글쓰기를 해 본 나의 경험들과 작가가 되고자 하는 열망을 실현할 수 있는 방법들을 제안해 보고자 한다.

• • •

교과서 집필을 시작하게 된 계기는 무엇인가?

45년 전 내가 휴먼서비스 관련 다양한 학부 수업을 가르치느라 바빴을 때, 내 수업을 준비하는 데 도움이 되는 교과서가 없었다. 나는 학생들에게 주기 위해서 여러 자료를 쓰고 만들기 시작했고 이 자료들이 결국 책의 각 장이 되었다. 글을 쓰게 된 주된 동기는 학생들과 아이디어들을 공유하고자 함이었고, 이는 내 전체 경력 내내 가지고 있는 열정이었다.

나는 1977년에 첫 출판되어 현재 10판이 출판되었고 지금까지 전 세계적으로 번역되어 사용되는 『심리상담과 치료의 이론과 실제(Theory and Practice of Counseling and Psychotherapy)』라는 책을 어떻게 상상하고 구상했는지에 대해 다른 사람들로부터 여러 번 질문을 받았었다. 나는 내가 쓴 글이 이렇게 오랜 기간 동안 성공할 거라고는 상상해 본 적도 없다. 그냥 1972년 당시 내가 채택해서 쓰고 싶은 이론서를 찾을 수가 없었고, 이에 학생들을 위해서 명료하고, 실제적이면서도 몰입이 잘 되는 방식으로 여러 상담이론을 소개하는 글을 쓰고자 했을 뿐이다. 어느 날 출판사가 내 연구실로 와서 "교과서를 써 볼 생각이 있으십니까?"라고 물었다. 나는 내가 학생들에게 준 유인물들을 꺼냈고 이러한 유인물들이 언젠가 상담이론 교과서가 될 수 있다는 사실에 흥분했다. 출판사 입장에서는 현재 그들이 가지고 있는 상담 분야의 여러 교과서에 좋은 추가 구성이 될 수 있다고 이야기했고, 곧 소식을 전해 주겠다고 했다. 그 초기 버전 글은 다시 재발견이 될 때까지 편집장의 책상 바닥에서 잠을 자고 있었고, 이후 책 출판을 위한 계약서를 작성했다. 이 책을 쓰는 작업을 하면서 나는 학생들에게 이야기를 하면서 각 이론들에 대해서 그들과 내 생각을 나누는 내 모습을 상상했다. 내가 가르치는 방식은 개인적이며, 어떻게 이 내용이 그들의 삶에 영향을 미칠 수 있을지 학생들에게 생각을 해 보라고 하는 편이다. 나는 이 책이 많은 학생에게 의미 있는 영향을 미치고 있다는 사실을 매우 기쁘게 생각한다. 많은 학생이 이 교과서를 가지고 공부하면서 상담사로서의 자신의 작업들에도 적용해 볼 수 있는 여러 개념과 기수를 가르쳐 주는 것은 물론 개인적으로도 의미가 있는 경험이라고 이야기를 해 주었다. 교과서 집필에 관심이 있다면 당신이 관심과 열정을 갖는 주제들에 대한 글을 작성하는 데 에너지들을 쏟고, 당신의 글이 당신의 상담 현장에서 혹은 수련생들에게 수퍼비전을 제공하고 가르치는 역량을 강화할 수 있는 방법을 생각해 보길 바란다.

교과서 집필을 아직 해 보지 않았지만, 관심은 있는 사람들에게 해 줄 조언은 무엇인가?

2001년부터 나는 미국상담학회(American Counseling Association)에서 책 집필과 관련된 정보를 나누기 위해서 9명의 저자와 함께 패널 발표를 준비했다. 내가 여기서 제안하는 몇 가지 제안은 그 당시 '당신 안에 이미 쓰일 책이 있는가?'라는 제목의 프로그램 내에서 패널들에 의해 제시된 팁들에서 모은 내용들이다. 책을 쓰기 위해선 다양한 접근 방식이 존재한다. 우리는 모두 다른 스케줄들을 가지고 있고 다양한 방식으로 일을 하며, 당신의 글을 쓰는 스타일은 당신의 욕구와 상황에 맞춰진다. 자신만의 스타일을 찾기까지의 여러 실험적 시도가 당신이 원하는 결과로 이어진다. 대부분의 사람은 여러 개인적인, 그리고 해야 하는 일들에 눌려서 책 집필을 할 만한 시간이 없을 것이다. 자기 속도에 맞춰서 일을 하고 스스로에게 책을 끝낼 수 있는 충분한 시간을 주는 게 필요하다. 책을 작성하는 다양한 단계를 밟아 나가면서 일을 하는 데 완전히 집중할 수 있는 시간을 확보해야 한다. 아마도 몇 달에 걸쳐서 원하는 주제를 생각하면서 결국 뭘 쓰고 싶은지에 대한 아이디어를 모을 것이다. 내 책에는 뭘 넣고 싶은지에 대해서 스스로 곰곰이 생각하고 브레인스토밍을 하는 충분한 시간을 갖길 바란다.

책을 쓰길 원하는 많은 사람은 내게 뭔가 막혀서 글쓰기에 진전이 없다고 이야기한다. 나는 동료들에게 완벽한 주제를 찾기 위해서는 며칠 혹은 몇 달 동안 생각하고 계획할 수 있으며 심지어 몇 년을 보낼 수도 있다고 말했지만 때론 생각과 아이디어를 적어 나가기 시작하면서 그게 어디로 이어지는지 확인하는 게 도움이 된다. 즉, 매일 또는 대부분의 날에 무언가를 작성하는 게 유용할 수 있다. 만약 현재 글 쓰는 과정에 진전이 없이 답보하고 있는 상태라면, 때때로 이 꽉 막힌 상태를 글 쓰는 경험에 대해서 일필휘지로 써내려 가는 방식으로 벗어날 수도 있다. 대부분의 사람은 책을 쓰는 것이 뭔가 거창하고 압도되는 생각이라고 생각하지만, 작은 것에서부터 시작해도 괜찮다. 당신이 관심 있는 주제에 대해서 글을 쓴다면 언젠가는 그것이 그 주제에 대한 당신의 의견과 견해를 표현하는 책으로 발전하거나 더 작은 프로젝트가 될 수가 있다. 내가 배운 한 가지는 교과서를 집필하는 과정이 초판으로 끝나지 않는다는 것이다. 우리 책의 대부분은 9판이나 10판이다.

만약에 공저자로서 책을 쓰는 걸 고려한다면, 서로 잘 알고 존중하며, 글을 쓰는 데 일정한 시간을 할애할 수 있으며, 책을 완성하고자 하는 유사한 동기를 공유하고 있는 것이 무엇보다도 중요하다. 나는 혼자서 여러 책을 써 왔고, 공저자들과 함께 글 쓰는 작업에 참여해 본 적도 있는데, 둘 다 장점과 단점이 존재한다. 만약에 동료들과 함께 글을 쓰는 걸 고려한다면, 서로 좋은 조합인지를 생각해 볼 필요가 있다. 주제에 대해서 다양한 관점을 가지고 있음에도 불구하고, 책 안의 핵심 메시지에서는 통일성을 확보할 필요가 있다. 따라서 공동 저작을 하는 관계에서는 상호 존중이 핵심이며, 이것이 실제 글쓰기로 이어질 것이다. 동료와 공동 작업을 하지 않기로 결정하였다 하더라도 동료들과 함께 글쓰기를 위한 아이디어를 도출하기 위해서 함께 협업하는 건 도움이 된다.

성공적인 책을 집필하는 데 영향을 미치는 요인들은 무엇인가?

교과서를 집필한다는 건 혼자만의 노력이 아니며 팀, 집단의 노력이 포함된다. 나는 항상 새로운 논문을 쓸 때나 혹은 책 개정판을 쓸 때는 초안에 대해서 리뷰어들로부터 피드백을 요청한다. 학생 리뷰어들은 특히 도움이 되는데, 그들은 실제 교과서의 독자들이고 그들이 의미가 있다고 느끼고 도움이 된다고 느끼는 게 내게 가치가 있기 때문이다. 내 책을 써서 수업을 하는 교수들 또한 이미 나와 있는 교과서를 개정하는 아이디어를 제공하는 좋은 위치에 있는 이들이다. 나는 내가 책에서 담고 싶은 주제들에 대해서 동료들과 토론을 한다. 새로운 책을 쓰든 혹은 개정판 작업을 하든, 리뷰어들로부터 피드백을 받고 이를 반영하는 데 열려 있는 자세가 매우 중요하며, 타인들이 아주 필수적이다. 아마 제안받은 모든 의견에 다 동의하지는 않을 수도 있지만, 다양한 관점은 더 나은 결정을 할 수 있게 도와준다.

나는 메리앤과 총 다섯 권의 책을 함께 작업하였고, 그녀는 모든 책에서 아주 중요한 역할들을 담당해 주었다. 내가 뭐든 글로 작성하기 전에 모든 주제에 대해서 아주 상세하게 함께 이야기를 나누었다. 메리앤은 작성되어 가는 글의 여러 단계의 버전들을 읽고 내가 쓴 글에 대해서 비판적이면서도 건설적인 아이디어를 제공하는 데 주저함이 없었다.

성공적인 책을 출판하는 데 있어서 가장 중요한 것 중 하나는 바로 유능한 편집자를 만나는 것이다. 우리는 우리의 모든 책과 약 20년 동안 교재들을 여러 번 재개정 작업을 할 때 동일한 편집장과 작업하는 행운을 얻었다. 케이 미켈은 내 제안을 면밀히 평가하고 많은 통찰이 있는 제안들을 해 주었고 이는 독자들이 받아들이기 쉽게 명료하고 더 나은 흐름을 가진 글이 되는 데 도움이 되었다. 좋은 편집장은 솔직하면서도 에디터로서의 변화를 제안함으로써 글의 가독성을 높이게 해 준다. 나는 내가 쓰는 모든 단어에 과하게 집착하지 않고 객관적인 시각으로 에디터의 일을 바라볼 수 있는 법을 터득했다.

메리앤과 나 모두 브룩스/콜 출판사(Brooks/Cole Publishing Company)의 첫 번째 책 편집장에게 감사의 마음의 빚을 졌다. 테리 헨드릭스(Terry Hendrix)과 클레어 버두인(Claire Verduin)은 우리가 1970년대 중반 글을 쓰는 작업을 처음 시작했을 때 우리를 믿어 주고 상담 분야 내 우리의 초기 책들을 시장에 선보이는 시도를 하였다. 단 한 권의 책이 상담의 여러 분야에 대한 여러 권의 교과서로 성장해 나갔다. 2010년부터 나는 미국상담학회의 매우 뛰어난 발행인인 캐롤린 베이커와 함께 일을 하는 행운을 얻었다. 나와 내 동료들은 그녀의 관리하에 일곱 권의 책을 출판하였고, 그녀는 우리의 아이디어들을 출판된 책의 형태로 변화시킬 수 있도록 우리를 이끌어 주었다. 그녀는 또한 지금 이 책 『제럴드 코리의 상담사 자기성찰(Personal Reflections on Counseling)』이 출판될 수 있도록 핵심적인 역할을 하였고, 이 프로젝트가 완성될 수 있도록 지원을 해 주었다.

궁극적으로 저자는 책의 내용에 대한 책임을 진다. 하지만 당신의 글에 대한 확신을 갖고 있는 발행인을 만나는 것은 성공적인 책을 집필하고 출판해 내는 데 필수적이며, 많은 사람이 한 팀 안에서 책으로 나오기까지 참여를 하고 기여를 한다.

첫 번째 책을 쓴 이후 교과서들을 쓰는 과정에서 변화가 있었는가?

내 첫 번째 책은 『교사가 변화를 만들 수 있다(Teachers Can Make a Difference)』로 1973년에 출판되었다. 나는 노란색 패드에 손으로 글을 써서 한 장씩 완성을 했다. 나는 우리가 살고 있는 산 밑 개울가에 앉아서 고독과 조용한 시간을 즐기면서 내 생각들을 종이에 적어 내려가면서 이 단어들이 누군가에게 잘 이해되길 바랐다. 펜과 메모지부터 시작해서 이후 언더우드 타자기로 바꿨는데, 과거 고등학교 타이핑 수업에서 D를 받았기 때문에 타자기 사용은 쉽지 않았다. 이후 내가 처음으로 워드프로세서 소프트웨어를 사용하게 된 건 수년의 시간이 지난 후였다. 이걸 어떻게 사용하는 건지 배우는 건 정말로 나에겐 도전이었고, 동료 교수들은 친절하고 참을성 있게 어떻게 플로피 디스크를 사용할 수 있는지를 알려 주었다!

『교사가 변화를 만들 수 있다』에서 나는 내 학생들에게 학습자로서 그들 개인의 경험을 돌아보고 어떻게 그들이 배워 온 방식과 다르게 가르치길 원하는지를 결정하라고 격려했다. 이 학생들은 초등학교 혹은 고등학교 교사가 되려고 준비 중인 학생들이었다. 내 첫 책은 베스트셀러도 아니었고, 몇 년 후에 절판되었지만, 처음으로 책을 출판해 본 경험은 나에게 인생의 전환점이 되었다. 내가 가르치는 과목에 대해서 쓰고 이에 대해 열정을 가지고 있다면 책을 쓰는 게 현실 가능한 일이라는 걸 배웠다.

나는 이 책에서 학습자로서의 내 경험과 학교 교육이 내게 미친 부정적인 영향을 기술했다. 내 초등학교와 고등학교 경험들은 내가 되고 싶지 않은 선생님이 어떤 모습인지를 분명하게 알려 주었다. 나는 최대한 학생들의 학습을 개인화하고 학습을 흥미롭고 학생들의 삶과 개인적으로 관련이 있도록 만들기 위해 최선을 다했다. 내 목표는 단순히 사실적인 지식으로 학생들의 마음을 채우는 것이 아니라 삶을 변화하는 방식으로 가르치는 방법에 대한 아이디어를 제시하고자 하는 것이었다. 나는 그 책에서 혁신적인 교실 수업을 통해서 학생들의 삶에서 변화를 만들어 낸 몇몇 선생님을 소개했다. 나는 교사 교육에 대해 인본주의적인 접근을 기술했고, 학교 내에서의 획기적인 변화를 위한 도전을 다루었으며, 어떻게 창조적이고 학생들을 잘 돌보는 교사들이 학생들의 삶에 의미 있는 차이를 만들어 낼 수 있는지를 다루었다. 나는 학생들의 개인적인 삶에 영향을 미칠 수 있는 방식으로 예비교사들이 학생들을 가르치도록 동기부여를 해 주고 싶었다. 나는 교실 내에서 개별화 학습을 하는 창의적인 방법들과 어떻게 학생들이 새로운 생각을 잘 받아들이도록 독려할 수 있는지에 대한 나의 생각들을 공유했다.

난 일정 시간을 확보해서 그 시간 동안 생각하고 글을 쓰고자 하는 동기가 충만했지만, 그럼에도 불구하고 작가가 되는 과정은 순탄하지 않았다. 난 종이에 내 생각을 적어 내려가는 과정에서 어려움을 경험했고 내가 말하고자 하는 게 가치가 있긴 한 건가 싶은 의구심에 사로잡히기도 하였다. 나는 내가 만들어 내고자 하는 것의 가치에 대해서 의심이 들었지만, 어떻게 교육이 지식 영역뿐 아니라 개인적인 삶에 영향을 미칠 수 있는지에 대한 내 생각을 나누고자 하는 노력은 꾸준히 하였다. 내가 참여한 어떤 책들도 그 기저의 주제들은 모두 독자가 이해하기 명료하게 쓰고자 했다. 지금까지 나는 여전히 내 독자들에 초점을 맞추고 내 글을 학생들과 토론하는 것으로 생각한다. 나는 항상 내가 익숙한 학생 독자들과 내가 가르친 수업들을 위해 책을 집필해 왔다.

개울가에 앉아서 초안을 끄적이던 시간들은 지나갔다. 요즘 글을 쓰는 과정들은 기술의 발전으로 인해 몇 십 년 전과 사뭇 다르다. 지금 같은 디지털 시대에는 이북(e-book)과 온라인 프로그램들이 종이로 된 책들을 대신한다. 요즘에는 교과서를 쓰는 것은 이야기의 일부에 지나지 않는다. 다양한 종류의 온라인 매체 안에서 상호작용하는 프로그램들이 주목받고, 작가들은 책 집필 시 상호작용이 가능한 패키지를 함께 만드는 데 많은 시간을 보낸다. 내가 처음 교과서를 쓰기 시작한 시절에 나는 이미 독자들과 역동적인 방식으로 함께 교류하는 데 흥미를 가졌고, 책 안에서 상호작용하는 요소들을 고민했으며, 나의 많은 교재는 학생용 매뉴얼 혹은 워크북을 함께 제공했는데, 이미 1970년대의 내 스타일은 미래를 내다본 미리 앞서 나간 방식이었던 것 같다.

교과서를 쓰는 것은 교육적인 비디오 제작으로 이어졌다. 이런 영상물들은 학생들이 그들이 읽고 있는 글자들을 실제적으로 적용하는 걸 볼 수 있도록 돕기 위해서 내 책 안에 부록으로 함께 제공

되었다. 몇몇 영상은 개인상담을 시연하였고, 메리앤과 나는 몇 개의 집단상담 영상도 제작했다. 우리는 학생들이 윤리적인 문제들을 다루는 다양한 방법을 역할극을 통해 보여 줌으로써 윤리적 딜레마를 생활 속에서 직접 다루는 비디오도 제작하였다. 비디오 프로그램들은 특정 주제들에 대해서 쓴 글들의 직접적인 결과들로서 직접 행동하는 형식을 빌어서 학생들이 읽은 것을 시각적으로 보여 주고자 하는 시도였다.

전문 학회에서 발표를 하기 위한 초록 등 프로포절 작성에 대한 제안을 해 준다면?

나는 전문가로서 활동하는 과정 내내 전문 학회에 참석하는 걸 매우 추천한다. 이는 당신의 분야에서 새로운 발전들이 무엇인지 그 흐름을 이해할 수 있게 도울뿐더러 당신과 유사한 흥미를 가지고 있는 동료들과 네트워크를 쌓을 수 있는 기회를 제공한다. 이에 유사한 흥미를 가진 또래 혹은 동료들과 발표용 프로포절을 준비해서 내보길 추천한다. 당신이 낸 프로포절이 채택되지 않았다고 해서 학회 참석을 포기하지 않았으면 한다. '축하합니다. 다음 학회에 당신의 프로포절이 채택되었습니다.'라고 쓰인 편지를 받지 않았다 할지라고 계속 프로포절을 작성해서 제출해 보도록 하자. 왜 내가 낸 프로포절이 떨어졌는지 이유를 탐색해 보는 것도 필요하다. 지시 사항을 주의 깊게 읽고 주어진 시간 내에서 프로포절을 작성해서 제출하는 건 기본이고 필수적이다. 만약에 잘 작성된 프로포절이 아니라면, 아마 거절될 가능성이 높다. 따라서 글을 잘 다듬고 제출해서 리뷰 과정에 들어가기 전에, 최소한 1명 이상의 동료에게 작성한 프로포절에 대해서 한 번 검토해 달라고 부탁하고 코멘트를 받아 보길 추천한다.

또한 매우 소수의 제안된 프로그램들만 학회에서 채택됨을 기억했으면 한다. 위원회들은 대체로 특정한 기준을 가지고 심사를 하고 선정을 한다. 당신의 포로포절이 채택되지 않았다고 해서 그 제안이 가치가 없거나 뭔가 새롭게 제안하고 배울 내용이 없다는 의미가 아니다. 위원회들은 여러 주제 중에서 균형을 맞추고자 하고, 때로는 너무 많은 뛰어난 프로포절이 제출되기도 한다. 나는 지난 40년 동안 1년에 3~4개의 학회에 참석을 해 오고 있는데 대부분의 학회에서 여러 번의 발표를 한다. 어느 해에 내 프로포절이 학회에서 거절되었고, 같은 해에 2개의 다른 프로포절이 다른 전문 학회에서 또 거절되었다. 여기서 내가 전하고 싶은 메시지는 당신이 다른 사람들과 나누고 싶은 프로그램을 잘 준비하고 그에 최선을 다해 보라는 것이다. 만약에 받아들여지면 그건 정말 기쁜 일이다! 하지만 거절되었다고 해서 그게 끝은 아니다. 그 학회의 회원 자격을 버리지 말고, 학회에서 프로포절이 채택되는지 아닌지가 당신의 가치를 결정하게 하지 말았으면 한다. 동기는 높게 가지되, 목표에 집중하기 바란다.

저명 학술지에 학술적인 원고를 작성해서 제출하고자 한다. 논문이 저널에 실리기 위해서 뭘 해야 하는가?

지난 55년간, 나는 여러 권의 책과 여러 학술지 논문에 저자로 혹은 공저자로 참여한 바 있다. 나는 학술지 논문을 쓰는 데 시간을 들이기보다는 책을 쓰는 걸 더 선호한다. 하지만 저명 학술지에 논문을 싣는 것이 많은 대학 장면에서 승진을 위해서 필수적인 과정임을 또한 잘 알고 있다. 전문 학회의 발표 프로포절과 같이 논문들도 항상 처음에 투고했을 때 바로 실리지 않으며, 수정을 위해서 구체적인 리뷰어들의 제안과 더불어 저자들에게 다시 돌아온다. 저자들은 이러한 과정에 다양한 방식으로 반응한다. 어떤 사람들은 게재 가능하다는 편지를 받을 때까지 계속 논문을 수정하고 고치면서 작업을 한다. 다른 사람들은 논문이 거절되는 걸 개인적인 거절로 받아들이고 계속 글을 쓰는 걸 주저한다. 다른 사람들은 이렇게 게재 불가능하다는 결과를 받는 것이 그들이 글을 쓰는 데 유능하지 않음을 증명하는 거라고 스스로를 설득하기도 한다.

몇 년 전에 나는 내게 매우 흥미로운 주제에 대해서 논문을 하나 작성해서 투고를 했고, 게재 불가능하다는 편지를 받았다. 나는 세 번이나 수정을 하였지만, 결국 그때마다 거절이라는 같은 운명을 맞았다. 나는 그 주제에 대해서 쓰는 과정이 흥미로웠지만, 내가 나누고 싶은 내용이 학문적으로는 충분하지 않다고 여겨진 것이다. 내가 받은 피드백은 내 논문이 대부분의 독자에게 지나치게 너무 단순하고, 내 글의 작성 방식이 캐주얼하여 논문 같지 않으며, APA 양식대로 글을 쓰지 않았고, 구체적인 연구 근거들이 제시되지 않았다는 점들이었다. 이 경험은 작가는 낯이 두꺼워야 하며, 비평을 너무 개인적으로 받아들이지 않아야 한다는 내 신념을 강화시켜 주었다. 운 좋게도, 나는 이러한 경험에도 불구하고 다른 논문들을 계속 작성했다. 내가 배운 교훈은 나의 글쓰기를 향상시킬 수 있는 건설적인 피드백들로부터 나를 차단시켜 버리는 건 외려 역효과를 낳는다는 점이었다.

만약에 지금 논문을 작성하고 있다면, 그 논문이 리뷰 첫 단계에서 바로 게재가를 받지 못하더라고 그에 절망하고 낙담하지 않길 바란다. 대부분 학술지에 투고하고자 논문을 작성하는 사람들은 여러 차례 논문을 고치고 다듬는다. 대부분의 학술지는 출판을 위해 게재 가능 판정을 낼 수 있는 논문 수가 정해져 있기 때문에 대부분의 투고한 논문은 절대 출판이 될 수가 없다. 만약에 학술지 논문을 쓰고자 한다면, 공저자와 함께 아이디어를 고안하고 교환하며, 필요한 만큼 계속 논문을 수정하는 작업을 함께 해야 한다. 어떻게 이 과정을 거쳤는지 이미 학술지에 논문을 실어 본 경험이 있는 다른 동료들에게 물어보도록 하자. 지금 작성하고 있는 논문이 현재 고려 중인 저널의 기준에 부합하는지를 살피고, 그 저널의 투고 기준과 가이드라인을 잘 읽고 따르도록 한다. 나는 현재 작성하고 있는 논문의 주제에 대해서 관련 분야의 에디터에게 연락해서 피드백을 받는 방법도 추천한다. 많은 학술지는 경험적인 연구 결과에 기반한 학술적인 글을 원하며, 만약에 당신의 논문이 이러한 기준에 부합하지 않는다면 논문에 게재될 확률은 떨어진다. 당신의 개인으로서의 가치 그리고 전문가로서의 역량은 저널 에디터로부터 받는 결과에 따라 결정되는 게 아님을 기억하길 바란다.

치료적으로 도움이 되는 개인적인 글들은 어떻게 쓰나?

우리가 쓰는 모든 글이 출판될 필요는 없다. 개인적인 글을 쓰는 건 그 목적이 출판이 아님에도 불구하고 의미가 있다. 나는 내가 들은 어떤 강의에서도 반영일지 등을 작성하는 과제를 해 본 적이 없다. 하지만 20대 후반 개인상담을 받기 시작하면서, 개인적인 일지를 작성하기 시작했다. 나는 개인상담을 받으면서 탐색한 주제들과 다양한 종류의 집단에 집단 구성원으로 참여했던 경험이 내게 어땠는지 그 반응들에 대해서 썼다. 이 경험은 나로 하여금 지금 현재 내 생각과 행동에 영향을 미치고 있는 과거의 사건들에 대해서 생각하게끔 만들었다. 나는 최선을 다해서 다듬지 않고 계속 내 맘대로 글을 써 내려갔고, 이렇게 하는 작업은 내 개인상담 회기에 가져가서 다루고 싶은 영역들에 대해서 생각해 보는 데 도움이 되었다. 내가 과거에 썼던 글들을 읽어 보기도 했는데, 이건 때로 좀 당황스러운 기분이 들게 했다. 과거의 방식들은 지속적으로 남아 있고, 내 삶에서 어떤 주제들은 매우 천천히 변화한다는 사실이 더 명확하게 느껴졌다. 나는 전문가로서의 초기 단계일 때 썼던 글들을 매우 소중하게 생각한다. 그 글들은 내가 솔직할 수 있는 도구가 되었으며, 내가 계속해서 발전해 나가고 있다는 점을 상기시켜 준다.

나는 내 수업을 듣는 모든 학생에게 정기적으로 개인적인 일지를 작성해 보라고 권한다. 일기 같은 글을 쓰는 데 시간을 할애하는 것으로 학생들은 좀 주저하기도 하지만, 궁극적으로 이 작업이 도움이 된다는 사실을 깨닫게 된다. 그들의 일기들을 다시 읽어 보는 과정은 삶에서 한 여러 결정적인 선택에 대한 이해 그리고 내 안에서 정말로 변화를 원하는 영역이 무엇인지에 대한 깨달음을 얻게 한다. 내 학생들은 일주일에 몇 번 아주 짧은 시간이라도 어떻게 현재 삶이 흘러가고 있는지에 대해서, 그리고 자신의 생각이나 감정을 일부 기록하는 과정이 자신의 행동 내에서의 일정한 양식 등에 대해 인식하는 데 매우 유용하다는 것을 이야기했다. 그들은 뭘 느끼고, 생각하고, 행동하고 있는지 관찰하는 법을 배우고, 어떻게 오래된 습관이나 행동 양식들을 성공적으로 변화시킬 것인지 결정하고 더 만족스러운 새로운 행동 양식을 만들어 나가는 전체적인 틀을 갖게 된다고 하였다.

다음은 내가 학생들에게 그들의 일기에서 다루면 좋을 만한 주제로 제안한 내용들이다.

- 이 수업 내에서 다른 사람들에 대해서, 그리고 나에 대해서 내가 배우고 있는 건 무엇인가?
- 어떤 주제가 나에게 가장 흥미로웠는가(그리고 왜 그런가)?
- 내가 가장 이야기하고 싶은 주제들은 무엇인가?
- 내가 피하고 싶은 주제는 무엇인가?
- 이 수업의 결과물로서 내가 매일 일상생활에서 하는 특정한 일들은 무엇인가?
- 내 태도, 가치, 행동 중에서 내가 바꾸고 싶은 건 무엇인가?
- 이러한 변화를 만들기 위해서 내가 할 수 있는 건 무엇인가?
- 내가 원하는 변화를 이끌어 내는 과정에서 내가 마주하는 방해 요인들은 무엇인가?
- 이 일기를 작성하는 결과로서 어떤 통찰을 얻었는가?

일기를 쓰는 건 당신의 개인적인 고찰을 자극하고 활성화할 수 있는 아주 뛰어난 방법이다. 만약에 개인상담을 현재 받고 있다면, 이러한 일기를 작성하는 것이 지금 당신이 배우고 있는 게 무엇인지, 그리고 현재 만들어 가고 있는 변화는 무엇인지를 곰곰이 성찰하는 데 아주 유용할 것이다. 만약에 상담을 받고 있지 않다면 일기를 작성하는 것 자체가 치료적일 수 있다. 당신의 생각과 개인적인 경험을 작성해 보는 건 언젠가 쓰고 싶은 책의 시작이 될 수도 있다.

성찰을 위한 질문

1. 만약에 쓰고 싶은 책이 있다면 그 책의 제목은 무엇인가?
2. 만약에 전문 학회에 참석하기로 결정했다면 발표 프로포절을 어떻게 작성하려고 하는가? 어떤 종류의 발표에 관심이 있는가?
3. 학술지에 낼 논문을 준비하는 것이 책을 쓰는 것보다 덜 겁이 날수도 있다. 만약에 논문을 작성한다면 현재 어떤 주제에 관심이 있는가?
4. 글을 쓰고자 하는 당신의 열망을 방해하는 요인들은 무엇인가? 이러한 방해 요인들을 작가로서 성공적인 주춧돌로 사용할 수 있는 특정한 방법들이 있는가?
5. 일기 같은 개인적인 일지를 쓰는 게 어떤 면에서 치료적인 가치가 있다고 생각하는가? 언젠가 쓸지도 모르는 책의 씨앗으로서 개인적 일지를 쓰는 걸 생각해 본 적이 있는가?

20장

상담에서의 특별한 주제

PERSONAL REFLECTIONS ON COUNSELING

도입

이 장에서는 학생들이 상담 훈련 과정 중에 겪는 다양한 문제를 다룬다. 이러한 주제에는 상담에서 내담자에게 주는 숙제의 역할, 꿈작업의 가치, 은유의 효과적 사용, 적절한 유머 사용, 내담자가 자살 사고를 가진 것을 확인하는 방법, 위기를 겪는 내담자와 상담할 때 나타나는 구체적 주제들이 포함된다. 상담의 사업적 측면에 있어서는 개인상담실과 파견상담사 사이에서의 선택, 유능감을 얻기 위한 지속적인 교육, 자격증과 면허의 가치 등을 다룬다. 각 질문에 대한 내 대답을 읽은 후에 당신의 대답이 내 대답과 유사한지 아닌지 생각해 볼 시간을 가지길 바란다.

• • •

내담자가 상담에서 부여한 숙제를 하도록 하기 위해 당신은 어떻게 제안하는가?

고등학교 교사로 근무하던 경력 초기 시절 나는 학생들에게 숙제를 내줬고, 대부분의 학생이 진지하게 숙제를 했다. 상담사로서 일하기 시작했을 때 내담자와의 작업에 숙제에 대한 아이디어를 가지고 왔다. 상담에서 내담자가 치료 회기 이후에 자신의 삶으로 돌아가서 함께 협력할 수 있도록 하는 것은 중요하다. 교사로서 나는 학생들에게 의미 있다고 생각하는 숙제를 내줬다. 만약 내담자의 협조 없이 숙제를 내게 된다면 긍정적인 결과를 예상하기는 힘들다.

숙제는 내담자로 하여금 현실 세계에서 새로운 행동을 시도해 보도록 해 주기 때문에 변화 과정의 매우 중요한 부분이 된다. 그러나 어린 시절 학교 다닐 때를 생각해 보면 학교 숙제는 부정적인 의미를 내포하고 있기도 하다. 어떤 상담사들은 '회기 간 연습' 또는 '회기 간 개입'이라는 다른 이름을 더 좋아하기도 한다. 이러한 활동을 계획하는 데 있어서 내담자가 가장 중요한 역할을 하도록 할 필요가 있으며, 이러한 개입은 내담자의 구체적인 욕구나 문제와 연결된 것이어야 한다. 회기 사이의 활동은 내담자로 하여금 새로운 행동을 연습하고 자신의 생각을 시험해 보며 다른 행동을 일상생활 중에 시도해 볼 수 있도록 해 준다. 이러한 활동은 실제 세계에서 새롭게 배운 기술을 익숙하게 하고 일반화할 수 있게 해 준다. 가장 좋은 활동은 상담사가 내담자에게 원하는 것이 아니라 내담자가 원하는 것에 가깝고 내담자가 스스로 제안한 것이다.

내 관점에서 상담의 많은 부분은 내담자를 교육하고, 내담자에게 대응 기술을 가르치며, 내담자가 스스로 변화의 과정을 지속해 나가도록 하는 방법을 배우도록 돕는 것을 포함한다. 숙제에 따르는 후속 작업을 하는 것은 필수적이다. 다음 상담 회기를 시작하는 좋은 방법은 내담자의 지난 회기 이후 경험에 대해서 이야기하도록 하는 것이다. 나는 내담자에게 잘했던 상황과 어려움을 경험했던 상황에 대해서 이야기할 수 있도록 격려한다. 숙제를 하는 데 있어서 겪은 어려움도 들어 볼 필요가 있다. 내담자에게 지난 회기 숙제를 하는 데 있어서 무엇이 어려웠는지, 그리고 어떻게 하면 이를 더 현실적으로 해낼 수 있을 것 같은지를 물어보는 것도 좋은 방법이다. 새로운 행동을 연습하지 않은 상태에서 중요한 변화가 일어나기는 힘들다.

상담에서 꿈작업의 치료적 가치는 무엇인가?

꿈은 우리의 갈등, 소망, 인생의 주요 주제를 상징한다. 내 꿈에 대해서 성찰해 보면 개인상담과 집단상담에서 꿈을 탐색하는 것이 가치가 있다는 것을 알 수 있다. 꿈작업을 하는 데에는 다양한 방법이 있지만, 나는 내담자들이 꿈의 의미를 탐색하게 하도록 작업하는 게슈탈트 접근을 좋아한다. 내담자들은 꿈에 대해서 더 단순하게 말하거나 이야기한다. 내담자에게 꿈 내용을 삶에 가져가서 살펴보고 이를 다시 구성하며 현재 순간에 일어난 것처럼 살펴보도록 한다. 또 내담자에게 꿈의 부분들을 다시 확인하고 주관적인 관점으로 꿈을 이야기해 나가도록 한다. 그리고 이러한 꿈의 주요 요소들을 대화로 바꿔서 꿈의 일부가 되도록 이끈다. 가능한 한 꿈의 일부가 '되어 가는' 과정을 통해서 내담자는 점점 자신의 감정을 자각하게 된다.

게슈탈트 치료의 관점에서 꿈은 현존하는 메시지이다. 꿈을 분석하고 해석하지 않고, 모든 측면에서 꿈 안에 존재하고 경험하도록 하는 데 초점을 맞춘다. 게슈탈트 스타일로 꿈작업을 하면서 "나는 지금 무엇을 경험하고 있지?" "내 꿈을 다시 살펴보면 무엇이 있지?" "나는 꿈 안에서 무엇을 하고 있지?" "나는 어떤 감정을 느끼고 있지?" "꿈에서 나는 무엇을 원하고 있지?" "꿈은 나에게 무엇을 말하고 있지?" "꿈으로부터 내 자신에 대해 무엇을 배우고 있지?"라고 질문해 볼 수 있다.

게슈탈트 치료와 사이코드라마 학회에 참여하면서 나는 어떻게 꿈을 삶에 가지고 오고 어떻게 상담 안에서 탐색할 수 있는지를 배웠다. 그리고 꿈 탐색의 치료적 가치에 대해 감사하게 생각하게 되었다. 개인상담에서 나는 꿈 안에 있는 몇 가지 주제를 이야기하고 이러한 작업이 밝히고 있는 바를 찾는다. 개인적 작업에 근거해서 나는 내담자가 가지고 있는 꿈의 의미를 탐색하는 방법을 개발했다. 다음은 내가 얼마 전에 꾼 두 가지 꿈과 내가 성찰해 본 해석의 예시이다.

> 나는 학술대회에 와 있고 많은 사람이 있는 커다란 강의실에 들어갔다. 사람들은 나에게 집단상담에 대해 강의를 해야 한다고 말한다. 나는 이 강의를 시작했고, 모두가 일어나서 즉시 강의실을 나간다. 나는 왜 사람들이 모두 나가는지 이해할 수 없었고, 다들 학술대회의 다른 프로그램에 참여하러 가는 듯했다. 3명이 강의실에 남았고 모두 일어나서 나간 일은 너무 무례했다고 그들은 나에게 말한다.

이 꿈에 대해 성찰해 보면서, 특히 나이가 들어 가면서 내가 전문적인 학술대회에서 강의하는 내용에 사람들이 관심을 가지는 것에 대한 나의 불안과 연결되어 있다는 것을 알게 되었다. 나는 내 강의에 대한 자기의심을 가지고 있고 내가 말한 것을 사람들이 어떻게 받아들이는지에 대해 걱정을 해 왔다. 꿈 안에서 남아 있던 3명의 사람은 지지 그룹인 우리 가족(아내와 두 딸)일 수 있다.

또 다른 꿈에 대해서 일기에 적으면서 내 정체성에 대한 걱정과 내가 누구인지 증명하는 것에 대한 걱정을 인식하게 되었다. 꿈 내용은 다음과 같다.

> 나는 내 검정 지갑을 잃어버렸다는 점을 깨닫는다! 택시를 탔을 때 내 왼쪽 뒷주머니 밖으로 떨어진 것 같다고 생각했다. 그러고 나서 나는 탁자 위에 지갑이 있는 것을 발견한다. 지갑을 열어 보니 안에 있던 모든 것이 사라졌다. 지갑 안에는 아무것도 남아 있지 않았다.

잃어버린 것들에 대해서 내가 생각한 내용들은 다음과 같다.

- 돈 없이 어떻게 무엇을 살 수 있지?
- 신용카드가 사라졌으니 나는 필요한 것을 살 수 없을 거야.
- 운전면허증과 주민등록증이 없으니 내가 누구인지 어떻게 증명하지?
- 건강보험 카드 없이 병원에 갈 일이 생기면 어떻게 치료를 받지? 건강검진을 받을 때도 방법이 없어.
- ACA 멤버십 카드가 없으니 내가 상담전문가 회원이라는 것을 어떻게 증명하지?
- ACA 멤버십 카드가 없으니 내가 상담심리학자라는 것을 어떻게 증명하지?
- 골든 에이지 증명서가 없으니 국립공원을 어떻게 무료로 이용하지?
- AARP 카드가 없으니 내가 경로 시민이라는 것을 어떻게 증명하고 음식점에서 어떻게 할인을 받지?
- AAA 카드가 없으니 만약 차가 고장 나면 어떻게 하지?

- 전화번호가 적힌 작은 수첩이 없으니 지인들에게 어떻게 전화를 하지?

이 꿈에 대해 성찰해 보고 몇몇 동료와 나눠 보면서, 내가 정체성을 잃는 것과 나이 드는 것에 대해 걱정하고 있는 게 명백해 보였다. 사실 드러나게 나이 드는 것에 대한 불안을 갖고 있지는 않았지만, 꿈은 내가 나이 드는 과정을 걱정하고 있다는 점을 말해 주었다.

상담에서 은유를 어떻게 사용할 수 있는가?

내 친구이자 동료인 패트릭 캘러넌(Patrick Callanan)은 내담자의 은유에 주의를 많이 기울이라고 나에게 가르쳐 주었다. 나는 은유가 내담자의 이야기로 잠깐 들어가 보게 해 준다고 생각한다. 은유를 작업하면서 내담자는 자신의 삶의 이야기 어떤 측면을 이해하게 된다. 꿈작업과 거의 유사하게, 나는 일반적으로 내담자의 은유를 해석하지는 않는다. 그러나 나는 내담자에게 은유가 의미하는 바를 성찰해 보도록 격려한다. 몇 가지 예는 다음과 같다.

- 나는 바닥이 없는 나락처럼 느껴요.
- 나는 내 모든 감정을 억누르고(bottle up) 있어요.
- 나는 벽에 둘러싸여 있어요.
- 나는 문 앞에 두는 매트 같아요.
- 내 영혼에 구멍이 생긴 것처럼 느껴요.

내담자가 언어적 그리고 비언어적으로 자신에 대해 어떻게 표현하는지를 듣는 방법에 대해 배워 왔다. 은유는 내담자의 삶에서 일어나고 있는 일을 밝히는 도구가 될 수 있다. 예를 들어, 집단상담에서 대런(Darren)은 어린 시절 가족과 이 경험에 대해서 이야기하면서 지나가는 말로 "내 영혼에 구멍이 생긴 것 같아요."라고 했다. 코리더는 이 말을 적어 놨다가 "당신은 '내 영혼에 구멍이 생긴 것 같아요'라는 중요한 말을 했네요."라고 돌려주고, "사람들을 보면서 그 문장을 다시 한번 말해 볼래요?"라고 했다. 대런은 다시 한 번 그 문장을 말하고 어린 시절 아픈 기억을 떠올리며 강렬한 감정에 사로잡혔다. 리더와 코리더는 그가 말한 문장의 의미를 해석하지 않고, 그가 경험하고 기억하는 것에 대해 이야기할 수 있도록 도왔다. 정서를 언어로 표현하는 것은 치료적이다. 이와 같은 순간에 표현되는 매우 큰 지혜와 진실이 있다. 코리더가 대런이 감정적이 되어서 말한 것에 대해 주의 깊게 들은 부분은 매우 중요하다. 이후에 그가 말한 것을 떠올리게 할 수 있었고, 청소년 시절 느꼈던 외로움에 대해서도 이야기 나눌 수 있었다. 우리는 그에게 무슨 해석을 해 주거나 느낀 점에 대해서 이야기하지 않았다. 대런이 자신의 어린 시절 기억에 대해 이야기하면서 자신이 경험한 감정을 더 잘 이해할 수 있게 되었다.

상담에서 유머의 역할은 무엇인가?

상담은 진지한 작업이지만 상담에서 유머나 가벼운 순간이 없어야 하는 것은 아니다. 유머가 적절하고 타이밍 맞게 사용된다면 치료적일 수 있다. 물론 유머는 고통을 경험하기를 피하거나 불편한 현실을 직면하기를 회피하는 방식으로 잘못 사용될 수도 있다. 유머가 부적절하게 사용되면 역효과를 낳을 수 있으며 치료적 관계를 해칠 수도 있다. 나는 수업, 상담실, 치료 집단, 전문적인 학술대회의 강연에서 유머를 사용해 왔다. 사실 전문적인 일에서 유머의 요소가 없으면 나에게 뭔가 빠진 듯한 느낌이 든다. 나는 스스로 너무 심각해지기를 원하지 않으며 내 약점들과 관련된 유머는 나를 현실과 연결시켜 주고 겸손하게 만들도록 도와준다.

내담자 앞에서 웃는 것은 결코 적절하지 않지만, 내담자와 함께 웃는 것은 치료적이 될 수 있으며, 명확한 선은 이 두 가지로 구분된다. 예를 들어, 어느 날 학생 서비스 센터의 학생 중 하나가 내 연구실에 왔는데 감정적으로 마구 흔들리는 것이 보였다. 왜 그러는지를 묻자 학생은 “어제 아내가 저보고 멍청한 놈이라고 부르면서 경멸하는 말들을 했어요. 이전에는 한 번도 저를 그렇게 부른 적이 없었기에 너무 절망적이에요.”라고 말했다. 그 학생 이야기를 들으면서 빙그레 웃자, 그는 자신의 상황이 심각하지 않은 것인지 물었다. 나는 그에게 나 또한 아내에게 그 말을 들었던 적이 있고 그런 말로 인해 절망하지 않으려고 해 왔다고 말했다. 또한 내 짜증나는 성격이 얼마나 자주 그런 소리를 들을 만한지 공유했다. 이러한 간단한 자기노출로 인해 어떻게 속상한 말들을 받아들이는지, 갈등을 어떻게 다루는지, 어려운 상황을 다른 대안으로 어떻게 바꿔 나가는지에 대한 이야기로 이어졌다. 확실히 유머는 타이밍이 적절할 필요가 있고, 민감하게 개입할 필요가 있으며, 서로 신뢰하는 관계의 맥락에서 사용될 필요가 있다. 몇 년 후 이 학생(이제 동료가 됨)은 내가 비슷한 경험을 공유했을 때 그것이 그에게 얼마나 의미 있는 일이었고 그 유머가 우리의 관계에 어떻게 좋은 방향으로 작용했는지에 대해서 이야기했다. 그는 이러한 상호작용으로 인해서 스스로를 너무 심각하게 받아들이지 않게 되었다고 했다. 사실, 이것이 우리 관계에 긍정적인 전환점이었다고도 말했다.

상담 영역에서 일하는 매우 많은 전문가 사이에서 내 스스로를 어떻게 내세울 수 있는가?

상담전문성 중 사업의 영역에 있어서 내 지식은 매우 적기 때문에 조언할 이야기는 거의 없다. 사설 상담실을 홍보하고 준비하는 온라인 워크숍은 가장 쉽게 접근할 수 있는 방법이다. 이런 프로그램에서 당신의 고민에 대한 아이디어를 얻을 수 있다. 상담전문 영역에 있는 우리 대부분은 주로 상담 훈련을 하는 방법에 관심을 가진다. 그러나 상담 기록하기, 내담자와 약속하기, 사설 상담실 홍보하기, 같은 분야 동료들에게 알리기 등의 몇 가지 사업적인 문제도 중요한 부분들이다.

어떤 학생들은 상담실을 여는 데 있어서 어떤 단계가 필요한지 모른다고 걱정한다. 만약 가능한 최고의 상담전문가가 되는 데 초점을 맞춘다면, 만족감을 느낀 내담자는 주변 친구들에게 당신에 대해 이야기할 것이다. 내담자들과 매우 훌륭한 치료적 관계를 만드는 데 초점을 맞추고 유일한 자기 자신이 되어라. 이것이 이 붐비는 전문가들 사이에서 자신을 내세울 수 있는 방법이다. 내담자와의 치료적 작업을 잘 해낸다면 이것이 최고의 홍보가 된다. 이전 내담자 또는 현재 내담자들이 추천해서 새로운 내담자를 만나게 될 것이다. 홍보하는 또 다른 방법은 커뮤니티에 이야기하고 커뮤니티 게시판에 홍보하고 교회나 학교에서 무료 상담을 하며 살고 있는 지역의 다른 치료사들과 관계를 만들어 두는 것이다. 좋은 상담사들과 경쟁할 필요는 없다. 그들에게 개인적으로나 전문적으로 당신을 알릴 기회를 만들라. 이러한 간접적인 연결은 당신이 전문성을 강조하면서 스스로를 직접 알리는 마케팅 전략보다 더 효과적일 수 있다.

개인상담실에서 독립적으로 일하는 게 가장 좋은가, 아니면 여러 가지 사업이나 행정적인 면에서 기관이 당신을 돌봐 줄 수 있는 환경에서 일하는 것이 가장 좋은가?

학생들 대부분은 기관에서 상담 일을 시작한다. 이곳에서 다양한 내담자와 작업을 할 수 있고 적절한 때 의미 있는 수퍼비전을 받을 수도 있다. 대부분의 기관에서 사업이나 행정적인 부분을 처리해 주는 다른 사람이 있고 당신은 내담자를 모으거나 상담을 홍보하는 등의 일에 신경 쓸 필요가 없다. 기관에서 일하는 것의 단점은 사설 상담실에서 벌 수 있는 것보다 수입이 현저하게 적을 수 있다는 점이다. 그러나 지역사회 기관에서 동료들과 함께 일하면서 다른 전문적인 역할을 경험할 수 있다. 기관에서 정신건강 담당자로 시작하면 동료, 수퍼바이저, 내담자로부터 효과적인 상담사가 되는 것에 대해 많이 배울 수 있다. 지역사회 기관에서 훈련받은 시간이 상담전문성의 다른 면에 대해 배울 수 있는 놀라운 길이 될 수 있음을 알기 바란다. 다양한 내담자를 상담하는 방법을 배우고 지역사회와 함께 일하는 창의적인 방법들에 대해 알 수 있으며 이런 창조적인 프로젝트에서 자신의 재능을 사용해 볼 수 있다.

어떤 상담사들은 나중에 작은 상담실을 열기로 결정하고 보통 동료와 함께 열기도 하며, 다른 상담실의 공간을 대여해서 상담실을 열기도 한다. 동료들이 당신에게 상담 사례를 의뢰하기도 한다. 사설상담실을 여는 데에는 많은 어려운 점이 있으며, 기관에서 일하며 얻은 많은 경험이 스스로 상담실을 시작하는 데에 도움을 줄 수 있다.

사설상담실에 대한 고려를 포함한 만족스러운 경력을 만들어 나가기 위해 『심리치료사 되기(The Making of a Therapist)』(Cozolino, 2004)의 13장을 읽어 보기를 바란다. 사설상담실과 기관상담실에 대해 더 정보를 얻고 싶다면 ACA 웹사이트(https://aca.digitellinc.com/aca/specialties/161/view)에서 제공하는 내용을 체크해 보기를 바란다.

지속적인 교육을 받으며 오랜 시간 동안 이를 유지하려고 할 때 당신에게 가장 도움이 되는 것은 무엇인가?

평생학습에 대한 노력은 유능감을 유지하고 향상시키는 방법으로 다양한 전문 기관의 중요한 윤리적 주제이다. 유능한 상담사가 되기 위해서는 지속적인 교육에 참여하고 윤리적 · 법적 · 임상적 딜레마 문제에 직면할 때 주기적으로 수퍼비전을 받아야 한다. 전문가 학술대회와 워크숍에 참여하는 일은 나에게 굉장히 가치 있는 일이다. 이는 최근 이론이나 아이디어를 발전시키는 데 도움이 될 뿐 아니라 동료들과 만나고 이야기하는 데에도 도움이 된다. 상담심리학자로서 내 면허를 갱신하고 유지하는 조건으로 지속적 교육 시간을 채우는 것이 요구되기도 한다. 나는 이런 시간을 온라인으로 채우는 대신에 현장 강의에 참석하기를 선택한다. 내 목표는 열린 마음을 유지하고 새로운 정보를 얻는 것이다. 자격증을 위한 시간을 채우기도 하지만, 이런 경험을 통해 얻은 내용을 내 강의와 저서에 업데이트해서 포함시킨다. 물론 학술지 논문이나 책을 읽는 것도 아이디어와 새로운 정보를 얻게 해 주는 방법이다. 나는 단순히 자격증 유지에 필요한 시간을 채우기 위해서보다는 내 유능감을 유지할 수 있도록 하기 위해서 지속적 교육이 이루어져야 한다고 확신한다.

미래 자신의 전문적인 목적에 도움이 되는 관계를 만드는 가장 좋은 방법은 전문적인 학술대회에 참여하고 적극적으로 비슷한 관심사를 가진 사람들을 찾고 당신이 결국 하고 싶은 일을 누가 하고 있는지 알아보는 것이다. 만약 다른 사람들과 관계를 맺기 시작했다면 자신의 여정에서 배운 것을 당신과 공유하고 싶어 하는 많은 사람을 쉽게 만날 수 있을 것이다. 당신에게 멘토가 되어 주거나 당신의 전문적인 관심을 도와줄 지지 그룹이 되어 줄 수 있는 사람들을 만날 수 있을 것이다.

자격증과 면허는 전문성 면에서 치료사에게 도움을 주고 유능성의 지표가 되는가?

자격증과 면허는 전문적 기술과 지식의 최소한의 기준을 확인하게 해 주면서 상담 소비자들을 보호하는 장치이다. 그러나 수퍼비전을 받으며 진행한 임상 경험과 함께 이루어지는 훈련과 교육은 상담사들을 그들이 딴 자격증보다 더 전문적으로 성장하게 해 준다. 대학원을 졸업하고 전문 면허를 따면 더 특수 분야를 찾아 나가고 관심사에 있어서 더 높은 수준의 훈련을 받게 될 수 있다. 세부 분야 자격증이나 면허를 갖는 데 필요한 경험을 알아보기 위해 기관과 사설상담실에서 훈련하는 상담사들에게 연락하라. 그들은 자신이 가치 있다고 생각하는 자격증과 면허에 대한 유용한 팁을 알려 줄 수 있다.

만약 전문상담사 면허를 따는 데 관심이 있다면 수천 시간의 수퍼비전 경험이 필요하다. 면허 취득 과정의 시작부터 전문상담사가 되기 위해 당신이 속한 주에서 요구하는 내용들을 살펴볼 필요가 있다. 이 면허를 따기 위해서는 많은 단계를 밟아야 하고 이 과정을 해 온 다른 사람들에게 조언을 구해야 스스로 압도되지 않을 수 있다. 전문상담사가 되기 위한 시험 공부를 하는 것이 필요하며 스스로 이 모든 요구 사항에 친숙해져야 한다.

상담 경력 초기에 나는 전문적인 도전으로서 박사학위를 넘어서 이런 유능함의 상징인 자격증과 면허를 따려는 노력을 했다. 상담심리학자로서 면허를 따는 것은 나에게 의미 있는 일이었고, 내가 공인 상담심리학자가 되었을 때 성취감을 느꼈다. 미국전문심리학위원회(American Board of Professional Psychology)가 특정 영역에서 뛰어난 성과를 낸 사람에게 주는 상의 수상 후보로 나를 올렸을 때, 이를 위한 모든 요구를 채웠고 내 이름에 상담심리학 취득자(ABPP)라는 이름을 새겼다. 이것이 나에게 저절로 유능한 치료사라고 느끼게 해 주지는 않았지만, 그 상은 개인적으로 의미가 있었다. 자격취득 지위를 얻는 과정에 참여하면서 전문 영역의 산을 넘는 듯했다!

상담사 면허를 따고 방법을 얻고 싶다면 『상담대학원 과정에서 살아남고 성장하기(Surviving and Thriving in Your Counseling Program)』(Austin & Austin, 2020)에서 '졸업 이후 삶(Life After Graduation)'을 읽어 보길 바란다. 이 저자는 성공적으로 면허를 따는 과정에 대해 구체적이고 도움이 되는 가이드라인을 제시해 주고 있다.

자살 위기가 있는 내담자를 어떻게 잘 측정할 수 있는가?

대부분의 상담사는 일을 하면서 자살 사고가 있는 내담자를 만날 것이며, 이런 내담자를 위한 정확한 검사에 대한 준비를 하고 자살 위기에 놓인 내담자를 다루는 방법에 대해 알고 있어야 한다. 측정단계에서 내담자에게서 우울, 자살 사고, 자살 의도, 자살 계획, 자살과 관련된 위기 요인을 평가하는 일은 매우 중요하다. 이러한 측정은 특히 위기상담을 받는 내담자들에게서 중요하다. 치료 초기 단계에서 자살 위기를 측정하고 치료 과정 동안 계속 이에 대한 관심을 유지하라. 자살을 측정하고 자살하는 내담자를 다루는 데 있어서 유능감을 가지는 것이 궁극적으로 중요하다. 자살과 관련된 위기 사인에 대해서 공부하라. 가장 치명적인 지표는 이전에 자살 시도를 했는지일 것이다. 자살 위기 수준에 대해 결정하는 데에는 주관적이고 전문적 판단이 필요하다. 만약 자살 측정에 대한 경험이 별로 없다면 자신의 임상적 판단에만 의존해서는 안 된다. 이 영역에 있어서 경험이 많은 전문가에게 컨설팅과 수퍼비전을 받도록 하라. 경험이 많은 상담사들조차도 잠재적으로 자살 위기에 놓인 내담자들을 다룰 때 측정과 적절한 개입에 대해 컨설팅을 받는다.

내담자가 자해로 인한 위기에 있을 때 당신이 개입한 방식에 대해 문서화해 두는 것은 매우 중요하다. 만약 내담자가 자살 의도가 있는데 필요한 예방을 하지 않았다면 당신은 법적 책임을 질 위험도 있다. 상담사들이 가장 두려워하는 것이 내담자의 자살이다. 내담자의 위험 요인을 측정하고 자살을 예방하는 적절한 행동을 하면서 당신이 돌봄을 제공했음에도 불구하고 어떤 내담자는 자신의 삶을 끝내는 극단적인 방법을 사용하기도 한다. 컨설팅을 포함해서 상담사가 할 수 있는 필요한 모든 행동을 취했다는 것을 주장할 필요가 생길 수 있다.

위기를 겪고 있는 사람들과 함께 작업할 때 어떻게 해야 하는가?

상담 분야에서 대학원 과정에 지원한 사람들이나 기관에 상담직으로 면접을 보는 사람들은 종종 "당신이 겪었던 개인적인 위기에 대해 이야기해 보세요. 당신은 이러한 위기를 어떻게 다루었나요? 이러한 위기로부터 앞으로 생겨날 위기를 다루는 방법에 대해 무엇을 배웠나요? 당신의 대응은 효과적이고 체계적이었나요? 아니면 당신의 생각과 행동은 조직적이지 않고 마구잡이식이었나요? 그 경험이 상담사로서 위기를 겪는 사람들과 작업할 때 당신을 돕거나 방해할 거라는 부분에 대해 어떻게 생각하나요?"라는 질문을 받는다. 만약 당신이 상담사로 일하고 있다면 상담 상황에서 마주했던 위기에 대해 생각해 보자. 당신은 어떻게 반응했나? 당신은 내담자에게 도움이 되고 있다고 느꼈나? 그렇다면 어떤 면에서 그러한가?

당신은 어떻게 상황을 더 잘 다루었는가? 위기에 놓인 내담자를 상담하는 일은 당신에게 개인적으로 어떤 영향을 주었는가? 당신이 위기 상황에 반응하고 위기에 놓인 내담자에게 개입하는 방식은 당신이 미래에 겪을 위기에서 어떻게 할지에 대한 기준이 된다. 이러한 질문들에 대답해 보면서 자신의 위기를 더 잘 다루는 방법과 위기에 놓인 내담자를 더 잘 다룰 방법에 대해 결정해 볼 수 있다.

위기상담 영역에서 일하는 데 있어서 유능감을 얻기 위해서는 위기 개입 과정을 듣고, 그 주제에 관련된 책을 읽으며, 위기상담에 대한 워크숍에 참여하고, 위기를 겪는 내담자와 작업하기 시작할 때 수퍼비전을 받으며, 이 영역에서 경험이 있는 동료들과 함께 일하는 것이 좋다. 유능감이란 새로운 전문가들이나 경험이 꽤 있는 상담사들 사이에서도 중요한 이슈이다. 상담사는 종종 자신이 위기 상황에 놓인 내담자들을 다루기에 충분한 능력을 갖추고 있지 않을까 봐 걱정한다. 사람들은 자신을 압도하는 개인적 위기 가운데 있을 때 상담을 시작하고는 한다. 만약 상담사가 이에 함께 압도당한다면 내담자의 이야기 속에서 스스로 길을 잃고 비효과적인 상담을 진행하게 될 것이다. 자신의 절망감을 이해하지 못하는 상담사를 비난했던 한 내담자는 만약 상담사가 삶에 대한 비관적인 자세를 더 증폭시킨다면 그 상담사가 내담자에게 쓸모없을 것이라고 말했다. 상담사의 희망은 결국 내담자로 하여금 터널 끝에 있는 빛을 보도록 해 주며 삶이 달라질 수 있다는 희망을 갖도록 해 준다.

상담사는 내담자가 겪고 있는 일을 이해하고 내담자의 관점을 이해하면서 내담자의 이야기를 들어야 한다. 또한 내담자의 현재 상황을 측정하고 어떤 대처 자원이 가능한지 함께 찾아야 한다. 내담자가 다른 사람들과 함께 살아가기를 선택할 때, 다른 사람과 함께 존재하고 함께 연결되고자 하는 의지는 치료적이 된다. 위기상담 내담자와 만나는 첫 회기에서 우리는 말을 통해, 그리고 진솔한 돌봄, 미래에 대한 희망, 깊은 공감, 그들이 겪고 있는 일을 헤쳐 나갈 수 있도록 돕는 자원을 제공하겠다는 의지를 보여 주면서 내담자에게 함께 존재하는 선물을 줄 수 있다. 함께 존재하는 것은 강력하고 종종 상황을 변화시킬 수 있는 정도를 초월하게 한다.

위기상담에 대해서 더 공부해 보고 싶다면 『위기개입 전략(Crisis Intervention Strategies)』(James & Gilliland, 2017), 『위기개입 가이드(A Guide to Crisis Intervention)』(Kanel, 2018), 『스트레스 가득한 세상에 대처하는 기술: 상담사와 내담자를 위한 워크북(Coping Skills for a Stressful World: A Workbook for Counselors and Clients)』(Muratori & Haynes, 2020)을 읽어 보기 바란다.

성찰을 위한 질문

1. 상담에서 숙제는 어떤 가치가 있는가? 내담자에게 숙제를 내주는 방법에 대해 어떻게 생각하는가?
2. 자신의 유능성 수준을 어떻게 가장 잘 측정할 수 있는가? 특정 영역에서 유능성을 획득하고 나면 이를 유지하기 위해 무엇을 할 수 있는가?
3. 유머는 치료적 관계에서 어떤 역할을 하는가? 유머가 내담자에게 적절하고 어떤 영향을 미치고 있는지 어떻게 측정할 수 있는가?
4. 자살 위기를 측정하는 과정에 대해 당신은 어떤 생각을 가지고 있는가?
5. 위기 상황에 대한 자신의 개인적 경험이 위기에 놓인 내담자와 효과적으로 작업하는 데에 어떤 영향을 미친다고 생각하는가?

에필로그

이 책을 쓰면서 경력을 키워 온 과정에서 중요한 전환점을 돌아보고 내가 개인적 · 전문적으로 갖고 있는 것에 대해 명확히 할 수 있었다. 내가 일을 해 온 과정에서 많은 어려움과 변화가 있었다. 그동안 일을 하면서 내 관심사를 따라왔고, 열정을 추구해 왔으며, 준비된 기회를 잡기를 선택해 왔다.

이 책에서 나는 에세이 형식으로 글을 썼고, 이 책은 나의 가장 개인적인 이야기가 담긴 책 중 하나이다. 이 책에 학생들이 오랜 세월 나에게 물었던 많은 질문에 대한 대답을 담았다. 이 책에 담긴 그동안 배워 온 교훈에 대한 나의 이야기와 대학원 시절과 경력 초기 시절에 내가 고군분투하며 살아온 방식에 대한 설명은 당신이 가진 삶의 목표와 전문가로서의 목적을 성취해 나가는 데 다양한 길을 보여 줄 것이다. 이러한 대화를 통해 당신이 상담 분야에서 경력을 쌓아 나가면서 생각해 볼 수 있는 새로운 아이디어들을 얻어 나가길 바란다.

60년간 가르치는 일과 상담전문가로서 쌓아 온 경력을 성찰해 보면서 내가 대학원 학생이었을 때나 1961년에 처음 강의를 시작했을 때보다 오늘날 훨씬 더 복잡한 삶이 되었다는 것을 깨달았다. 오늘날 학생으로서 당신은 내가 대학원 과정에서 경험했거나 만났던 것보다, 그리고 내가 대학원 상담 프로그램에서 상상할 수 있던 것보다 훨씬 더 많은 자원을 가지고 있을 것이다. 조력전문가 영역에서 교육과 훈련이 다양한 서비스를 제공하는 사람들이 파악한 요구들을 충족시키는 방향으로 확장되도록 하면서 이 영역은 오랜 세월 변화하는 세상의 일부가 되어 왔다. 우리 사회의 주요 성장은 상담 훈련을 통해 전문적 윤리, 상담 영역에서 최적의 훈련, 상담 훈련에 영향을 미치는 다문화적 요소, 임상 수퍼비전의 역할, 다양성의 여러 가지 면에 대한 이해와 작업, 인간의 문제를 이해하는 데 있어서 사회적 · 환경적 요소의 역할에 대한 이해 등에 깊이 들어갈 수 있도록 해 주었다.

나는 상담과 사회복지 분야의 학부 및 대학원 프로그램에서 공부하는 요즘 학생들의 특징에 굉장히 감사를 표하게 되었다. 당신은 일하면서 더 나은 세상을 향한 명확한 비전을 가지고 있고 사회의 아픔을 다루고자 하는 진심 어린 동기를 가지고 있다. 당신이 지역사회에서 개인 또는 집단상담을 하고 있다면 한 개인이나 지역사회와 일하는 것을 넘어서 더 넓게 퍼져 나갈 연못에 잔물결을 일으키고 있는 일에 헌신하고 있는 것이다. 나의 학생들은 훌륭한 상담사가 되려는 강한 동기를 가지고 있고, 미국과 전 세계의 많은 지역에서 온 대학생, 대학원생들과의 만남을 통해 나는 이러한 자라나는 새로운 리더들에 대한 긍정적인 관점을 더 공고하게 할 수 있었다. 몇 년간 전문가들이 모이는 학술대회에서 이 전문 영역의 미래에 대한 희망으로 나를 가득 채워 주는 상담 전공생들을 만났다. 이러한 젊은 전문가들은 배우고자 하는 열망이 있었고, 달라지길 원했으며, 스스로 개인적인 작업을 했고, 다양한 사회적 활동에 참여하고 있었다.

나는 이 책을 읽는 많은 독자가 대학원 훈련 프로그램 중에 있거나 상담 영역에서 새로운 전문가들이라고 생각한다. 이 책에서는 자기돌봄이 전문 영역에서와 인생에서 성공을 이루는 데 있어서 필수적이라는 점을 강조했다. 신체적 · 심리적 · 정신적 · 사회적 · 영적으로 자기 자신을 돌보는 일은 이기적인 것이 아니다. 우리가 다른 사람에게 돌봄을 제공하기 바란다면 우리 각자는 긍정적인 자기돌봄을 해야만 한다. 나는 당신에게 자기돌봄 계획을 세우고 이를 다시 재고하고 일을 해 나가면서 더 발전시켜 나가기를 강조하고 싶다. 다른 사람들이 더 풍부한 삶으로 나아가는 길을 발견하도록 도와주는 일을 우리가 해 나갈 수 있도록 하기 위해서 스스로의 삶을 풍부하게 만드는 방식을 통해 에너지 저장소를 만들어 두어야 한다.

당신은 훌륭한 상담사가 되어 가는 여정 가운데 있다. 목표를 따라가면서 이러한 요인들을 생각해 보길 바란다. 당신이 듣는 수업과정은 유능감을 얻기 위해서 매우 중요하다. 그러나 지식과 기술 자체만으로는 충분하지 않다는 점을 알기 바란다. 만약 유능함을 얻기 위해 노력하고 있다면 당신은 인간으로서 스스로에게 작업을 할 필요가 있다. 개인상담을 받아 왔고 지금도 받고 있다면, 당신의 상담사가 보여 준 특징들이 내담자로서 당신 안에 신뢰감과 확신을 일으키고 있는지 살펴보라. 이는 상담사가 추구하는 이론에 맞는가? 상담사가 활용하는 기법은? 아니면 상담사가 벽에 걸어 둔 학위와 면허는? 이러한 특징들 중 어떤 것이 당신과의 효과적인 치료적 관계를 만들어 가지는 않을 것이다. 그보다 당신의 신뢰는 당신을 돌보며 도전적인 치료적 관계를 유지하기 위한 상담사의 능력에 따라 생겨난다. 당신의 개인적인 특성들은 치료적 관계를 만들고 훌륭한 상담사로 성장하는 데 있어서 필요한 도구이다.

나는 당신이 꿈을 가지길 바라며, 자신의 미래를 제한하지 않기를 바란다. 당신의 꿈을 현실로 만들기 위해 꾸준히 작업하려고 노력하라. 자신의 두려움에 도전하는 용기를 가진다면 이러한 두려움은 당신이 꿈을 향해 달려가는 길을 막지 못할 것이다. 이 길을 따라가다 보면 당신은 실수를 하기도 할 것이며 이러한 잘못된 단계를 기꺼이 알게 되고 그 실수로부터 배우는 것에 개방적이 될 것이다. 당신이 바라는 사람이 되고, 또한 유능한 상담전문가가 되는 일은 목표를 향한 작업, 노력과 연결된다. 그 길로부터 당신의 일이 가치 있다는 느낌을 받으면서 길을 따라가는 보상을 얻을 수 있게 된다.

전문적인 상담사가 되어 가는 여정에서 당신은 혼자가 아니다. 친구, 동료, 교수, 멘토에게 다가가서 당신이 필요로 하는 지지와 전문가가 되는 길의 교차로에서 사용할 수 있는 충고를 얻기 위해 노력하라. 학업적인 목표를 성취하고 전문가로서 바라는 바를 얻도록 도와줄 수 있는 적어도 한 명의 멘토를 찾으라. 당신이 만들어 내기를 바라는 결과물을 상상해 보라. 그리고 이제 이러한 결과를 성취하기 위해서 나아갈 수 있는 단계를 확인하라. 자기 스스로가 내담자들의 삶에 중요한 변화를 일으키는 유능한 상담사가 될 수 있다는 것을 믿으라.

이 책의 각 장 끝에 제시한 성찰을 위한 질문들을 생각해 볼 시간을 가지기를 바란다. 이 질문들에 대한 당신의 대답을 생각하고 써보게 되면 이 책에서 개인적으로 얻은 것들을 극대화시킬 수 있을 것이다. 나는 이 책을 쓰면서 즐거웠고, 진심으로 당신이 즐겁게 이 책을 읽으며 내가 던진 메시지들을 통해 성찰해 보기를 바란다. 개인적 삶과 전문적 영역에서 자신의 독창적인 길을 만들어 나갈 때 이러한 메시지들을 적용하도록 당신에게 동기부여가 되었다면, 이 책은 그 목적을 이룬 것일 듯하다.

참고문헌

American Counseling Association. (2014). *ACA code of ethics*. Alexandria, VA: Author.

Austin, J. A., & Austin, J. T. (2020). *Surviving and thriving in your counseling program*. Alexandria, VA: American Counseling Association.

Bernard, J. M., & Goodyear, R. K. (2019). *Fundamentals of clinical supervision*. Upper Saddle River, NJ: Pearson.

Cashwell, C. S., & Young, J. S. (Eds.). (2020). *Integrating spirituality and religion into counseling* (3rd ed.). Alexandria, VA: American Counseling Association.

Corey, G. (1973). *Teachers can make a difference*. Columbus, OH: Charles E. Merrill.

Corey, G. (2010). *Creating your professional path: Lessons from my journey*. Alexandria, VA: American Counseling Association.

Corey, G. (2016). *Theory and practice of group counseling* (9th ed.). Boston, MA: Cengage Learning.

Corey, G. (2019). *The art of integrative counseling* (4th ed.). Alexandria, VA: American Counseling Association.

Corey, G. (2021). *Theory and practice of counseling and psychotherapy* (Enhanced 10th ed.). Boston, MA: Cengage Learning.

Corey, G., Corey, M. S., Callanan, P., & Russell, J. M. (2015). *Group techniques* (4th ed.). Belmont, CA: Brooks/Cole, Cengage Learning.

Corey, G., Corey, M. S., & Corey, C. (2019). *Issues and ethics in the helping professions* (10th ed.). Boston, MA: Cengage Learning.

Corey, G., Corey, M. S., & Haynes, R. (2014). *Groups in action: Evolution and challenges, DVD and workbook* (2nd ed.). Belmont, CA: Brooks/Cole, Cengage Learning.

Corey, G., Corey, M. S., & Haynes, R. (2015). *Ethics in action: DVD and workbook* (2nd ed.). Belmont, CA: Brooks/Cole, Cengage Learning.

Corey, G., Corey, M. S., & Muratori, M. (2018). *I never knew I had a choice* (11th ed.). Boston, MA: Cengage Learning.

Corey, G., Haynes, R., Moulton, P., & Muratori, M. (2021). *Clinical supervision in the helping professions: A practical guide* (3rd ed.). Alexandria, VA: American Counseling Association.

Corey, G., Muratori, M., Austin, J. T., & Austin, J. A. (2018). *Counselor self-care.* Alexandria, VA: American Counseling Association.

Corey, M. S., & Corey, G. (2021). *Becoming a helper* (8th ed.). Boston, MA: Cengage Learning.

Corey, M. S., Corey, G., & Corey, C. (2018). *Groups: Process and practice* (10th ed.). Boston, MA: Cengage Learning.

Cozolino, L. (2004). *The making of a therapist.* New York, NY: Norton.

Herlihy, B., & Corey, G. (2015a). *ACA ethical standards casebook* (7th ed.). Alexandria, VA: American Counseling Association.

Herlihy, B., & Corey, G. (2015b). *Boundary issues in counseling: Multiple roles and responsibilities* (3rd ed.). Alexandria, VA: American Counseling Association.

Hill, C. E. (2018). *Meaning in life: A therapist's guide.* Washington, DC: American Psychological Association.

James, R. K., & Gilliland, B. E. (2017). *Crisis intervention strategies* (8th ed.). Boston, MA: Cengage Learning.

Johnson, R. (2013). *Spirituality in counseling and psychotherapy: An integrative approach that empowers clients.* Hoboken, NJ: Wiley.

Johnson, W. B., & Ridley, C. R. (2018). *The elements of mentoring* (3rd ed.). New York, NY: St. Martin's Press.

Kabat-Zinn, J. (2018). *The healing power of mindfulness: A new way of being*. New York, NY: Hachette Books.

Kanel, K. (2018). *A guide to crisis intervention* (6th ed.). Boston, MA: Cengage Learning.

Kolmes, K. (2017). Digital and social media multiple relationships on the Internet. In O. Zur (Ed.), *Multiple relationships in psychotherapy and counseling: Unavoidable, common, and mandatory dual relations in therapy* (pp. 185-195). New York, NY: Routledge/Taylor & Francis.

Kottler, J. A. (2017). *On being a therapist* (5th ed.). New York, NY: Oxford University Press.

Kottler, J. A. (2018). *The secrets of exceptional counselors*. Alexandria, VA: American Counseling Association.

Lee, C. C. (Ed.). (2018). *Counseling for social justice* (3rd ed.). Alexandria, VA: American Counseling Association Foundation.

Lee, C. C. (Ed.). (2019). *Multicultural issues in counseling: New approaches to diversity* (5th ed.). Alexandria, VA: American Counseling Association.

Maslach, C. (2015). *Burnout: The cost of caring* (2nd ed.). Los Altos, CA: Malor Books.

Meichenbaum, D. (2012). *Roadmap to resilience: A guide for military, trauma victims and their families*. Clearwater, FL: Institute Press.

Muratori, M., & Haynes, R. (2020). *Coping skills for a stressful world: A workbook for counselors and clients*. Alexandria, VA: American Counseling Association.

Neff, K. (2011). *Self-compassion*. New York, NY: William Morrow/HarperCollins.

Neff, K., & Germer, C. (2018). *The mindful self-compassion workbook*. New York, NY: Guilford Press.

Norcross, J. C., & Goldfried, M. R. (Eds.). (2019). *Handbook of psychotherapy integration* (3rd ed.). New York, NY: Oxford University Press.

Norcross, J. C., & Lambert, M. J. (Eds.). (2019). *Psychotherapy relationships that work: Evidence-based therapist contributions* (Vol. 1, 3rd ed.). New York, NY: Oxford University Press.

Norcross, J. C., & VandenBos, G. R. (2018). *Leaving it at the office: A guide to psychotherapist self-care* (2nd ed.). New York, NY: Guilford Press.

Norcross, J. C., & Wampold, B. E. (Eds.). (2019). *Psychotherapy relationships that work: Evidence-based responsiveness* (Vol. 2, 3rd ed.). New York, NY: Oxford University Press.

Pipher, M. (2003). *Letters to a young therapist.* New York, NY: Basic Books.

Reamer, F. G. (2017). Multiple relationships in a digital world: Unprecedented ethical and risk management challenges. In O. Zur (Ed.), *Multiple relationships in psychotherapy and counseling: Unavoidable, common, and mandatory dual relations in therapy* (pp. 196-206). New York, NY: Routledge/Taylor & Francis.

Remley, T. P., & Herlihy, B. (2020). *Ethical, legal, and professional issues in counseling* (6th ed.). Boston, MA: Pearson.

Scherger, J. E. (2019). *Lean and fit: A doctor's journey to healthy nutrition and greater wellness* (3rd ed.). [Self-published]. CreateSpace Independent Publishing Platform.

Stebnicki, M. A. (2017). *Disaster mental health counseling: Responding to trauma in a multicultural context.* New York, NY: Springer.

Sue, D. W., Sue, D., Neville, H. A., & Smith, L. (2019). *Counseling the culturally diverse: Theory and practice* (8th ed.). Hoboken, NJ: Wiley.

Webber, J. M., & Mascari, J. B. (Eds.). (2018). *Disaster mental health counseling: A guide to preparing and responding* (4th ed.). Alexandria, VA: American Counseling Association Foundation.

Wheeler, A. M., & Bertram, B. (2019). *The counselor and the law: A guide to legal and ethical practice* (8th ed.). Alexandria, VA: American Counseling Association.

Wubbolding, R. E. (2017). *Reality therapy and self-evaluation: The key to client change.* Alexandria, VA: American Counseling Association.

Yalom, I. D. (1997). *Lying on the couch: A novel.* New York, NY: Perennial.

Yalom, I. D. (2003). *The gift of therapy.* New York, NY: Perennial.

Zur, O. (2007). *Boundaries in psychotherapy: Ethical and clinical explorations.* Washington, DC: American Psychological Association.

Zur, O. (Ed.). (2017). *Multiple relationships in psychotherapy and counseling: Unavoidable, common, and mandatory dual relations in therapy.* New York, NY: Routledge/Taylor & Francis.

저자 소개

제럴드 코리(Gerald Corey, EdD, ABPP)

미국 풀러턴에 있는 캘리포니아 주립대학교의 휴먼서비스 및 상담 전공의 명예교수이다. 그는 1967년 서던캘리포니아 대학교에서 상담학으로 박사학위를 받았다. 또한 1992년 국립 루이스 대학교에서 명예 박사학위를 받았다. 그는 미국심리전문가위원회(American Board of Professional Psychology)에서 상담심리학자 자격을 취득하였고, 캘리포니아주에서 면허를 소지한 심리학자이며 국가공인 상담사이다. 미국심리학회(American Psychological Association) 회원(Division 17, Counseling Psychology; Division 49, Group Psychotherapy)이자 미국상담학회(American Counseling Association) 회원이고, 집단치료전문가학회(Association for Specialists in Group Work)의 회원이다. 그는 2011년 미국정신건강상담사협회(American Mental Health Counselors Association)의 공로상과 2001년 집단치료전문가학회의 공로상을 수상하였고, 1991년 캘리포니아 주립대학교의 우수 교수상을 수상하였다. 그는 학부와 대학원의 교육과정에서 집단상담과 상담 윤리학을 꾸준히 가르치고 있다. 또한 현재 출판된 16권의 상담 관련 서적과 70권 이상의 학술논문과 책 챕터의 저자이자 공저자이다. 그의 책 『Theory and Practice of Counseling and Psychotherapy』는 아랍어, 인도네시아어, 포르투갈어, 터키어, 한국어 및 중국어로 번역되었고, 『Theory and Practice of Group Counseling』은 한국어, 중국어, 스페인어 및 러시아어로 번역되었으며, 『Issues and Ethics in the Helping Professions』는 한국어, 일본어 및 중국어로 번역되었다. 그는 동료들과 함께 미국, 독일, 아일랜드, 벨기에, 스코틀랜드, 멕시코, 캐나다, 중국 그리고 한국에서 집단상담훈련 중점의 워크숍을 진행하고 있다.

그가 미국상담학회에서 출판한 일곱 권의 책은 다음과 같다.

- 『Clinical Supervision in the Helping Professions: A Practical Guide(Third Edition)』(2021, Robert Haynes, Patrice Moulton, & Michelle Muratori 공저)

- 「Personal Reflections on Counseling」(2020)
- 「The Art of Integrative Counseling(Fourth Edition)」(2019)
- 「Counselor Self-Care」(2018, Michelle Muratori, Jude T. Austin, & Julius A. Austin II 공저)
- 「ACA Ethical Standards Casebook(Seventh Edition)」(2015, Barbara Herlihy 공저)
- 「Boundary Issues in Counseling: Multiple Roles and Relationships(Third Edition)」(2015, Barbara Herlihy 공저)
- 「Creating Your Professional Path: Lessons from My Journey」(2010)

다음은 센게이지 러닝(Cengage Learning)에서 출판된, 그가 집필 또는 공동 집필한 최근 책의 목록이다.

- 「Becoming a Helper(Eighth Edition)」(2021, Marianne Schneider Corey 공저)
- 「Theory and Practice of Counseling and Psychotherapy(Enhanced Tenth Edition)」(2021, Student Manual은 2017)
- 「Issues and Ethics in the Helping Professions(Tenth Edition)」(2019, Marianne Schneider Corey & Cindy Corey 공저)
- 「Groups: Process and Practice(Tenth Edition)」(2018, Marianne Schneider Corey & Cindy Corey 공저)
- 「I Never Knew I Had a Choice(Eleventh Edition)」(2018, Marianne Schneider Corey & Michelle Muratori 공저)
- 「Theory and Practice of Group Counseling(Ninth Edition)」(그리고 Student Manual도 2016)
- 「Group Techniques(Fourth Edition)」(2015, Marianne Corey, Patrick Callanan, & J. Michael Russell 공저)
- 「Case Approach to Counseling and Psychotherapy(Eighth Edition)」(2013)

그는 또한 상담과 관련된 여러 교육용 DVD를 제작하였다.

- 〈Counseling Gwen From Various Perspectives〉(2021)와 함께 활용하는 개인상담 비디오
- 〈Theory and Practice of Group Counseling〉(2019)과 함께 활용하는 집단상담 비디오
- 〈Ethics in Action: DVD and Workbook〉(2015, Marianne Schneider Corey & Robert Haynes 공동 작업)
- 〈Groups in Action: Evolution and Challenges DVD and Workbook〉(2014, Marianne Schneider Corey & Robert Haynes 공동 작업)
- 〈Theory and Practice of Counseling and Psychotherapy: The Case of Stan and Lecturettes〉(2013)를 위한 DVD
- 〈Integrative Counseling: The Case of Ruth and Lecturettes〉(2013, Robert Haynes 공동 작업)를 위한 DVD
- 〈Theory and Practice of Group Counseling〉(2012)과 함께 활용하는 DVD 강의들

이 모든 DVD는 센게이지 러닝 출판사에서 판매되고 있다.

역자 소개

정여주(Chung, Yeoju)

서울대학교 교육학과 상담전공 박사

수련감독전문가(한국상담학회)

상담심리전문가(한국상담심리학회)

청소년상담사 1급

현 한국교원대학교 교육학과 상담심리전공 교수

전 경일대학교 심리치료학과 조교수

미국 플로리다 주립대학교 Visiting Research Associate

선혜연(Seon, Hyeyon)

서울대학교 교육학과 상담전공 박사

상담심리전문가(한국상담심리학회)

영상영화치료사 1급(한국영상영화치료학회)

현 한국교원대학교 교육학과 상담심리전공 교수

전 건양대학교 심리상담치료학과 조교수

서울대학교 대학생활문화원 학생상담센터 상담연구원

신윤정(Shin, Yun-Jeong)

미국 퍼듀 대학교 교육대학 상담심리전공 박사

미국 공인 상담심리전문가(Licensed Psychologist) 면허 소지자

수련감독전문가(한국상담학회)

상담심리전문가(한국상담심리학회)

현 서울대학교 교육학과 교육상담전공 교수

전 서울시립대학교 교육대학원 교수학습 · 심리상담전공 교수

미국 아칸소 주립대학교 심리상담학과 조교수

장한소리(Jang, Hansori)

미국 아이오와 대학교 상담자 교육 및 수퍼비전 박사

미국 국가공인 상담사(National Certified Counselor)

상담심리사 2급(한국상담심리학회)

수련감독전문가(한국상담학회)

현 한국외국어대학교 교육대학원 상담심리전공 부교수

전 미국 톨레도 대학교 상담자 교육 전공 조교수

제럴드 코리의 상담사 자기성찰

Personal Reflections on Counseling

2025년 5월 20일 1판 1쇄 인쇄
2025년 5월 30일 1판 1쇄 발행

지은이 • Gerald Corey
옮긴이 • 정여주 · 선혜연 · 신윤정 · 장한소리
펴낸이 • 김진환
펴낸곳 • ㈜학지사
04031 서울특별시 마포구 양화로 15길 20 마인드월드빌딩
대표전화 • 02-330-5114 팩스 • 02-324-2345
등록번호 • 제313-2006-000265호

홈페이지 • http://www.hakjisa.co.kr
인스타그램 • https://www.instagram.com/hakjisabook

ISBN 978-89-997-3428-1 93180

정가 17,000원

역자와의 협약으로 인지는 생략합니다.
파본은 구입처에서 교환해 드립니다.